KB031515

21세기 중국!

소통과 뉴 트렌드

아시아총서 17

21세기 중국!
소통과 뉴 트렌드

공봉진 외 지음

산지니

들어가는 말

중국이 변했다. 잠자는 사자에서 이미 포효하는 사자로!

국가주석 시진핑(習近平)은 2014년 프랑스를 방문한 자리에서 잠자던 사자가 이미 깨어났다고 강조하였다. 중국은 G2 혹은 차이메리카(Chimerica)로 불리면서 이미 미국과 어깨를 나란히 하고 있다.

이러한 중국의 변화는 1978년 이후 대내적 개혁과 대외적 개방을 한 뒤, 지속적으로 일구어낸 성과다. 특히 2000년대로 오면서 2020년 전면적 샤오캉사회(小康社會) 건설, 2050년 따퉁사회(大同社會) 건설이라는 중국의 중장기적 계획을 천명하면서 중국의 경제성장과 사회변화는 더욱 빠르게 진행되었다.

게다가 2012년 시진핑이 중국공산당의 총서기가 된 뒤, '중화민족의 위대한 부흥'과 '중국의 꿈'을 강조하였는데, 2013년 국가주석이 된 뒤에도 역시 이 두 가지를 강조하면서 '부강한 중국'을 천명하였다.

이러한 중국이 무섭게 앞을 향해 달려가고 있다. 중국의 강한 경제력은 이미 동아시아를 넘어서 유럽과 미국을 향해 질주하고 있다.

중국은 그동안 진행해왔던 '동서 간의 격차, 도시와 농촌 간의 격차, 계층 간의 격차, 민족 간의 격차'를 해소하기 위한 정책을 더욱 확산하고 있다. 시진핑을 중심으로 한 중국 지도부가 강조하는 '중화민족의 위대한 부흥'을 위해서 오늘날 중국 사회는 '소통'과 '통합'을 강조하고 있다. 경제가 낙후된 지역에서는 문명을 이용한 경제 발전 전략이 도입되었고, 경제 발전을 위한 역사 문명과의 소통을 시작하였다.

그리고 사회통합을 위한 도시와 농촌의 변화를 가속화하고 있다. 이러한 과정 속에서 새로운 이데올로기인 '애국주의 교육'을 받은 젊은 계층의 사회참여가 활발해지면서 '신애국주의'라는 용어가 만들어지기도 하였다.

중국에서는 지난 1980년대와 1990년대를 거치면서 국학열과 유학열이 강하게 일어났는데, 최근에 와서는 고전읽기와 중국 고대철학에 대한 관심이 높아지고 있다. 특히 고전읽기는 중국의 문학열을 더 높이고 있으며, 많은 사람들은 문학가들의 글쓰기를 따라 하고 있다.

한편, 중국의 경제발전과 사회변동은 중국인들의 가치관에 영향을 주었다. 또 한국 대중문화의 영향으로 중국 젊은이들이 한국어를 배우거나 한국으로 유학을 오는 현상이 나타났다. 그러한 변화는 한국 내 중국어 교과과정에도 영향을 주었다. 그리고 제18대 전국대표대회에서 사회주의 생태문명을 강조하면서 환경에 많은 관심을 보여주었다.

환경에 대한 중국의 관심은 이미 몇 년 전부터 시작되었다. 중국 경제가 빠른 속도로 발전하면서 황사와 스모그 등의 환경오염이 심해졌을 뿐만 아니라 공장 폐수로 인한 강(江)의 오염, 미세먼지 등이 심각해지면서 환경에 대한 관심은 더욱 고조되었다. 이는 '녹묘(綠猫)'라는 용어의 등장에서도 알 수 있다.

이 책에서는 중국의 현실을 직시하면서 크게 '중국의 소통과 통합'과 '중국의 뉴 트렌드'라는 주제로 정리하였다. '부강한 중국'을 강조하는 제5세대 지도부의 슬로건 하에서 중국이 어떻게 소통하고 통합을 할 것인지에 대해 관심을 가졌고, 그러한 소통과 통합 속에서 나타나는 뉴 트렌드를 몇 가지 정리하였다.

이 책이 출간되도록 도와주신 산지니 출판사 대표님과 실무 담당자님께 감사드린다.

2015년 8월 6일

차례

1부

중국의 소통과 통합

1장

21세기의 중국! 역사와 문명으로 소통하다

고대중국에서 '현대중국의 길'을 찾다

공봉진

1. 들어가며

당(唐) 태종이 말한 "이고위경 가이지흥체(以古爲鏡 可以知興替: 옛것으로서 거울을 삼으면 앞으로의 흥망성쇠는 알 수가 있다)"는 글귀는, 우리들에게 오늘을 살면서 어제를 성찰하고, 성공적인 내일을 새롭게 준비하게 한다. 당 태종의 말과 같은 고전 속의 글귀들은 오늘날 중국 도처에서 많이 볼 수 있다.

2014년 9월 9일, 시진핑(習近平) 국가주석은 중국의 '교사절(敎師節, 스승의 날, 9월 10일)'을 하루 앞두고 베이징사범대학을 방문한 자리에서 "나는 교과서에서 고대 경전의 시가(詩歌)와 산문(散文)을 빼는 것을 정말 찬성하지 않는다"며 "중국적인 것을 제거하는 것은 큰 비애"라고 강조하였다. 사실, 시진핑은 취임 때부터 "우수한 전통문화를 발굴하는 것은 '중국특색의 사회주의 제도'를 만드는 데 필수불가결한 요인"이라고 강조해왔다. 중국에서 강조되는 '중국특색의 사회주의 건설'은 이른바 '18대정신'이라고 일컬어지고 있다.

한편, 1978년 개혁개방을 천명한 지 36년이 지난 현재, 중국 사회는 그 이전의 중국 사회와는 매우 다른 모습으로 변하고 있다. 문화대혁명 기간 동안(1966~1976) 타도해야 할 봉건 잔재로 여겨졌던 유학(儒學)이 오늘날 중국에서 화려하게 부활하였다. 한때 도구(盜丘, 도둑놈 공자)라 불렸던 공자(孔子)는 오늘날 중국에서 중국 전통문화를 전 세계에 알리는 중심에 서 있다. 즉, 2004년 중국은 중국어와 중국 문화를 세계에 보급하기 위해 해외문화원을 설치하였는데, 그 명칭을 '공자학원(孔子學院)'이라 명명하였다. 또 공자 탄생 2556주년을 맞이할 때 중국 전 지역에서 '공자 기리기 운동'도 벌어졌다. 심지어는 중국 최고지도자들이 공자의 말을 인용하기도 하였는데, 2005년 2월 후진타오(胡錦濤) 국가주석은 "공자는 조화를 소중히 여겨야 한다(孔子說和爲貴)"고 말하면서 공자의 핵심사상을 거론하였다. 2005년 9월 제21회 스승의 날 기념행사에서 원자바오(溫家寶) 국무원 총리는 '발분하지 않으면 계도하지 않고 답답해하지 않으면 일러주지 않는다(不憤不啓, 不悱不發)'는 『논어(論語)』「술이(述而)」편의 한 구절을 읊었다. 원자바오는 이 말을 인용하면서 "독립적인 사고와 창조적인 사고 능력을 기를 수 있도록 교육을 해야 한다"고 말했다.

중국은 전통자원이 부강중국을 만드는 데 있어서 장애가 아니라 이롭다고 생각한다. 이러한 중국의 인식 속에서 전통문화와 국학열(國學熱)은 '중국 고대와 현대의 소통'을 이끌고 있다. 중국에서의 전통문화와 사상 열풍은 중국뿐만 아니라 세계의 중국 인문학 연구에 많은 영향을 주고 있다.

오늘날 중국의 발전은 전통과 현대의 소통을 통해 이루어지고 있다. 중국에서의 고전읽기 열풍은 베이징사범대학 위단(于丹) 교수의 『논어심득(論語心得)』과 전 샤먼(廈門)대학교 이중톈(易中天) 교수의 『품삼국(品三國)』 판매부수에서도 알 수 있다. 이 두 책은 각각 250만

부와 150만 부 이상 판매되었다.

논어심득(論語心得)

또 상하이와 광저우 등지에서 아동들에게 '4서 5경'을 가르치는 사숙(私塾)이 등장하였고, 춘절이나 입춘 등의 명절에 전통복장(漢服)을 입는 운동이 벌어지고 있으며, 공자탄생일을 성탄절로 지정하자는 운동도 활발하게 진행되고 있다.

역사학자 천인커(陳寅恪)는 고대 사람의 저작을 대할 때에는 "이해하는 마음(공감대)"을 갖추어야 한다고 하였는데, 현재 중국의 사회분위기는 이미 고대 사상과 문화를 이해하려는 마음을 갖고 있음을 알 수 있다.

오늘날 중국은 2020년 전면적 샤오캉(小康)사회 건설과 2050년 따퉁(大同)사회 건설을 위해서 전통문화와 문명을 거론하고 있다. 특히 2012년 시진핑이 총서기가 되면서 '중화민족의 위대한 부흥'을 강조하였고, '부강중국'이라는 '중국의 꿈(中國夢)'을 실현하기 위해 전방위적으로 전통고전을 강조하고 있다. 그런데 '중화민족의 위대한 부흥'은 이미 2011년 중국공산당 제17차 6중전회에서 "중화민족의 위대한 부흥'이 있으면 중화문화의 흥성이 따라야 한다"고 하면서 후진타오 시기에 강조되었다. 그리고 시진핑 정부가 들어서면서 '중화민족의 위대한 부흥'이라는 말은 전면에 나섰다.

2. 중국 국학(國學)의 열풍

전통문화 중에서도 유가문화는 중국학자들 사이에선 21세기를 대신할 정신문화로 급부상하였다. 유가문화의 부상은 유교열(儒敎熱)·국학열·독경열(讀經熱)로 나타났다. 베이징대 명예교수인 장따이녠(張岱年)을 중심으로 한 원로 중견 학자들이 힘을 합쳐 1991년에 펴낸 『국학총서(國學叢書)』가 시작의 계기가 되었다고 평가된다.

1993년 베이징대학교에서 『국학연구(國學硏究)』를 출간하였고, 같은 해 8월, 인민일보(人民日報)가 "국학이 수도에서 다시 살아나다"라는 논평을 실으면서 새로운 국학연구의 불이 붙기 시작했다. 그 이후 국학연구의 주요 임무를 거론할 때, "애국정신을 고취하는 데 있다"는 점을 강조했다. '국학붐'이 일어날 때 베이징대학교는 '문(文)·사(史)·철(哲) 종합실험반'을 설립했는데, 사회와 매체에서는 이를 '국학대사반(國學大師班)'이라 불렀다.

중국인들이 말하는 국학은 "철학, 역사학, 고고학, 문학, 언어학 등 중국의 전통적인 학술문화"를 일컫는 말로 2005년 이후 인민(人民)대학 국학원, 중국사회과학원 유교연구중심, 베이징대학 국학연구원, 칭화(淸華)대학 칭화국학연구원 등 연구기관이 잇달아 설립되었다. 그리고 국학반 개설도 크게 일어났다. 개혁개방 이후 "돈을 향해 달려온(向錢看)" 중국인들은 자신의 마음을 위로해줄 대상을 찾고 있다. 그러다 보니 기업 CEO들을 대상으로 하는 '국학반'까지 생겨났다. 중국 여러 대학에서 개설된 국학 관련 내용을 살펴보면 다음과 같다.

인민대학은 중국 대학 최초로 2005년 국학 전문 연구기관인 국학원을 설립하였다. 학사과정과 석사과정을 잇달아 밟는 이수기간 6년의 국학반 학생을 모집하였고, '국학논단'을 개설해 국학 열기에 불을 붙였다.

2005년 11월부터 베이징대학 철학과는 '건원국학교실(乾元國學教室)'을 개설하였고, 첫 수강생으로 40명의 기업가를 모집해 연간 2만 4천 위안(元, RMB)의 학비를 받고 국학을 강의하였다. 2006년 봄부터는 국학을 휴대폰 문자메시지로 서비스하기 시작했다. 주요 교육 내용은 사서(四書), 『도덕경(道德經)』, 『장자(莊子)』, 오경도독[五經導讀, 역(易)·서(書)시(詩)·예(禮)·춘추(春秋)의 다섯 가지 유가(儒家) 경서], 『주역(周易)』, 『육조단경(六祖壇經)』[중국 선종의 제6조로서 남종선의 개조인 혜능(慧能, 638~713)이 대범사(大梵寺)에서 행한 공개 설법의 기록을 중심으로 생애와 언행을 제자 법해(法海)가 모았다고 전해지는 책], 『금강경(金剛經)』, 『심경(心經)』[송(宋)나라 때 진덕수(眞德秀)가 지은 책으로 성현(聖賢)의 마음을 논한 격언을 모으고 여러 학자의 논설을 주(注)로 달았다], 『손자병법(孫子兵法)』, 『한비자(韓非子)』 및 역사서[『사기(史記)』와 『자치통감(資治通鑑)』] 등의 정독과 중국 철학의 대지혜에 관한 강의, 국학 대가의 특강 등이다.

사서오경

2007년 7월 28일 강의를 시작한 우한(武漢)대학교의 '건원국학강당(乾元國學講堂)'은 사회의 중산층을 학생으로 받아들였는데, 매 주말에 이틀씩 『장자』, 『도덕경』, 『주역』 등 8개 과목을 1년에 180시간을 강의한다. 그리고 그 수강료는 1년에 2만 6천 위안(元, RMB)이며 학습자료비만 하여도 2,000위안으로, 모두 합치면 우리 돈으로 340만 원에 해당한다.

한편, 중국의 문화상징과 학술현상을 가리키는 '한학(漢學)'은 이미 전 세계에서 크게 유행하고 있다. 베이징대학교 교수 옌샤오땅(嚴紹璗)은 "마땅히 한학에게 국제중국학이라는 바른 이름을 주자"라고 명확하게 제안하였다. 중국을 연구하는 학문을 도대체 무엇이라고 불러야 하는가? 오랜 기간 동안 명칭이 복잡하고 많았으나 정해진 이름은 아직 없다. 현재 불리는 명칭으로는 '국학', '중국학', '해외한학(海外漢學)', '역외한학(域外漢學)', '중국연구' 등이다. 많은 학자는 '한학'을 '중국학'으로 교체해야 한다고 주장한다. '중국학'은 '중국의 학문을 연구'하는 것이고, '중국과 중화민족을 대상으로 하는 학문'이라고 생각한다. 옌샤오땅은 "목전의 중국 학술계에서는 이미 국제적인 중국연구를 연구대상으로 하는 새로운 학과가 생기기 시작하였다"고 주장한다.

3. '이인위본(以人爲本)'과 '화해(和諧)'로 소통하다

1) 이인위본(以人爲本)

2007년 제17차 전국대표대회 후진타오의 과학발전관이 중국공산당 당헌에 삽입되었다. 과학발전관의 핵심사상은 '이인위본(以人爲本)'으로 '인간중심'이라는 의미를 담고 있다. 즉 '인본주의'이다. 제17차 전국대표대회 보고에서 후진타오 총서기는 "과학발전관의 핵심은 이인위본"이라고 강조하였다. 또 "반드시 이인위본을 견지하여 전심전력을 다해 인민에게 봉사하는 것은 당의 근본적인 종지이다"라고 말하였다.

오늘날 중국이 견지하고 있는 '이인위본'에 관해서 중국은 중화문명의 '이민위본(以民爲本)'에서 유래한다고 명확하게 밝혔다. 후진타오 국가주석은 2006년 4월 2일 미국 예일대학에서 연설할 때, 중화문명을 "이민위본(以民爲本), 자강불식(自强不息), 사회화해(社會和諧), 친인선린(親仁善鄰)"으로 개괄하였다. 그리고 "독특한 특색을 지닌 문화전통은 고대중국에 커다란 영향을 주었을 뿐만 아니라 당대중국에도 영향을 주었다. 현대중국이 강조한 이인위본, 여시구진(與時俱進), 화해사회, 화평발전(和平發展)은 중화문명의 깊고 두터운 기초를 갖고 있을 뿐만 아니라, 시대발전의 진보정신을 나타낸다"고 언급하였다.

'이인위본'이라는 단어는 고대 춘추 초기 제나라 관중(管中, ?~BC 645) 의 『관자(管子)』「패언(霸言)」에서 가장 먼저 보인다. 관중은 "夫霸王之所始也, 以人爲本. 本理則國固, 本亂則國危(무릇 패업과 왕업이 시작되는 곳은 사람을 근본으로 하는 것이다. 근본이 다스려지면 나라가 굳건하고, 근본이 어지러우면 나라가 위태롭다)"라고 하면서 가장 먼저 '이인위본'을 말하였다.

제나라 정치가 안영(晏嬰, BC 585~BC 500)도 '이민위본'을 언급하였다. 그는『안자춘추(晏子春秋)』「內篇問」下 제21장에서 "卑而不失尊, 曲而不失正者, 以民爲本也(스스로 낮추면서 존경을 잃지 않고, 스스로 굽혀 행동하면서 정의를 잃지 않는 것은, 백성을 근본으로 하는 것일 뿐입니다)"라고 말하면서 '백성이 근본'임을 밝혔다.

관중과 안영이 언급한 사상은 다음과 같은 의미를 지닌다. 첫째는 중국 고대에 '이인위본(以人爲本)'이라는 명제를 명확하게 언급하였고, 간명하게 설명을 하였다는 점이다. 둘째, '이인위본'이 제기된 시기는 기원전 8세기에서 기원전 7세기 사이로, 이탈리아의 문예부흥보다 2천 2, 3백 년이나 빠르다는 점이다. 셋째, 사회의 진보에 따라, '이인위본'은 '인민위본'으로 발전하였다는 점이다. 이는 오늘날 중국에서 말하는 '이인위본'의 사상적 근원이다.

'이인위본'의 의미가 담긴 내용은 다른 문헌에서도 많이 발견되고 있다.『서경(書經)』에서는 '民惟邦本, 本固邦寧(국민이 나라의 근본이며, 근본이 단단해야 나라가 편안하다)'이라고 하였다. 그리고 맹자는 "백성을 가장 귀하게 여기고 국가는 그 다음이며 군주는 맨 나중이다(民爲貴, 社稷次之, 君爲輕)"를 강조하였다. 또 『맹자(孟子)』「진심(盡心)」편에서는 "諸侯之寶三, 土地人民政事(제후의 보배가 세 개가 있으니, 토지, 인민, 정사이다)"라고 말하였다. 맹자가 말한 '민위귀(民爲貴)'는 바로 '이인위본(以人爲本)'의 의미이다. 『열자(列子)』「천서(天瑞)」에는 "天生萬物, 唯人爲貴(하늘이 낳은 만물 가운데 오직 사람이 귀한 것이다)"라고 기록되어 있다. 손빈(孫臏)의 병법(兵法)에서는 "天地之間, 莫貴於人(하늘과 땅 사이에 사람보다 귀한 것은 없다)"라고 말하였다.

이와 같이 여러 고전에서 '인본중심'의 글귀가 많이 보인다. 그리고 오늘날 중국 정치와 경제 및 사회 속에는 고전 속의 말들을 인용하면서 중국이 나아갈 방향을 제시하고 있다.

2) 화해(和諧)사상

중국은 '2020년 전면적 샤오캉사회 건설'과 '2050년 따퉁사회 건설'을 목표로 삼고 있는데, 그 중심 내용에는 '사회주의화해사회(社會主義和諧社會)'가 내포되어 있다. 보통 '화해사회(和諧社會)'라고 말하는데, 중국공산당이 2004년에 제기한 사회발전전략목표이다. 개혁개방 이후 경제발전을 이루는 과정에서 중국사회 내 계층 간의 격차, 도시와 농촌 간의 격차, 민족 간의 격차 등이 심하게 되었는데, 중국정부는 이러한 격차를 해소하고자 하였다.

물론 그 이전에도 위정자들은 화해사회 건설을 강조하였다. 장쩌민(江澤民) 전 총서기는 1997년 제15차 전국대표대회에서 2020년에는 2000년보다 1인당 GDP를 4배 더 늘리겠다는 등의 구체적인 청사진을 제시하였다. 2002년 11월 제16차 전국대표대회에서 "2020년까지 중국에 샤오캉사회를 전면적으로 건설한다"는 발전목표를 제시하였고, 주요 내용 중의 하나가 "사회를 더욱 화해롭게 하는 것"이라고 하였다.

중국공산당 창당 82주년인 2003년 7월 1일 담화에서 후진타오는 "군중의 이익은 조그마한 것이라도 소홀히 할 수 없음"을 처음으로 명확하게 제시하였다. 또 "감정은 인민과 교감하고, 권력은 인민을 위해 사용하고, 이익은 인민을 위하여 도모한다"고 말하였다. 이를 '칠일강화(七一講話, 7·1강화)'라고 일컫는다.

하지만 화해사회 건설을 명확하게 제시한 것은 2004년 9월 19일, 중국공산당 제16차 4중전회에서이다. 이때 후진타오는 "화해사회의 건설을 중요 위치에 두어야 함"을 강조하였다. 또 공동부유를 기본으로 하는 '사회주의화해사회(社會主義和諧社會) 건설'의 개념을 처음으로 제시하였다. 이후 중국에서는 '화해사회'라는 단어로서 '사회주의화해사회' 개념을 약칭하여 사용하였고, 당정(黨政)과 학계 등에서 이와 관련하여 광범위한 연구와 토론이 일어났다.

2005년 이래로 중국공산당은 화해사회를 집정의 전략임무로 삼았고, 화해의 이념은 중국특색의 사회주의를 건설하는 과정 속의 가치가 되었다. 후진타오는 화해사회의 6대 특징을 "민주법치(民主法治), 공평정의(公平正義), 성신우애(誠信友愛), 충만활력(充滿活力), 질서안정(安定有序), 사람과 자연의 화해공존(和諧相處)"의 28글자로 요약하면서 체계적으로 화해사회 건설의 연구를 위한 방향을 제시하였다.

2006년 10월, 제16차 6중전회에서 '화해사회' 건설은 후진타오의 통치이념으로 공식적으로 제기되었고, 2007년 10월 제17차 전국대표대회에서, 화해사회와는 다르지만 '이인위본'을 핵심가치로 여기는 '과학발전관'이 당장(당헌)에 포함됨으로써 덩샤오핑과 장쩌민의 지도이념과 같은 수준에 있는 당의 공식 통치이념으로 받아들여졌다.

2007년 제16차 6중전회의 공보(公報)는 '2020년에 사회주의화해

사회의 건설'이라는 목표와 9대 임무 및 화해사회를 건설하기 위한 '6개 필수요건'을 제시하였다.

> **6개 필수조건**
>
> 첫째, 반드시 인민이 근본임을 견지해야 한다. 항상 수많은 인민의 근본이익을 당과 국가의 모든 사업의 출발점과 입각점으로 삼아야 하며 나날이 증가하는 물질문화에 대한 인민의 수요를 끊임없이 만족시켜주어야 한다.
>
> 둘째, 반드시 과학발전을 견지해야 한다. 성장의 방식을 변화시키고 발전의 질을 제고하며 경제사회발전을 과학발전의 궤도로 확실하게 전환시켜야 한다.
>
> 셋째, 반드시 사회주의 시장경제의 개혁방향을 견지해야 한다. 사회발전의 요구에 부응하여 경제체제·정치체제·문화체제·사회체제의 개혁과 창신(創新)을 추진해야 한다.
>
> 넷째, 반드시 민주법치(民主法治)를 견지해야 한다. 사회주의 민주정치의 건설을 강화하고 법에 의해 국가를 통치해야 한다.
>
> 다섯째, 반드시 안정적인 개혁과 발전을 추진해야 한다. 개혁의 정도, 발전의 속도 및 사회의 수용 가능 정도를 통일적으로 관리하여 과학적·민주적·합법적인 행정을 견지해야 한다.
>
> 여섯째, 반드시 당의 영도하에 전 사회가 함께 건설할 것을 견지해야 한다. 가능한 한 모든 역량을 결집시키고 모든 적극적인 요소들을 동원하여 사회화해의 강대한 역량을 형성하여야 한다.

중국사회에서 강조되고 있는 화해사상은 중국의 전통사상에서 많이 보인다. 특히 유가와 도가에서 보이는 사상은 오늘날 중국에서 국학열이 일고 있는 이유를 알 수 있게 한다.

중국 전통문화 속의 각 사상가와 문파는 모두 자기가 동경하는 화해사회모델이 있다. 중국에서 많이 거론되고 있는 '화해'는 중국 전통문화의 핵심이념이며 근본정신의 하나라고 할 수 있다. 『중용(中庸)』에서는 "중(中)과 화(和)에 이르게 되면, 하늘과 땅이 제자리에 있게 되고 만물이 자라게 된다(致中和, 天地位焉, 萬物育焉)"고 하였으며, 『주례(周禮)』에는 "나라를 화평하게 하고, 백관을 통솔하고, 만민을 화합하니라(以和邦國, 以統百官, 以諧萬民)"라고 하였다.

유가에서는 '인(仁)'과 '예(禮)' 등을 강조하였고, '정심, 성의, 수신(正心, 誠意, 修身)'을 통해서 사람의 행위를 규범하고자 하였다. 유가는 '인애(仁愛)'를 중심으로 하여, '온화, 선량, 공경, 절검, 겸양(溫良恭儉讓)', '인의예지신(仁義禮智信)'을 결론지었다.

인(仁)은 자기만 아닌 다른 사람도 사랑할 수 있는 사람
의(義)는 다른 사람이 어려울 때 도울 줄 아는 사람
예(禮)는 자식, 형제, 친구로서 지켜야 할 도리를 지키는 사람
지(智)는 시비를 가를 줄 아는 사람
신(信)은 약속을 지키는 사람

공자는 "세상을 넓은 아량으로 만들고, 다른 사람과 내가 서로 협조하는 관계를 창조하라"고 말하였다. 게다가 '인애(仁愛)'를 원칙으로 삼아, 두 개의 길을 실시하게 하였다. 하나는 "자기가 서고자 해야 다른 사람을 서게 하고, 자신이 이르고자 해야 다른 사람에게 이르게 한다"는 것이다. 다른 하나는 "자기가 원하지 않으면 다른 사람에게 시행하지 말라(己所不欲, 勿施於人)"이다. 즉, "네가 하기 싫은 일을

남에게 미루지 말고, 자신이 하고 싶지 않은 일을 다른 사람에게 강요하지 말라"이다. 그중에 "자기가 원하지 않으면 다른 사람에게 시행하지 말라"는 세계 각 문화와 종교 속에서 모두 서로 비슷하게 표현되어 있다. 공자의 말은 대인 관계를 처리하는 '도덕황금율(道德黃金律)'로 공인되었다.

또 유가는 '예(禮)'를 중시하였다. '인화(人和)'를 통해 화해사회의 실현을 주장하였다. 이는 "예지용, 화위귀(禮之用, 和爲貴)"라는 데서 잘 알 수 있는데, 그 의미는 "예의 쓰임은 조화로움을 귀하게 여긴다"라는 것이다.

한편, 유가는 백성에게 '선부후교(先富後敎)'를 요구하였다. 맹자는 "고정적인 자산(恒産)이 있는 사람은 항심(恒心)이 있고, 고정적인 자산이 없는 사람은 항심(恒心)이 없다(有恒産者有恒心, 無恒産者無恒心)"고 말하였다. 즉 반드시 백성에게 고정된 수입을 갖도록 해야 비로소 사회가 안정된 화해로 될 수 있다는 것이다. 동중서(董仲舒, BC 176?~BC 104)는 "부자는 땅이 천맥에 이르고, 가난한 자는 송곳을 꽂을 만한 땅도 없다(富者田地阡陌, 貧者無立錐之地)"는 극단적인 분화현상을 반대하였다. 유가는 이것이 사회 혼란의 근본적인 원인이라고 여겼다.

유가의 이상은 '천하대동(天下大同)'이다. 『예기(禮記)』에서 "중국을 한 사람처럼 생각하고, 천하를 한 집안처럼 생각한다(以中國爲一人, 以天下爲一家)"라고 말하는 것은 한 국가와 한 민족을 초월한 '천하관(天下觀)'으로, 화해한(조화로운), 질서 있는 세계를 구축한다는 것이다.

또, 『예기(禮記)』「예운편(禮運篇)」에서 "큰 도(道)가 행하여지면 천하가 널리 공정해진다[천하는 공적(公的) 소유물이다]. 유능하고 덕 있는 사람들이 지도자가 되어 신뢰와 상호 존중을 구축해나가는 사회에서는, 사람들은 제 부모만 섬기지 아니하고 자기 자식만 품고 돌지 않는다. 노인들에게는 편안한 노년을, 젊은이에게는 일을, 어린이에게는 교육을 제공한다. 의지할 데 없는 과부, 고아, 독거노인, 장애자와 병자들에게는 쉼터를 마련해준다. 남자는 직장이 있고, 여자는 가정이 있다. 재화(財貨)를 축적하되 자기 창고에만 쌓지 않고, 노동을 하되 자신을 위해서만 벌지 않는다. 사기(詐欺)와 술책(術策)이 사라지고 도둑과 건달이 설치지 않는 세상, 대문이 있으되 잠그지 않는 그런 세상을 대동(大同)이라고 한다(大道之行也, 天下爲公. 選賢與能, 講信修睦, 故人不獨親其親, 不獨子其子, 使老有所終, 壯有所用, 幼有所長, 矜寡孤獨廢疾者, 皆有所養. 男有分, 女有歸. 貨惡其棄於地也, 不必藏於己 ; 力惡其不出於身也, 不必爲己. 是故謀閉而不興, 盜竊亂賊而不作, 故外戶而不閉, 是謂大同)"라고 하였다.

한편, 도가는 '소국과민(小國寡民)'을 이상으로 삼으면서, '무욕(無欲), 무위(無爲), 무쟁(無爭)'을 주장하였다. 노자(老子)는 "겸하부쟁(謙下不爭)과 청정무위(淸靜無爲), 무위자연(無爲自然), 장생불사(長生不死)로 화해(和諧)할 수 있다"고 하였다. 특히 겸하부쟁과 청정무위의 방식으로 사람의 심신이 화해에 이른다고 주장하였다. '겸하부쟁'은 "물처럼 겸손하게 아래로 흐르면 싸우는 일이 없다"는 의미를 갖고 있다. 즉, 강물이 다른 것과 싸우며 높은 자리를 탐내지 않는 것처럼, 도인은 지위와 명예에 아무런 관심이 없고 다만 민중을 사랑하고 벗을 삼아 그들과 함께 즐기며 슬퍼한다는 것이다. '청정무위'는 "맑고 고요히 무위자연(無爲自然)함"을 의미한다. 여기에서 '무위자연'은 "아무것도 하는 것 없이 훨훨 날아다니는 구름처럼 세상을 초월하고 욕심을 끊고 자유자재(自由自在)하게 유희삼매(遊戲三昧, 그 무엇에도 얽매이지 않음)하는 것이 도인의 경지"라는 것이다.

그리고 노자는 "그 날카로움을 꺾고, 그 뒤엉킴을 풀고, 그 꿈을 조화롭게 하여 현실과 동화하라(挫其銳, 解其紛, 和其光, 同其塵)"고 주장하였다. 즉, "아는 자는 말하지 않고, 말하는 자는 알지 못한다. 그 욕망의 구멍을 막고, 그 마음의 문을 닫고, 그 날카로움을 꺾고, 그 뒤엉킴을 풀고, 그 꿈을 조화롭게 하여 현실과 동화하라. 이런 것이 현묘한 도와의 합일이다. 그러므로 이러한 도를 체득한 자와는 친할 수 없고, 그렇다고 소홀히 할 수도 없으며, 이익으로 그를 유혹할 수도 없고, 무엇으로 해를 끼칠 수도 없고, 그를 귀하게 대할 수도, 천하게 대할 수도 없다. 그러므로 이런 도를 체득한 자는 가장 존귀한 존재다(知者不言, 言者不知. 塞其兌, 閉其門, 挫其銳, 解其忿, 和其光, 同其塵, 是謂玄同. 故不可得而親, 不可得而疏; 不可得而利, 亦不可得而害； 不可得而貴, 亦不可得而賤. 故爲天下貴)"라고 하였다.

노자는 "하늘의 도는 남는 자 덜어 부족한 데 메우지만, 사람의 도는 그렇지 않아 부족한 자에게 덜어서 남는 데 돕는다. 넉넉해서 남도록 가진 자로 하여금 세상에 바치도록 할 수 있는 자 누구겠습니까? 도를 가진 자 만이지요(天之道, 損有餘而補不足. 人之道, 損不足以奉有餘. 孰能以有餘以奉天下, 唯有道者)"라고 말하였다. 그는 사람들이 천도를 본받아야 함을 주장하였는데, '무쟁(無爭), 거사(去奢), 지족(知足)'을 통해, 사람과 사람의 상대적인 화해에 도달함을 주장하였다.

4. 중국 화하문명(華夏文明) 경제발전전략에 스며들다[1]

1) 중화민족의 위대한 부흥

1978년 12월 18일 제11차 3중전회에서 개혁개방을 천명한 이래로, 중국은 빠른 경제성장과 더불어 정치·사회 등 여러 방면에서 많은 변화를 경험했다. 오늘날 중국은 G2라 불리면서 경제뿐만 아니라 국제정치와 군사력 방면에서도 세계 강대국으로 발돋움하고 있다. 이러한 중국을 두고 많은 전문가들은 중국이 조만간 미국을 넘어서는 대국이 될 것이라고 전망하고 있다. 그러나 중국이 정치·경제·군사의 국제영향력에 비해 돌출된 문화영향력이 없다고 보고 있다. 특히 서구에서는 중국이 찬란한 전통문화를 보유하고 있으나 국제적으로 영향력이 있는 현대문화는 없다고 여긴다. 그리고 국제적으로 중요한 문화영향력이 없는 국가는 진정한 세계대국이 될 수 없다고 강조한다. 이러한 인식 속에서 중국은 중국굴기의 다음 목표가 '문화굴기'라고 말한다. 중국 지식계에서도 중국굴기에서 필요한 것은 '문화굴기'라고 말한다.

2012년 11월, 제18차 전국대표대회에서 총서기로 선출된 시진핑은 '중화민족의 위대한 부흥'을 천명하였다. 그리고 2013년 3월, 제12기 전인대에서 시진핑이 국가주석으로 선출되었을 때도 '중화민족의 위대한 부흥'을 강조하였다.

한편, 홍콩대학교 전 총장 왕껑우(王賡武)는 '중국굴기'와 관련하여 "오늘날 중국의 굴기를 '제4차 굴기'라고 부른다. 중국은 적어도 세 차례 정도 최대의 국가로 공인되었었다. 이러한 이유로 사람들도 중국

---

1) 이 장은 졸고 "중국 '문화굴기(文化崛起)'에 관한 연구: 화하(역사)문명전승혁신구를 중심으로"(『동북아문화연구』 38집, 2014)를 요약하면서 수정하고 보완한 것이다. 이 글의 각주는 참고문헌으로 대체한다.

이 또다시 굴기한 것을 '부흥'이라 부른다. 1차 굴기는 진(秦)왕조 통일부터 한(漢)왕조까지이다. 2차 굴기는 7세기 당(唐)왕조의 건국이고, 3차 굴기는 1368년 명(明)왕조의 건국이다"라고 언급하였다. 이는 현재 중국 제5세대지도부가 강조하고 있는 '중화민족의 위대한 부흥'이라는 말과 일맥상통한다고 하겠다.

이렇게 '중화민족의 위대한 부흥'이 강조되는 시기에 중국 내에서 '문화'를 중심으로 한 경제발전전략이 등장하였다. 바로 간쑤성(甘肅省)의 '화하문명전승혁신구(華夏文明傳承創新區)건설'인데, 이는 중국 최초의 국가문화발전전략의 플랫폼이다. 그리고 이는 중국의 공식적인 '문화굴기'의 신호탄이라 볼 수 있다. 간쑤성은 발전을 위해 문화자원과 각 생산요소를 통괄하면서 문화건설을 주제로 삼았다. 이러한 전략은 '1313공정'이라고 불린다.

이보다 앞선 2012년 허난성(河南省)의 중원경제구(中原經濟區) 전략 속에 '화하역사문명전승혁신구(華夏歷史文明傳承創新區)건설'이 포함되어 있었다. 2011년 9월 28일 국무원이 발표한 "국무원의 허난성 중원경제구 건설 가속화 지지에 관한 지도의견(國務院關於支持河南省加快建設中原經濟區的指導意見)"에서 '화하역사문명전승혁신구 건설'을 구체적으로 피력하였다. 허난성문물국 부국장 정샤오링(鄭小玲)은 "사회대중이 광범하게 참여하여 '화하역사문명전승혁신구'를 만들고 문화유산보호의 필요조건을 강화시켜야 하며, 필요조건 중에서 '문화가 없는 민족은 미래가 없는 민족이다'라는 인식을 해야 한다. 그리고 문화가 없는 사회는 조화로운 사회가 아니고, 문화가 없는 국가는 진정으로 강성한 국가가 아니다"라고 주장하였다.

여기에서 간쑤성과 허난성의 발전전략 속에 공통으로 들어가는 용어가 '화하문명(華夏文明)'이다. 중국이 화하문명을 통해 경제와 사회발전을 모색하는 것은 세계적으로 영향력 있는 '문화굴기'를 일으키려는 의도로 볼 수 있다. 중국에서는 '화하'라는 용어를 '중화' 대신에 사용하며, 중국 문명을 상징하기도 한다. 또 민족학적으로는 '화하족(華夏族)'을 한족(漢族)의 선민족 명칭으로 사용하면서 한족의 역사를 확대하고 있다. 중국에서는 중화문명보다는 좁은 개념인 화하문명을 중화문명의 다른 명칭으로 사용하고 있다. 중국은 현재 중국 영토에서 발생한 모든 문명을 중국의 문명으로 인식한다. 특히 대지만문화(大地灣文化)·용산문화(龍山文化)·앙소문화(仰韶文化)·도사문화(陶寺文化) 등은 주인공이 서로 다르지만 화하문명에 속한다고 여긴다.

2) 문화굴기(文化崛起) 정책

2011년 중국공산당 제17차 6중전회에서 "문화체제개혁을 심화하고 사회주의 문화대발전대번영을 추진하는 약간의 중대문제에 대한 중공중앙의 결정(中共中央關於深化文化體制改革推動社會主義文化大發展大繁榮若幹重大問題的決定)"이 통과되었다. 이 회의의 주제는 '문화건설'이었다. 즉, 문화굴기가 없으면 단일한 경제굴기는 진정한 굴기가 될 수 없다는 것이었다. 지도부는 회의에서 "중화민족의 위대한 부흥은 반드시 중화문화의 번영과 흥성이 따라야 한다"고 명확하게 주장하였다. 또 회의에서 '문화굴기'라는 개념이 명확하게 사용되지 않았지만, 지식계가 문화굴기 문제에 관심을 갖게 하였고 반성하게 하였다. 이러한 분위기 속에 중국 각 지역에서 '문화대성(文化大省)과 문화강성(文化强省) 만들기' 현상이 일어났다.

중국이 '문화굴기'라는 용어를 사용하여 발전전략을 본격화하기 시작한 것은 최근의 일이지만, 중국의 문화굴기는 1990년대 '중화민족만들기'가 진행될 때부터 이미 진행되고 있었다. 개혁개방 이후 중국의 문화굴기는 크게 네 가지 방향으로 정리할 수 있다. 첫 번째는 중화민족의 역사와 문화 만들기이고, 두 번째는 전 세계에 공자학원을 설립하여 중국문화를 알리는 것이며, 세 번째는 문화산업을 통한 소프트파워 강화이고, 네 번째는 화하(역사)문명전승혁신구 건립을 통한 발전전략이다.

첫 번째로, 중국은 1990년대 이래로 단대공정·탐원공정·동북공정 등 많은 프로젝트를 실시하면서 역사와 문화를 정리하였다. 특히 한국 역사와 문화를 왜곡하였던 동북공정은 여러 형태로 바뀌며 현재까지도 진행 중인데, 최근에는 중국 내 재중동포인 조선족의 문화를 중화문화로 만들고 있다.

두 번째는 공자학원 설립을 통해 중국의 언어와 문화를 세계에 알리는 것이다. 중국은 2004년 11월, 서울에 공자학원을 설립한 이래로 약 400여 개의 공자학원을 전 세계에 설립하여 중국어와 문화를 알리고 있다. 이렇게 공자는 중국의 국가브랜드가 되었다. 중국에서는 국학열과 유학열이 본격적으로 확산되어 고전읽기 열풍이 일어났다.

세 번째는 문화산업을 통한 문화소프트파워 강화와 중화문화의 부흥이었다. 특히 제17차 6중전회의 주제가 '문화건설'이었다. 중국의 문화체제개혁은 2006년 3월 전국문화체제개혁공작회의 소집 이후 이미 시작되었다. 그리고 2006년 제10차 전인대에서 제11차 5개년 규획(2006~2010, 11·5규획)의 주요 강령이 통과되었는데, 11·5규획에서 "적극적으로 국제 문화시장을 개척하고, 중화문화의 세계화를 촉진할 것"이라고 강조했다. 그리고 2009년 9월 중국 국무원은 "중국문화산업진흥규획(中國文化産業振興規劃)"을 공포하였는데, 이 규획에서 중국 최초로 문화산업에 관한 전문적 강령을 담았다.

한편, 2010년 양회(兩會, 전인대와 정협) 기간 동안 원자바오 국무원 총리는 정부공작보고에서 국가발전과 민족진흥을 강조하였고, 강대한 경제역량뿐만 아니라 강대한 문화역량이 필요하다고 강조하였다. 그리고 제17차 6중전회를 기점으로 하여 문화체제개혁은 새로운 단계에 접어들었고, 중국 문화산업은 국가의 주요 전략이 되었다. 또 후진타오는 2011년 중국공산당 창당 90주년 대회에서 "문화소프트파워를 강화하고 중화문화의 새로운 영화를 창출해야 함"을 강조하였다. 중국의 문화산업이 국가차원에서 본격적으로 드러나기 시작한 것은 제12차 5개년 규획(2011~2015, 12·5규획)에서이다. 네 번째는 화하(역사)문명전승혁신구 건설이다. 이는 중국정부가 최초로 비준한 "문화를 중점으로 한 경제발전전략"이다.

3) 간쑤성 화하문명전승혁신구(華夏文明傳承創新區)

2012년 양회 기간에 간쑤성 성위 서기이자 성인대상위회(省人大常委會) 주임인 왕싼윈(王三運)은 "제17차 6중전회 정신을 실현시켜야 하며 간쑤성은 전국 화하문명의 보호 전승과 혁신 시범구를 건설해야 한다"고 제안하였다. 그리고 2013년 1월 21일, 간쑤성의 화하문명전승혁신구는 국무원의 비준을 획득하였다. 간쑤성 성위상위 선전부장인 롄지(連輯)는 "현재까지 성급행정구역 중에서 '문화건설'을 내용으로 한 국가급 전략플랫폼은 화하문명전승혁신구밖에 없다"고 밝혔다. 또 화하문명전승혁신구 건설을 '1313공정'이라고 밝혔는데, 이는 "'1대(一帶)'를 중심으로 '3구(三區)'를 건설하고 '13개 분야(十三板塊)'를 실시한다"는 의미이다.

(1) 한 개의 대(一帶)

'한 개의 대'는 간쑤성 내 동서를 가로지르는 1,300km의 실크로드문화발전대(絲綢之路文化發展帶)를 가리킨다. 실크로드문화발전대는 〈그림1〉과 같은 방향으로, 주요 내용은 실크로드를 축선으로 삼고 역사문화자원과 자연인문자원을 발굴하여 보호하고 전승하며, 혁신발전 역량을 증진하고 문화사업의 전면적인 번영과 문화산업의 혁신

〈그림1〉 실크로드문화발전대

발전을 촉진하게 한다는 것이다. 그리고 주요 목표는 간쑤성이 전환성장(轉型跨越), 과학발전, 민족단결, 부민흥룽(富民興隴, 인민이 부유하고 감숙이 흥성하다)의 핵심지대가 되도록 한다는 것이다.

이와 관련하여, 성박물관 관장인 어쥔(俄軍)은 "실크로드문화발전대는 화하문명전승혁신구건설의 중추선"이라고 강조하였다. 이 중추선상에 위치하는 둔황(敦煌)·우웨이(武威)·장예(張掖)·톈수이(天水) 4개 도시는 국가급 역사문화도시라는 명성을 갖고 있다. 특히 둔황 막고굴(莫高窟)은 세계문화유산보호 6개 항목에 모두 부합하는 세계문화유산으로서 이런 것은 세계에서 두 개밖에 없다고 한다. 현재 간쑤성에서는 복희추모대전(公祭伏羲大典), 주조추모대전(公祭周祖大典), 소수민족 민요인 '화아(花兒)'대회, 실크로드국제관광절, 자위관(嘉峪關) 철인3종대회 등 다양한 문화활동이 진행되고 있다. 그리고 문화산업발전을 간쑤성의 경제사회발전이라는 계획에 포함시켰다.

간쑤성의 문화브랜드와 관광브랜드는 경제발전의 새로운 원동력이 되고 있다. 현재 간쑤성에서는 칭양(慶陽) 농경과 민속문화산업단지, 란저우(蘭州) 문화창의단지, 둔황 문화산업단지 건설을 이미 시작하였다. 시베이사범대학 역사문화학원의 톈주(田澍) 교수는 "실크로드문화발전대는 지리상으로 전 성을 관통하고, 역사문화자원과 자연인문자원을 발굴하며, 연선도시군의 복사작용을 발휘하여, 보호전승과 혁신발전 두 목표를 확정하여 문화대성의 실마리를 만들어 전망이 밝을 것이다"라고 주장하였다.

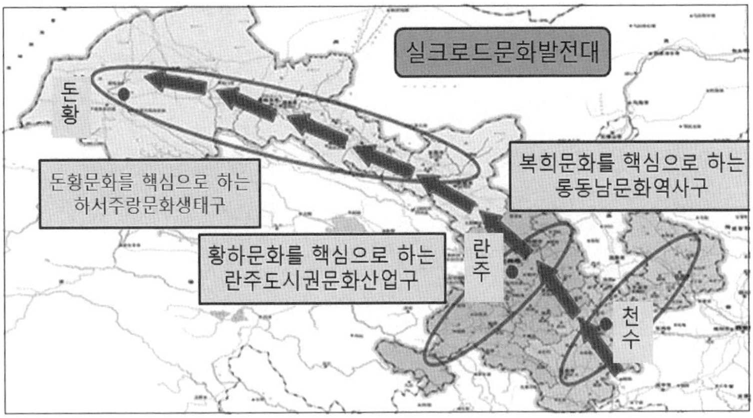

〈그림2〉 3개의 구역

(2) 3개의 구역(三區)

간쑤성 '3개의 지역'은 〈그림2〉에서 알 수 있듯이, 시조(始祖)문화를 핵심으로 한 '롱동남문화역사구(隴東南文化歷史區)', 둔황문화를 핵심으로 한 '하서주랑문화생태구(河西走廊文化生態區)'와 황하(黃河)문화를 핵심으로 한 '란저우도시권문화산업구(蘭州都市圈文化產業區)'를 가리킨다.

여기서 시조문화와 황하문화는 중국정부가 진행하고 있는 '중화민족만들기'와 매우 밀접한 관련이 있다. 그리고 둔황문화는 '둔황학'이라고 불리는 중국 3대 지방학에 속하며, 세계에서도 많은 관심을 갖고 있는 고대 역사와 문화연구의 보고(寶庫)이다.

① 롱동남문화역사구(隴東南文化歷史區)

롱동남문화역사구는 톈수이를 중심으로 하고 시조문화를 핵심으로 한다. 그리고 농경과 민속문화 재현을 통해 문화관광을 활발하게 이루어지게 하고, 문화산업으로 보호전승과 혁신발전체계를 이룬다. 롱동남문화역사구는 시조문화·대지만문화·선진(先秦)문화·도교문화·농경과 민속문화·홍색(紅色)문화 등에 역점을 두었다. 그리고 문화관광·문화창의·민속농경문화전시·홍색관광·연예전시(演藝會展)·공예미술품제조 등의 산업을 중점적으로 발전시키고자 하였다. 이를 통해 전 세계 중국인 혈통의 성지인 톈수이, 생태롱남(生態隴南), 양생평량(養生平涼), 민속칭양[民俗慶陽, 칭양(慶陽)은 중화의학의 발원지이다] 및 홍색남량(紅色南梁), 주조성지(周祖聖地), 기황고리(岐黃故里) 등 간쑤성의 특색 있는 문화브랜드를 만들고자 하였다.

중국에서 알려진 시조문화의 사례를 살펴보면 다음과 같다. 톈수이에서 인류문화(人文)의 시조로 전해지는 복희와 여왜(女媧, 여와)가 탄생하였고, 서왕모(西王母)는 경천(涇川) 회중산[回中山, 명회산(名回山) 또는 왕모궁산(王母宮山)이라고도 한다]에서 인간의 모습으로 세상에 태어났다. 주(周)·진(秦) 왕조의 선조는 간쑤에서 창업하여 나라를 일으켰다. 그리고 천하이씨(天下李氏)의 뿌리가 롱서(隴西)에 있다. 현재 이곳은 화하 자손들이 자신들의 뿌리를 찾는 곳이 되었고, 민족문화를 발양하고 민족정신의 전승과 관광유람의 혈통참배 성지가 되고 있다.

이렇게 간쑤성은 시조문화를 중화민족의 시조문화로 연결짓고 있다. 오늘날 중국에서는 복희가 화하문명을 만들었고, 복희문화를 주체로 한 화하민족이 형성되었다고 여긴다. 그리고 대지만문화는 황하중류의 최초이면서 가장 연속적으로 긴 구석기와 신석기 문화로 간주되고 있다. 또 도교와 관련하여 3황 5제의 한 명인 황제(黃帝)가 평량 공동산(崆峒山)에서 광성자(廣成子)에게 치국과 양생의 도를 물었다고 전해진다.

장자·재유(莊子·在宥)의 기록에 따르면 헌원 황제가 일찍이 친히 공동산에 올라 이곳에 은거하던 도교의 신선인 광성자(廣成子)에게 도(道)에 대해서 물으며 치국지도(治國之道)에 대해 가르침을 청했다고 한다. 광성자가 황제에게 일깨워준 가르침은 '수일(守一)'이라고 전한다. "본분을 지킨다"는 말로 "하나를 지킨다"는 교훈이다.

간쑤성의 역사문화와 관련하여, 시베이사범대학교 국학센터 주임 푸쥔롄(伏俊璉)은 "복희문화·대지만문화·양생문화·농경문화·도교문화를 중심에 두고, 풍부한 시조문화 산업단지를 건설하여 문화관광을 심도있게 융합하도록 선도하자"라고 주장하였다. 또 "우수한 역사문화를 발양하고, 반드시 역사를 존중하며, 이론기초연구를 강조하여 역사를 혼돈하게 하거나 위조하는 것을 피하자"고 주장하였다.

② 하서주랑문화생태구(河西走廊文化生態區)

하서주랑문화생태구는 둔황문화를 핵심으로 하여 건설하자는 것이다. 그리고 둔황문화·장성문화(長城文化)·실크로드문화·석굴문화·간독(簡牘)문화·오량(五涼)문화·서하(西夏)문화 및 현대공업과 기술문화 등을 기반으로 하여 문화생태발전과 문화형태 다양성 보호를 중점으로 하고, 유산(遺産)보호·경관(景觀)관광·산업발전·상품교역·문화교류가 하나가 된 문화전시연구기지(文化展示硏究基地)와 문화단지를 형성하자는 것이다.

간쑤성은 2015년까지 하서주랑을 특색 있는 '공공문화서비스체계 국가급종합시범구'로 건설하고, 서부 혹은 전국에서 가장 매력이 있는 관광목적지로 건설하고자 한다. 또 2020년까지 '자연유산과 비물질문화유산(非物質文化遺產) 종합보호 국가급 시범구'로 만들고자 한다. 이와 관련하여, 간쑤농업대학의 허유리(賀有利) 교수는 "하서주랑의 문화생태는 재생할 수 없기 때문에 일단 훼손과 변이를 하게 되면 인류문명의 손실이다"라고 말하였다. 그리고 시베이사범대학교 역사문화대학 리빙청(李並成) 교수는 "둔황문화는 중화의 우수한 전통문화를 대표한다. 둔황문화에서 둔황서법문화·서량(西涼)문화·음식문화·양생문화·전통교육문화·불교번역문화 등을 회복하고 발굴해야 한다"고 밝혔다.

성 문화예술연구소 꾸샨중(顧善忠) 소장은 "간쑤성의 문화예술연구자원에서 중요한 것은 모두 하서에 있다. 이러한 플랫폼을 이용하여 문화와 기술이 융합하도록 하고, 현대과학기술을 통해 하서주랑의 문화자원을 문화산업으로 만들어서 여행객에게 빠르고 편한 서비스를 제공하고, 사회에 봉사하고 예술창작자에게 봉사를 할 수 있다"고 밝혔다. 홍콩대학의 천융화(陳永華) 교수는 "하서주랑에서 문화귀속감(文化歸屬感)을 찾아야 한다"고 밝혔다. 간쑤성은 간쑤문화가 실크로드의 국제관광절, 철인3종대륙간대회, 비치발리볼초청대회, 습지캠프대회를 통해 이미 '해외진출' 전략의 새로운 명함이라고 밝혔다.

③ 란저우도시권문화산업구(蘭州都市圈文化產業區)

란저우도시권문화산업구는 황하문화를 핵심으로 하며, 주요 내용은 "황하문화·채도문화·민족문화·종교문화 등의 자원을 중심으로 한다. 그리고 란저우를 화하문명의 전시구, 문화창의 연구개발의 핵심구와 문화혁신인재 집결지가 되도록 건설한다. 또 문화창의산업을 중점적으로 발전시키고, 영화와 TV드라마 제작업·문화관광업·출판업·발행업·인쇄업·광고업·연예업·전시업·디지털콘텐츠와 애니메이션 등의 문화산업을 중점적으로 발전시킨다. 그리고 중심도시를 중심으로 교육과 기술 및 인재로 유지하고, 개혁 혁신을 원동력으로 삼고 산업발전으로 돌파구를 삼는 고층차문화산업권(高層次文化産業圈)을 형성한다"는 것이다.

또 간쑤성은 란저우쇠고기면(蘭州牛肉面), 란저우고자[蘭州鼓子, 북으로 박자를 맞추면서 말과 노래를 섞어 가며 이야기를 하는 설창(說唱) 문학]·란저우각호로(蘭州刻葫蘆, 조롱박 또는 모조조롱박에 조각을 하거나 글자를 새겨 넣는 것)로 유명한데, 이는 특색 있는 란저우도시권문화산업구의 기초와 중심이 된다. 이와 관련하여 푸쥔롄은 "란저우도시권문화산업구는 사람을 근본으로 해야 하고, 과학기술관과 체육클럽 등 아동휴게오락공공장소를 균등하게 분산하여 건설해야 하며, 영화드라마제작업과 문화연예업을 발전시켜야 한다. 그리고 교육과 과학기술 및 인재로 유지해야 하고, 대약진(大躍進)식의 조바심을 갖고 시행하는 것은 피해야 하며, 재빠른 생각과 항목별로 입안하여 중점적으로 실현해야 한다. 국내외의 단지건설과 운영경험의 단점은 피하고 장점은 취하며, 특색을 드러내어 전 세계에 '문화롱화(文化隴貨)'라는 반향을 일으키도록 해야 한다"고 밝혔다.

(3) 13개 분야(十三板塊)

'1313 프로젝트'에서 13개 분야는 "문물 보호, 대유적지 보호, 빗물질문화유산 보호전승, 역사문화도시 보호, 민족문화 전승, 고서 정리 출판, 홍색문화 발양, 도시와 농촌 문화일체화 발전 시도, 문화와 생태관광 심층융합(文化與生態旅遊深度融合), 문화산업 발전, 문화브랜드 조성, 문화인재대오 건설(文化人才隊伍建設), 기념일경축행사 전시"이다. 이 중에서 몇 가지를 예로 들면 다음과 같다.

먼저 문물을 보호한다는 것이다. 문물 조사를 통해 문물자원데이터베이스를 만들고 주요 문물 보호와 수리 역량을 강화하며, 보호제일 원칙을 견지하고 둔황막고굴보호이용 시범성프로젝트를 만든다. 그리고 톈수이 맥적산(麥積山)석굴, 과저우(瓜州) 유림굴(楡林窟)과 동천불동(東千佛洞)석굴, 우웨이 천제산(天梯山)석굴, 용징(永靖) 병령사(炳靈寺)석굴, 장예 마제사(馬蹄寺)석굴군 등 석굴사 보호항목을 중점적으로 실시한다. 간쑤 채도, 린샤(臨夏) 고생물화석 및 우웨이 백탑사(白塔寺) 등 주요 역사유적지 보호를 강화한다. 또 주요 고건축 보호항목을 실시하여 샤허(夏河) 랍복릉사(拉蔔楞寺), 장예 대불사(大佛寺)·우웨이 문묘(文廟)·구마라십사(鳩摩羅什寺)·톈수이 복희묘(伏羲廟) 등의 고건축을 중점적으로 보호하고자 한다.

다음은 비물질문화유산을 보호하고 전승하는 것이다. 주로 민족민간문학·음악·무용·희곡·곡예(曲藝)·잡기(雜技)·미술·민간 수공기예·유예(遊藝)·전통체육과 경기·전통의약 등 문화예술형태와 양식을 포괄한다. 그리고 민속문화촌과 민속생태박물관 등을 건설하고 민간민속문화의 기본형태와 전승방식을 효과 있게 전승하고 발전시킨다. 특히 위급 상황에 처해 있는 국가급·성급 비물질문화유산 중에서 대표적인 항목을 보호하고, 나이가 많은 대표성 있는 전승인을 중점적으로 보호하고 전습소를 건립하여 계승자를 양성하고자 한다.

다음은 민족문화를 전승하는 것이다. 민족교류사와 민족융합사 연구를 심도있게 진행하고, 민족단결의 역사를 발굴하며 민족단결정신을 대대적으로 발양한다. 또 간쑤 소수민족출판기지를 건립하고 소수민족의 특색 있는 문화보호업무를 전개하는데, 이때 소수민족언어와 문자의 과학적인 보호·도서와 신문 등의 간행·영화와 드라마의 더빙·출판·방송 등의 업무를 중점적으로 추진한다. 특히 뚱샹족(東鄕族)과 바오안족(保安族) 및 위꾸족(裕固族) 3개 민족의 오직 간쑤 지역에만 있는 소수민족문화유산의 보호와 전승을 강화한다. 문화자원보호항목의 디지털화·파일화·복원 등 기초적인 보호 작업을 완성한다.

2013년 1월 21일 국무원판공청은 정식으로 간쑤성을 화하문명전승혁신구의 플랫폼으로 결정하면서, 문화대성 건설을 전체적으로 추진할 것을 결정하였다. 이것은 현재까지 유일한 국가급 문화발전전략 플랫폼이다. 그리고 동년 6월 25일 간쑤성 인민정부는 간쑤성문화산업발전집단유한공사 성립을 비준하였다. 이는 간쑤성의 문화체제개혁의 심화와 전면적인 화하문명전승혁신구 건설의 주요 조치이고, 화하문명전승혁신구 건설을 위한 융자플랫폼이다. 간쑤성문화산업발전집단유한공사가 성립된 이후, 투자와 자산관리·기금관리·자본투자·담보서비스·회의 및 전람서비스·문화산업지적재산권 교역 플랫폼 건설·문화중개서비스 및 문화산업영역 내에서 중대한 항목의 전략투자 제공·벤처투자 등의 업무를 진행하고 있다.

4) 허난성 화하역사문명전승혁신구(華夏歷史文明傳承創新區)

앞에서 간쑤성의 화하문명전승혁신구를 살펴보았다. 그런데 이와 유사한 것이 황하하류지역에 위치하는 허난성에도 있다. 허난성은 화하역사문명전승혁신구 건설을 진행하고 있는데, 이는 중원경제구 발전전략 속에 들어 있다. 허난성 사회과학원은 화하역사문명전승혁신구 건설을 중심으로 염황(炎黃)문화·하락(河洛)문화·성씨(姓氏)문화를 대표로 하는 '뿌리(根)'문화연구를 적극적으로 전개하고 있고, 노자(老子)문화, 묵자(墨子)문화, 역학(易學)문화 등 중원(中原) 특색의 문화연구를 강화하고 있다.

(1) 성립과정

중국은 화하역사문명전승혁신구를 건립하여 황하 역사문명의 계승지라 불리는 중원의 역사문화유산에 대한 보호를 강화하고, 중국 특색과 시대적 상황을 반영한 국제적인 문화브랜드를 육성하여 역사문명의 혁신지로 발전시키려 하고 있다. 그리고 중국정부는 화하역사문명전승혁신구 건설이라는 중임을 하남을 핵심으로 한 중원지역에 일임하였다. 이와 관련하여 허난성 사회과학원 역사와 고고연구소(省社科院歷史與考古硏究所) 소장인 장신빈(張新斌)은 '4개의 고도(四個高度)'에서 그 의의를 인식해야 한다고 하였다.

첫째는 '중화민족이 공유하는 정신적 고향 건설 고도화'로, 이는 중앙이 내놓은 중대한 문화전략이기도 하다. 둘째는 '국가문화소프트파워 제고 고도화'로, 화하역사문명혁신구건설은 중국의 소프트파워를 증강하는 데 밀접한 관련이 있다는 것이다. 셋째는 '모든 중국인의 응집력 증강 고도화'이다. 국가는 발전해야 하고 문화는 진흥해야 하며 모든 중국인들은 반드시 응집해야 하는데, 응집하게 하는 게 문화이고 화하역사문명은 문화의 핵심 구성부분이다. 넷째는 '국가통일에서의 고도화'이다. 중화문화의 공동체의식은 국가통일의 전제이고, 화하역사문명의 전승과 혁신은 실질적으로 허난성이 '국가책임'과 '역사사명'을 맡아야 한다는 것이다.

화하역사문명전승혁신구의 성립과정을 살펴보면 다음과 같다. 먼저, 2010년 3월 25일 제2차 중원경제구 논단이 정저우주국제회전중심헌원당(鄭州國際會展中心軒轅堂)에서 거행되었는데, 주제는 "화하역사문명전승혁신(華夏歷史文明傳承創新)"이었다. 이에 대해 칭화대학교 교수 슝청위(熊澄宇)는 "경외의 마음으로 화하역사문명을 보호하고 학습하며 전승해야 한다"고 권고하였다. 저명한 극작가인 가오만탕(高滿堂)은 "중원의 문화에서 문화의 중원으로"라고 호소하였다. 또 허난성 성위상위 선전부 부장인 자오쑤핑(趙素萍)은 "문화는 뿌리이고 혼이며, 힘이고 본받아야 하는 것이다"라고 말하였고, 또 "화하역사문명전승혁신구 건설은 중앙이 허난성에 부여한 역사적 사명이다"라고 말하였다.

2011년 10월 30일 허난성 제9차 당대회에서 루잔궁(盧展工) 서기는 "문화강성건설을 가속화하여 중원의 인문정신을 만들고, 화하역사문명전승혁신구를 만들어야 한다"고 제안하였다. 그리고 2012년 5월 6일, 루잔공 서기는 전국인대상위회문물보호법집법검사조(全國人大常委會文物保護法執法檢查組) 회견 때, "화하역사문명을 전승하고 혁신하는 것은 동태적인 문화의 전형적인 이미지 형상을 멀리할 수 없고, 정태적인 문물교육교화(文物教育教化)를 멀리할 수 없다. 우리는 문물을 잘 보호하고 문물이 화하역사문명 전승혁신에서의 중요한 역할을 충분히 하도록 하여, 사람들에게 문물에 대한 더 많은 참관학습을 하도록 하고, 역사이해와 지식증강을 더 많이 하도록 하게 한다. 그리고 민족문화에 대한 자신감과 애국주의 열정을 드러나도록 한다"라고 말하였다.

화하역사문명전승혁신구 건설을 해야 하는 이유를 중국에서는 다음과 같이 밝히고 있다. 첫째, 사회주의 문화의 대발전과 대번영에 유리하다. 둘째, 중화(中華)의 전통문화를 전승하고 널리 알리는 데 유리하다. 셋째, 문화는 경제사회발전의 추진력으로서 유리하다. 넷째, 중원문화의 소프트파워를 향상시키는 데 유리하다. 다섯째, 화해사회(社會和諧) 발전을 촉진하는 데 유리하다. 특히 중국의 '18대정신'은 '중국특색의 사회주의 건설'인데, 중원의 전통문화가 사회주의 건설에 기여를 한다는 것이다. 즉, 중원의 전통문화는 고유의 '유용내대(有容乃大)'의 포용정신이고, '자강불식(自强不息)'의 분투정신이며, '화이부동(和而不同)'의 공생정신이고, '정충보국(精忠報國)'의 애국정신이며, '중용겸애(中庸兼愛)'의 관대하고 돈후한 정신이고, '연가념조(戀家念祖, 집을 그리워하고 조상을 생각하는)'의 응집력 정신이라는 것이다. 이는 사회주의를 건설하는 핵심가치체계의 문화 기초이고, 중국특색의 사회주의의 기초가 있게 하는 것이라 여겼다.

뿌리문화를 대표로 하는 중원문화는 중국 내외 동포의 응집력을 강화하고, 중화민족의 응집력과 동질감을 제고시키며, 양안관계의 평화발전을 추진하는 데 대체할 수 없는 역할을 한다고 여겼다. 그리고 중원의 역사문화는 이화위귀(以和爲貴)·화이불동(和而不同)·화이처중(和以處衆)·내화외순(內和外順) 등의 풍부한 화해(和諧)사상을 내포하고 있다고 여겼다. 이는 화해중원의 정신원천을 구축할 것으로 보았다. 화하역사문명전승혁신구 건설은 화해문화 전파와 애국주의를 핵심으로 중국의 민족정신과 개혁혁신을 핵심으로 한 시대정신을 널리 알릴 것이라고 보았다. 또 전통미덕에 부합하고 시대가 요구하는 도덕과 행위모범을 구축하여 중국의 정신문명 건설에 영향을 줄 것으로 보았다.

(2) 중원경제구(中原經濟區)

2010년 11월 19일, 중국공산당 허난성 제8차 위원회 제11차 전체회의에서 "중원경제구건설강요(시행)[中原經濟區建設綱要(試行)]"를 심의하고 원칙적으로 동의하였으며, 중원경제구 건설의 전략구상을 제안하였다. 중원경제구는 허난을 주체로 하면서 주변 일부 지역으로 확산하고 있다. 중원경제구 건설은 중원굴기(中原崛起) 전략의 지속·확대·개척·심화이다.

그리고 2011년 9월 28일 , 국무원은 "국무원의 허난성 중원경제구 건설 가속화 지지에 관한 지도의견(國務院關於支持河南省加快建設中原經濟區的指導意見)(이하 '의견')"을 발표하였다. "의견" 첫머리에서 "중원지역은 중국의 중심 지역이고, 중화민족과 화하문명의 주요 발상지이다"라고 명확하게 제시하였다. 이러한 것은 문화가 경제사회발전을 이끄는 것에 대해 중국정부가 고도로 인지하고 있음을 설명하고 있는 것이다. 그리고 "의견"에서 "(1)국가 중요 식량생산과 현대농업

기지 (2)전국공업화, 도시화 농업현대화 협조발전시범구 (3)전국 중요 경제성장분야 (4)전국구역협조발전의 전략지점과 중요 현대종합교통중추 (5)화하역사문명전승혁신구"라고 하며 화하역사문명전승혁신구 건립을 구체적으로 피력하였다. 국무원은 중원경제구 건설에서 화하역사문명전승혁신구를 5대전략의 하나로 정했다.

2012년 12월 2일 국무원은 중원경제구 건설과 발전을 위한 중원경제구 규획(2012~2020년)을 발표하였다. 본 규획은 국무원의 허난성 중원경제구 건설을 지지하는 지도의견을 실현하고 중원경제구 건설 추진을 한층 강화하기 위해 작성되었으며 양불삼신(兩不三新) 발전전략이 핵심적 사상이다.

> 양불삼신(兩不三新): 발전을 위하여 ① 농업과 식량 ② 생태환경을 파괴하지 않고(兩不), ① 신형 도시화 ② 공업화 ③ 현대농업화의 조화로운 발전전략을 추구하는 것(三新)을 의미.

정저우·카이펑(開封)·뤄양(洛陽)·핑딩샨(平頂山)·신샹(新鄕)·자오쥐(焦作)·쉬창(許昌)·뤄허(漯河)·지위안(濟源) 9개 도시를 융합 발전시키는 것을 추진하였고, 고효율적이고 고품질의 조합형 도시지역을 형성하고자 하였다. 그리고 〈그림 3〉처럼 허난성 성도인 정저우를 중심으로 한 '米자형' 발전축과 남북 양날개 경제대를 구축하고자 하였는데, 이에 대해 허난성발개위(發改委)경제연구소 소장인 정타이썬(鄭泰森)

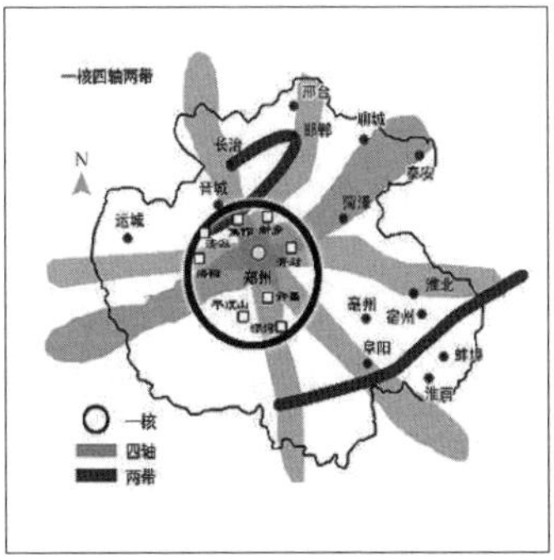

〈그림3〉 '米자형' 발전축

은 중원경제구의 미래발전에 중요하고 정저우가 핵심지위를 얻는데 공고히 할 뿐만 아니라, 허난성 주변 대부분의 지급시를 그 속으로 포함시키고 지역합작과 지역협조발전을 향상시키는 데 중대한 의의를 갖는다고 하였다.

중원경제구의 주요 목표는 2015년까지 식량종합생산능력을 안정적으로 향상시키고 산업구조를 계속적으로 최적화하며, 도시화의 질과 수준을 안정적으로 향상시키는 것이다. '3화(三化)' 발전과 협조를 끊임없이 증강시키고, 기본적인 공공서비스수준과 균등화 정도를 전면적으로 제고한다. 거민수입성장과 경제발전을 함께 이루고 생태환경을 점차적으로 개선시키며 자원절약을 새롭게 발전시킨다. 2020년까지는 식량생태 우세지위를 더욱 공고화하고, 공업화와 도시화를 전국 평균수준에 이루도록 하거나 근접하도록 한다. 종합적인 경제력을 명확하게 증강시키고, 도시와 농촌의 기본적인 공공서비스를 균등화에 이르도록 하여 기본적으로 도시와 농촌 경제사회발전 일체화의 새로운 구조를 형성하게 한다.

(3) 화하역사문명전승혁신구의 주요 내용

허난성의 화하역사문명전승혁신구는 다음과 같은 개념과 기본조건을 갖고 있다. 먼저 화하역사문명전승혁신구의 개념으로, 화하역사문명전승혁신구는 중원의 역사문화를 전승하고 널리 알리며, 많은 사람에게 문화유산보호 이용성과를 충분히 향유하게 하는 데 있다. 이 혁신구의 중심된 의미는 "허난의 화하문명의 기원, 중화민족의 뿌리가 되는 문화자원의 우세함을 발굴하고 연구하며 전시하는 것"이다.

화하역사문명전승혁신구 건설의 기본조건으로는 "첫째, 허난역사문화자원은 풍부하고 잠재력이 매우 크다. 둘째, 중원문화는 역사가 유구하고 많은 영향을 끼쳤다. 셋째, 허난문화의 발전 상태가 양호하면서도 분위기가 농후하다. 넷째, 허난경제사회발전기초가 견실하고 활력이 충만하다"는 것이다. 네 가지 조건 중에서 몇 가지를 살펴보면 다음과 같다.

먼저 허난은 역사문화자원이 풍부하고 잠재력 또한 매우 크다. 조사된 바에 의하면 허난성에는 중요한 문물이 7만여 개나 되는데, 그중 세계문화유산으로 등록된 곳이 3개, 전국중점문물보호단위로는 189개, 성급문물보호단위는 1047개, 국가역사문화명성(名城)은 8개, 역사문화명진(名鎭)[촌(村)]은 8개, 국가고고유적공원은 5개, 박물관은 150여 개, 박물관에서 소장하는 문물은 140여만 건에 달한다. 그리고 허난에는 성급비물질문화유산이 200여 개, 국가급비물질문화유산은 88개이다. 그래서 허난은 풍부한 문물고적 때문에 '중국역사박물관'이라는 영예를 얻었다. 또 "뿌리는 허뤄에 있다(根在河洛)"와 "뿌리는 중원에 있다(根在中原)"라는 이름은 모든 염황자손(중국인)으로부터 보편적인 인식을 얻었다. 허난역사문화자원은 전국에서 중요한 지위와 영향을 차지하고 있다.

중국은 이러한 것이 전 성의 경제사회발전을 촉진시키고, 중원경제구 건설과 화하역사문명전승혁신구 건설의 중요한 전략적 자원과 독특한 우세를 촉진시킬 수 있는 요소가 된다고 여겼다. 그리고 중국에서는 허난이 중화민족의 주요 발상지로서 중화 용(龍)문화·성씨문화·농경문화·한자(漢字)문화·예제(禮制)문화·도교와 불교문화의 기원지이고 발전지역이라고 여긴다. 또, 허난은 도성(都城)문화의 근원이라고도 여긴다. 하·상·동주(東周)·동한(東漢)·조위(曹魏)·서진(西晉)·북위(北魏)·북송·금 등의 왕조가 하남을 정치의 중심으로 삼았고, 중국 8대 고도(古都) 중에서 '정저우·안양·뤄양·카이펑'이 여기에 있다.

중국에서 허난은 성씨문화의 기원지라고 말한다. 중국에서 허난을 기원으로 두고 있는 고금의 성씨는 1,500여 개에 달한다. 전문가들은 "성씨 뿌리찾기와 중원경제구건설 고위층논단 및 허난성 성씨문화연구회 2012년 연례회의(姓氏尋根與中原經濟區建設高層論壇暨河南省姓氏文化研究會2012年年會)"에서 "복희는 화이양(淮陽)에서 성씨를 바로잡아 혼인을 만들었고, 금수(禽獸)를 멀리하고 혼인을 하지 말라고 하였다. 이는 중화민족의 혈연 유대관계를 지속적으로 유지시켜 주었다. 복희 풍성(風姓)은 중국의 첫 번째 성씨이고, 중화성씨의 발원지이다. 중화 계통은 복희에서 시작되었고, 모든 사람은 뿌리가 같으며 그 뿌리는 화이양에 있다. 최종적으로 화이양현은 중화성씨의 기원지임을 인정한다"는 결론을 내렸다.

화이양(淮阳) 태호복희릉(太昊伏羲陵) 편액(匾额)

한편, 화하역사문명전승혁신구가 실현해야 할 주요 임무는 다음과 같이 정했다. 풍부한 중원 문화자원을 기반으로 총괄적인 계획을 세우고, 용두(龍頭)항목 선도·문화브랜드 향상·특색산업 지지·문화고지(文化高地) 유도·문화관광목적지 구축을 방침으로 삼아 화하역사문명전승혁신구 건설을 추진한다. 여기에서 말하는 용두문화항목은 숭락(嵩洛) 역사문화자원 조정을 중점으로 삼고 문화유산보호를 전제로 하며 고도(古都)문화·쑹산(嵩山)문화·하락문화·쿵후문화·불교문화 등의 문화브랜드를 전면에 내세운다. 그리고 과학기술과 창의 등을 융합하고, 문물경관전시·역사장면재현·주인공체험 등을 통해 숭락지역을 중심으로 한 '화하의 도읍문화단지(華夏之都文化園區)'를 건설한다. 이렇게 중국 최대의 화하역사문명전시체험구를 만들어 유산보호와 문화관광, 생태레저활동 등 산업발전의 가속화를 이끈다. 중원문화브랜드 조성에 대해서 살펴보면, 고도문화·조근(祖根, 조상뿌리)문화·쿵후문화·명인(名人)문화·한자문화·도자(陶瓷)문화·희극(戲劇)문화 등의 중원 역사인문의 대표성을 띠는 자원을 기반으로 화하문명의 특색을 선명하게 하여 드러나게 하거나 교육과 기념 및 전시기능을 갖게 한다. 그래서 허난의 특색을 지닌 건축·명인·사건·민속·예술 등을 대표성 있게 내세워 중원문화의 지명도를 향상시키고 영향력을 확대시킨다.

중국에서는 중원문화가 중화문명에 많은 영향을 끼쳤다고 여긴다. 이와 관련된 몇 가지 사례를 살펴보면, 먼저 허난에서 발원한 용 문화는 중국인들에게 자신들이 용의 후손이라는 자부심을 갖게 하였다. 그리고 중국인들은 허난에서 형성된 한자를 중화문화를 전승하고 널리 알리는 중요한 도구로 중화민족과 중화문명의 중요한 대표성을 띤다고 여긴다. 다음, 허난은 중국 도자문화의 성지로, 중국 최초의 자기(瓷器)가 이곳에서 발견되었다고 알려져 있다. 또 송대 5대 명요(名窯)에 속하는 여요(汝窯), 균요(鈞窯), 관요(官窯)가 허난에 있다. 중의학에서 최초로 이(理), 법(法), 방(方), 약(藥)을 완비한 『상한잡병론(傷寒雜病論)』은 허난 남양(南陽) 출신인 장중경(張仲景)이 저술하였다. 이러한 네 가지를 중원의 '4대 발명'이라 부른다. 그리고 허난의 인문정신도 많은 관심을 받고 있다. 허난인은 우공이산(愚公移山)의 정신을 갖고 있을 뿐만 아니라 홍기거정신(紅旗渠精神), 자오위루[焦裕祿, 1922.

8. 16~1964. 5. 14 허난성 란고현(蘭考縣) 현위 서기]정신을 갖고 있다. 그리고 루잔공이 제기한 '3평정신(三平精神)'은 많은 허난인들도 공감하고 있다. 허난성은 중원문화의 정신을 강화하였고, '샤오린무술, 허난잡기(雜技), 문자문화, 근친(根親)문화' 등 허난 특색의 브랜드를 널리 알리고 있다.

장중경(張仲景)

3평정신(三平精神): 평범 속의 위대한 추구, 평정 속의 가득찬 열정, 평상 속의 강렬한 책임감(平凡之中的偉大追求, 平靜之中的滿腔熱血, 平常之中的極強烈責任). 허난성 서기 루잔공이 2010년 전국 양회 기간에 '3평정신'을 제기하였다.

'2014년 허난문화청서(2014年河南文化藍皮書)'에서 "허난성구역문화경쟁력분석평가보고(河南省區域文化競爭力分析評價報告)"를 제출하였다. '청서'에서 "2013년 허난성은 '18대정신'을 관철시켰고, 중원경제구와 문화강성 건설을 중심으로 화하역사문명전승혁신구를 건설하기 위해 노력하였으며, 사회주의 문화핵심가치체계 건설을 적극적으로 촉진시켰다. '문명허난' 건설을 이끌어 기층조직을 만족시키고, 군중서비스와 인민군중을 만족시키는 기본정신문화요구 등에서 새로운 성과를 거두었다. 그리고 새로운 특징과 추세를 드러내었다"고 밝혔다.

허난성위 선전부 상무(常務)부부장인 왕야오(王耀)는 "화하역사문명전승혁신구에 관해 우리는 '전승'과 '혁신' 두 가지 방법을 잘 만들고자 한다"고 말했다. 또 그는 "전승은 문화유산을 잘 보호하는 것과 중원의 우수한 사상을 잘 발굴하는 것"이라고 강조했다. 문화유산보호에 관해 왕요는 "첫째, 룽편석굴, 안양(安陽) 은허(殷墟), 정저우 덩펑(登封) '천지지중(天地之中)'의 건축군을 기반으로 하여 세계문화유산 연구기지를 만든다. 둘째, 고고역사유적지공원과 대유적지보호구를 건설한다. 셋째, 역사 명승도시와 역사유적지를 잘 보호한다. 넷째, 비물질문화유산을 전승하고 잘 보호한다. 다섯째, 옛 성(古城)과 역사도시를 기반으로 역사문화거리를 만든다"는 목표를 밝혔다. 이러한 도시의 문화거리를 도시발전의 맥락과 도시의 특징으로 나타내어 도시의 표지성이 있는 명함이 되게 한다.

또 랴오왕주간사(瞭望周刊社) 사장 겸 총편집자인 지빈(姬斌)은 "'화하역사문혁신구'라는 개념은 우리를 매우 많이 놀라게 했다. 왜냐하면 전국 40여 개의 경제구 중에서 문명전승혁신구의 발전 표지셔닝은 유일하기 때문이다. 그리고 이러한 새로운 방식을 전승해야 하는데, 특히 바링허우(80後) 세대가 전승해야 한다"고 주장하였다.

5. 나오는 말

오늘날 중국은 고대라는 거울을 통해 현대와 미래를 읽으려 한다. 특히 후진타오의 화해사상과 과학발전관에 담겨 있는 '이인위본'이라는 인간중심 사상은 중국 고대에서 찾을 수 있는데, 이는 중국에 '국학열', 즉 '고전읽기'라는 열풍을 가져왔다. 경제발전을 통해 세계 최고 강대국으로 발돋움하고 있는 중국은 '문화'라는 키워드를 전면에 내세우기 시작하였다.

오늘날 중국 여러 지역에서 진행되고 있는 '문화강성' 만들기는 강성한 중국 미래를 짊어지고 나갈 중대한 전략이다. 이는 현재 중국 지도부가 강조하고 있는 '중화민족의 위대한 부흥'과 '중국몽'으로 연결되는 '중화민족만들기'의 연장선이기도 하다.

간쑤성과 허난성의 경제발전전략은 화하문명을 중심으로 한 자신들의 문화브랜드를 만들어 전 세계에 알리는 것이기 때문에 '중화민족의 역사와 문화 만들기' 전략이다. 중국의 간쑤성과 허난성의 화하문명을 전승하고 혁신하기 위한 전략은 다음과 같은 의의를 가진다.

첫째, '문화'를 전면에 내세워 발전전략을 세웠다는 점이다. 이는 기존의 중국 성별 혹은 권역별 발전전략과는 확연한 차이를 드러낸다. 특히 간쑤성의 화하문명전승혁신구 건설은 중국에서 최초로 비준된 문화 중심의 경제발전전략이다. 둘째, 기존의 '중화민족만들기' 전략에서 '화하문명'을 전면에 내세웠다. 그동안 한족과 중화민족이라는 단어를 전면에 내세웠었다면, 이제는 '화하'를 내세우면서 한족의 선민족이라 할 수 있는 화하족을 고대중국의 주인공을 만들고자 하고 있다. 이 두 가지는 '문화'를 전면에 내세워 국제적으로 경쟁력 있는 국가로 거듭나겠다는 중국정부의 의지를 엿볼 수 있게 한다. 즉 '문화굴기'를 통해 '중화민족의 위대한 부흥'을 실현시키겠다는 중국정부의 첫걸음인 것이다. 셋째, 중국의 경제발전사에서 연강(沿江) 경제발전 정책을 살펴보면, 남부의 주강과 중부의 장강을 중심으로 한 정책이 많았다. 그런데 이 간쑤성과 허난성은 황하를 연한 지역이다. 따라서 두 혁신구 건설은 중국의 경제발전 축이 주강과 장강에서 황하로 확산됨을 의미한다.

그런데 중화민족주의적 특색이 강한 중국의 문화굴기가 구체화되고 확산된다면, 한국에도 심각한 영향을 줄 것으로 예상되기 때문에 한국에서는 항상 이에 대한 경계를 늦추지 않아야 한다. 중국은 이미 조선족의 문화를 중화문화의 일부로 간주하고 이를 확대하고 있다. 그러므로 한국은 중국의 문화굴기가 단순히 중국문화를 세계에 알리고자 하는 차원에서 머무는 것이 아님을 인식하고 이에 관심을 가져 문화굴기의 중심에 자리 잡고 있는 중화민족주의를 항상 경계해야 한다.

참고문헌

공봉진·이강인, 『중국 대중문화와 문화산업』, 한국학술정보. 2013.

공봉진, "'중국민족주의'가 한국에 미친 영향," 『국제지역학논총』 제5권 2호, 국제지역연구학회. 2012. 12.

공봉진, 『중국지역연구와 현대중국의 이해』, 도서출판 오름. 2007.

심지언, "중국어의 세계화," 공봉진 외 6명, 『시진핑 시대의 중국몽 : 부강중국과 G1』, 한국학술정보. 2014.

盧作俊, "在新的起點上加快文化大省建設," 『黨史文苑』, 黨史文苑雜志社. 2011年24期. 2011.

劉永明·趙玉山, ""黃帝問道廣成子"對道家和道教的影響——兼議隴東與道家道教文化," 『天水師範學院學報』 2008年06期.

李立新, "關於華夏歷史文明傳承創新區的幾點思考," 『黃河科技大學學報』 2012年03期.

於平·傅才武 編, 『文化創新藍皮書 : 中國文化創新報告(2012 No.3)』, 社會科學文獻出版社. 2012.

於平·付才武 編, 『文化創新藍皮書 : 中國文化創新報告No.4(2013)』, 社會科學文獻出版社. 2013.

王星光, 『鄭州與黃河文明』, 河南人民出版社. 2008.

張璐瑤, "淺述甘肅平涼崆峒山道教文化中的養生之道," ≪焦作大學學報≫ 2012年01期

穀建全, "華夏歷史文明傳承創新區的理論與實踐," http://www.mzb.com.cn/htmlHome/report/407069-1.htm (검색일 : 2014.01.10.)

盧展工書記在會見全國人大常委會文物保護法執法檢查組談傳承和創新華夏歷史文明, http://www.haww.gov.cn/wbzt/2012-09/27/content_124120.html (검색일 : 2014.01.10.)

王利民, "凸顯現代農業特色 促進"三化"協調發展——淺談花卉産業發展在中原經濟區建設中的地位和作" http://www.hnagri.org.cn/dangwei/show.php?id=17112 (검색일 : 2014.02.03.)

王三運, "全國華夏文明傳承創新區要做好"五個著力","http://gansu.gscn.com.cn/system/2013/02/19/010263753.html (검색일 : 2014.01.19.)

王玉印·王男, "關於華夏歷史文明傳承創新區建設的思考", http://www.haww.gov.cn/wbzt/2012-09/27/content_124002.html (검색일 : 2014.02.03.)

張新斌, "華夏歷史文明傳承創新區建設的路徑," http://www.haww.gov.cn/wbzt/2012-09/27/content_123999.html (검색일 : 2014.02.03.)

鄭小玲, "打造華夏歷史文明傳承創新區加强文化遺産保護 應引導社會公衆廣泛參與," http://www.haww.gov.cn/wbzt/2012-09 27/content_124109.html (검색일 : 2014.01.19.)

鄭永年 : 爲什麽中國沒有文化崛起? http://www.21ccom.net/articles/gyj/gqmq/article_ 2013042381873.html (검색일 : 2014.01.10.)

趙保佑·毛兵·衛紹生 , 建設華夏歷史文明重要傳承區芻議, http://www.haww.gov.cn/wbzt/ 2012-09/27/content_123994.html (검색일 : 2014.01.10.)

韓國河, "大力弘揚中原文化遺産特色與優勢 紮實推進中華歷史文明核心區傳承與創新," http://www.haww.gov.cn/wbzt/2012-09/27/content_124014.html (검색일 : 2014.01.19.)

韓國河 : 紮實推進中華曆史文明核心區傳承與創新 http://henan.people.com. cn/ news/2011/11/09/578273.html (검색일 : 2014.01.19.)

陳雲賢出席全省文化工作會議 改革創新推文化强省建設, http://special.scol.com.cn/11whqs/ (검색일 : 2014.02.07)

≪國務院關於支持河南省加快建設中原經濟區的指導意見≫全文 http://special.zynews.com/2011 -10/08/content_1350714_2.htm (검색일 : 2014.01.10.)

2014河南文化藍皮書首推≪區域文化競爭力報告≫ http://ha.people.com.cn/n/2014/0124/c356896-20467852.html (검색일 : 2014.02.03.)

http://baike.baidu.com/link?url=6b7XUFVel7tOTlbC7SicjLv0jnRN_93VVKR2_KRlyb1Mq-rZQKeYOKu-KO7yaF0G 大地灣文化 (검색일 : 2014.01.10.)

http://baike.baidu.com/link?url=aAFHIKGLeqGL4arKT9dO8Fo0xKWa4NW7aBrn_Uv00GOh2Vu9PoR_yWdw9bxePC-PfdNUw7aXO60awjIdQKiL5q 始祖文化 (검색일 : 2014.01.10.)

http://baike.baidu.com/link?url=eYQa1mOTlQqsraIqsKpWZeycSB8GddLeKfin0FoiBYI47dpDC51GY0aJgU9ig-co 華夏文明. "華夏皆謂中國" (검색일 : 2014.01.19.)

http://baike.baidu.com/link?url=RaHO6a8GLqOHL5Mzbfvljxe7RYlWP3XQJVsrQT1T5baeWtU4O3Mb4l5k_V3lZUNZG2YCe7wLTf3lPyNFlQW7aa 三平精神 (검색일 : 2014.02.03.)

http://baike.baidu.com/link?url=rOoZJKiKPohLasCSu3UEpwlLEQr0rxH2dTHfjxX7Xbi9ohZGYlak9LRkIhMDmkRImLIVbUOXRhJ_0PB6ie4k5q 隴東南歷史文化區 (검색일 : 2014.01.12.)

http://baike.baidu.com/link?url=vdaDaVCSn6pXcHhGhTUYTrvEn58kSuPjpIeGG-zs3TfUZ5YePrT8yFTJfvOTmJErN03M7HPQOU9ReIhq4aiwI 華夏文明傳承創新區 (검색일 : 2014. 01.10.)

http://cn.chinagate.cn/indepths/wenhcy/2012-09/03/content_26410928.htm 甘肅"一帶三區十三板塊"創建華夏文明傳承示範區 (검색일 : 2014.01.10.)

http://edu.ifeng.com/gundong/detail_2013_01/06/20839827_0.shtml 十八大精神就是堅持和發展中國特色社會主義 (검색일 : 2014.02.03.)

http://epaper.gansudaily.com.cn/gsrb/html/2013-03/15/content_247439.htm 1313工程解讀之四 ：弘揚黃河文化 建設蘭州都市圈文化產 業區 (검색일 : 2014.01.10.)

http://news.dahe.cn/2012/03-26/101193200.html 建設華夏歷史文明傳承創新區是河南的歷史使命 (검색일 : 2014.01.10.)

http://news.dahe.cn/2012/03-26/101193200_1.html 建設華夏歷史文明傳承創新區是河南的歷史使命 (검색일 : 2014.01.10.)

http://news.hexun.com/2011-10-14/134195301.html 十七屆六中全會明日開幕，將審議有關文化建設的文件 (검색일 : 2014.03.19.)

http://news.lyd.com.cn/content/2011/10/10/986162.shtml 關於學習貫徹≪國務院關於支持河南省加快建設中原經濟區的指導意見≫的通知 (검색일 : 2014.02.03.)

http://news.qq.com/a/20111217/000134.htm 中國需要文化崛起 (검색일 : 2014.01.10.)

http://news.xinhuanet.com/politics/2011-10/25/c_122197737.htm 授權發布:中共中央關於深化文化體制改革 推動社會主義文化大發展大繁榮若幹重大問題的決定 (검색일 : 2014.01. 10.)

http://qy.wenming.cn/qywh/qhgl/201207/t20120712_279909.html 岐黃故裏 (검색일 : 2014.01.15.)

http://special.gscn.com.cn/system/2012/07/19/010131770.shtml 始祖文化 (검색일 : 2014.01.20.)

http://www.0933.biz/Item/8574.aspx 平涼市華夏文明傳承創新區建設工作總體方案 (검색일 : 2014.01.10.)

http://www.ccrnews.com.cn/plus/view.php?aid=44721 甘肅將建設

華夏文明傳承創新區 (검색일 : 2014.01.10.)
http://www.chinajilin.com.cn/content/2012-02/29/content_2478051.htm ≪"十二五"文化産業倍增計劃≫發布 (검색일 : 2014.03.19.)
http://www.chinapictorial.com.cn/ch/se/txt/2012-10/30/content_494467_2.htm 競爭力 : 甘肅 : 喚醒沉睡資源建設文化大省 (검색일 : 2014.01.20.)
http://www.gscn.com.cn/tourism/system/2013/03/14/010285421.shtml 弘揚敦煌文化 建設河西走廊文化生態區 (검색일 : 2014.01.10.)
http://www.jcbctv.com/show.aspx?id=137820 中國文化崛起的批判性反思 (검색일 : 2014.01.10.)
http://www.longnan.gov.cn/ArticleDetail.aspx?ArticleID=24368&ClassID=5 圍繞"一帶"建設"三區"打造"十三板塊" (검색일 : 2014.01.10.)
http://www.ocn.com.cn/free/201208/wenhua151114.shtml 文化强勢崛起政策驅動 (검색일 : 2014.3.17.)
http://www.tianshui.com.cn/news/gansu/201303120706264130 5.htm 1313工程解讀之一 : 構建絲綢之路文化發展帶(검색일 : 2014.01.20.)
http://www.txlishi.com/ 天下李氏網 - 世界李氏文化論壇 (검색일 : 2014.01.20.)
http://www.wenming.cn/whtzgg_pd/ggjxs/201306/t20130626_1311629.shtml 甘肅成立文化産業發展集團有限公司 (검색일 : 2014.01.20.)
http://www.wenming.cn/whtzgg_pd/ggjxs/201307/t20130723_1362504.shtml 華夏文明傳承創新區 : 以文化呈現絢麗甘肅 (검색일 : 2014.01.10.)
http://xbsb.gansudaily.com.cn/system/2012/02/29/012388715.s

html 全方位落筆做好河西走廊文章 委員建議，用5～10年時間將河西走廊打造成自然人文保護傳承創新國家級綜合示範區（검색일 : 2014.01.10.）
http://zy.takungpao.com/2012/7_4_0601_3085.html 周口：華夏先驅，九州聖跡（검색일 : 2014.02.03.）
http://www.seonamforum.net/newsletter/view.asp?board_id=16&idx=1194&page=14（검색일 : 2009.3.31.）

2장

중국 신세대의 애국주의와 사회적 참여

최낙창

1. 들어가는 말

오늘날 중국에서는 "중국을 잡으려면 바링허우의 마음을 잡아라"는 말이 유행할 정도로 바링허우가 중국의 뉴파워로 떠오르고 있다. 바링허우는 1979년 덩샤오핑(鄧小平) 시대 때 '1가구 1자녀 정책'의 영향하에 태어난 소위 '샤오황띠(小皇帝, 꼬마 황제)' 세대이다. 이들은 외동딸·외동아들로 귀하게 자라면서 과거 세대와 달리 물질적인 풍요를 누린 세대이다. 또, 이들은 1978년 덩샤오핑이 개혁개방정책을 도입한 이래 중국이 강력한 경제력과 군사력을 앞세우며 대국으로 변신한 과정과 중국 경제의 고도성장을 지켜보며 자라난 연유로 국가에 대한 자부심이 대단하다. 최근 중국에서는 애국주의 내지는 민족주의 편향의 사건들이 자주 발생하고 있는데 대부분은 바링허우가 깊이 관련되어 있다. 예컨대, 2008년 베이징 올림픽 당시 프랑스에서 성화봉송 방해 사건이 발생하자 중국에 진출한 까르푸를 대상으로 대대적인 불매운동이 전개되었는데, 그 주역이 바로 바링허우였다. 분노한 청년이라는 의미의 '펀칭(憤靑)'으로 불리는 일군의 젊은이들이 온·오프라인을 넘나들며 관련시위를 주도하였다.

현재 중국에서는 인터넷의 보급과 함께 '인터넷 민족주의' 역시 급속도로 확산되고 있는 추세이다. 최근 댜오위다오(釣魚島) 문제에 대한 항의로 벌어진 반일시위에서 역시 젊은 세대들의 활약이 두드러졌는데 이러한 공격적인 애국주의 성향은 바링허우로 대표되는 세대의 중요한 특징 중 하나이다. 최근에는 센카쿠(尖閣) 열도 영유권 다툼과 관련해 중국 사회에서 반일 시위가 계속되었다. 폭력을 동반한 시위는 20대 전후 젊은이들이 주축이 되어 일어났으며 시위 계획이 인터넷을 통해 예고되고 젊은 층을 중심으로 빠르게 전파되었다. 이 때문에 반일 시위는 1990년대 이후 중국이 '애국주의 교육'을 강화한 것의 산물로 보는 시각이 적지 않다.

중국공산당이 '애국주의교육실시요강'을 앞세워 애국교육 강화에 본격적으로 나선 것은 장쩌민(江澤民) 국가주석 시절인 1994년이다. 이런 경향을 표면화한 결정적 계기가 1989년 톈안먼(天安門) 사건이었다. 사실 1990년 이후 수정·강화된 애국주의 교육을 받고 자란 이들이 바로 바링허우이다.

이들은 자신들에게 굴욕의 역사를 안겨준 서구가 만들어낸 중국 위협론에 대항하기 위해 적극적으로 반(反)서구·반(反)일본 운동을 전개하고 있다.

중국정부가 90년대에 들어오면서 애국주의 교육을 강화한 이유는 첫째, 중국사회의 사상적 공백이 초래할 수 있는 위험을 인식하였기 때문이다. 중국정부는 이러한 사상적 공백을 보충하기 위해 적극적으로 애국교육을 강화하는 한편 드라마와 문화컨텐츠를 통해 국민들의 애국심 고취에 힘쓰고 있다.

둘째, 시장경제 확대와 함께 공산당 통치의 권위가 날로 실추되자

당 중심의 결속을 강화하기 위해서이다. 항일 전쟁사 교육을 애국교육의 핵심으로 삼은 것이 그 대표적인 예이다. 중국의 배타적 애국주의는 중국과 이웃하고 있는 한국을 포함한 동아시아 국가에게 있어 대단히 중요한 문제이기도 하다.

본문에서는 바링허우의 신애국주의 기원과 내용에 대해 분석하고 이를 어떻게 바라보아야 할 것인가에 대해서 알아보고자 한다. 또 애국주의로 포장된 중국 신세대들의 사회참여에 대해서도 살펴보고자 한다.

2. 신애국주의

1) 중국인들이 애국주의에 목말라하는 이유

중국은 1840년 아편전쟁에서 영국에게 패하였다. 서구 열강을 대표하는 영국은 이른바 '강력한 함정과 뛰어난 포탄(堅船砲利)'을 앞세워 강제로 중국의 대문을 열었다. 이 패배로 '중국'은 더 이상 세계의 중심이 아니라는 것이 입증되었다. 이 시기 중국인들의 관심은 서양침략자로부터 '중국'을 지킬 수 있을 것인가였다. 엄혹한 국제정치의 현실 앞에서 중국인들은 속수무책이었다. 이러한 서구 열강의 침략 위기 속에 '애국주의'가 탄생하였다. 당시 '애국주의'는 '민족주의'의 개념과 함께 혼용되면서 열강의 침략에 대해 반제국주의를 부르짖었지만, 국가는 나약했고 부패한 통치 집단은 국가를 경영할 자격을 잃어버린 상태였다. 이후 중국은 100여 년간의 굴욕의 시기를 보냈고 이는 신중국을 건립하는 중국인들 안에 "더 이상 민족적 굴욕을 당해서는 안 된다"는 의식이 뿌리 깊게 자리 잡게 하였다.

어느 민족에게나 애국주의와 민족주의는 존재한다. 이것이 긍정적으로 작용하면 국가발전에 기여하지만 그렇지 않으면 주변국과의 갈등을 조장하거나 민족적 폐해를 가져온다는 것은 역사적 사실이 증명하고 있다. 한 예로 서방 언론들은 중국의 비난성 보도에 대한 불만을 다양하게 표출하고 있다. 최근 몇 년간 중국인들의 애국주의는 과거와 다른 형태로 발전해왔다. 이러한 현상을 '신애국주의'라고 부른다.

즉 오늘날 중국인들의 애국주의를 '신애국주의'라고 지칭하는 것은 2008년에 있었던 중국인들의 행동들이 전례 없이 광범위하고 신속하게 일어난 애국행동이었기 때문이다. 그리고 그것이 민족적 자신감, 자존심과 자긍심의 기초하에서 생겨났기 때문이다. 진영(陳瑛) 등 중국학자들은 이를 가리켜 일종의 '새로운 애국주의'가 구현되었다고 말한다.

'신애국주의'는 다양한 형태로 발전하고 있다. 때로는 외교현안에서 때로는 국내정책에까지 영향을 미치고 있다. '신애국주의'라는 개념은 개혁개방 이후 출생한 '바링허우' 혹은 '지우링허우'의 청년세대에서 나타나는 이념의 한 형태이다. 이 청년세대는 수적으로 약 2억 명에 달하고 있다. 어떤 이는 신애국주의가 '인터넷민족주의(網絡

民族主義)'에 지나지 않는다고 혹평하기도 하고, '딸기 세대(草莓一代)'라거나 베이징올림픽 주경기장의 이름을 따서 '나오차오 세대(鳥巢一代)'라 부르며 이들이 최근에 등장했다는 점을 시사한다. '신애국주의'는 '중국민족주의'로 해석되기도 하지만 이 이념을 행동으로 옮기는 주체의 특수성 때문에 중국의 변화를 살펴보는 중요한 키워드가 되고 있다.

2) '신애국주의'의 유래

어느 민족이든 애국주의와 민족주의를 갖고 있다. 우리도 단일민족으로 강한 민족주의, 애국주의적 성향을 갖고 있다. 그런 측면에서 중국도 예외가 아니다. 등장한 시점에 대해 논쟁이 있지만 중국인들은 '신애국주의'가 대체로 2008년 '3·14' 티베트 라싸 사건과 올림픽 성화봉송 저지 사건에서 비롯되었다고 보고 있다. 또한 해외 언론의 중국 내 인권 실태에 대한 비난과도 무관하지 않다고 믿고 있다.

그러나 '신애국주의' 형성의 뿌리 중 하나는 중국당국이라고 본다. 1989년 6·4 톈안먼사태의 혼란을 경험한 중국공산당은 1980년대에 애국주의 교육이 부족하여 이 사태가 발생했다고 판단하였다. 불충분한 애국교육으로 인해 자본주의 자유주의적 사조가 일부 지식인들과 대학생들에게 전파될 수 있다고 보았다.

1990년 5월 3일 장쩌민은 '수도청년기념오사보고회(首都青年紀念五四報告會)'에서 수많은 청년들에게 애국주의 전통의 계승과 발양(發揚)을 호소하였다. 그는 이 대회에서 애국주의는 국가의 독립과 인민의 근본 이익을 수호하는 것과 연계시켜야 한다는 점, 애국주의는 사회주의 및 인민 민주주의와 본질적으로 같다는 점, 애국주의 교육을 통해 전국의 인민, 특히 청소년에게 조국의 역사(특히 근대 이래의 역사)를 학습하고 이해하게 하는 동시에 그것을 실천에 옮기도록 해야 한다는 점, 애국주의는 편협한 민족주의가 아니라는 점, 그것은 중국의 실제에 입각해서 중화민족의 자력갱생 능력을 증강시키고 세계 인민의 우수한 문명 성과를 배우고 흡수하는 동시에 세계의 평화와 발전에 기여하는 것이라는 점을 역설했다.

이러한 판단에 의거해서 1991년 4월 국가교육위원회 판공청은 '초중고생들의 진일보된 애국주의 교육 활동 전개에 관한 의견(關於在中小學進一步開展愛國主義教育活動的意見)'을 발표하였다. 1994년 8월 23일에는 공식적으로 중공중앙이 '애국주의 교육 실시 요강(愛國主義教育實施要綱)'을 발표하였다. 이에 따르면 애국주의 교육의 목표는 "민족정신을 진작하고, 민족의 응집력을 증강시키고, 민족의 자존심과 자부심을 수립하여 가장 광범위한 애국통일전선을 확고하게 하고 발전시키며, 인민군중의 애국 열정을 중국특색 사회주의의 위대한 사업 건설에 응집시키는 것이다"라고 확정하였다.

좀 더 구체적으로 살펴보면, 중국정부는 이 문건에서 애국주의는 중국의 오랜 역사 발전 과정에서 중국 인민을 동원하고 고무시켜 단결·분투하도록 한 기치(旗幟)로써 사회 역사 발전을 추진한 거대한 동력이자 중국 인민의 정신적 지주임을 명기하였다. 이와 아울러 중국정부는 애국주의 교육을 강화하고 애국주의 전통을 계승·발양하는 것이 민족정신을 드높이고 민족의 응집력을 증강시키고 중국 인민을 단결시켜 자력갱생케 하고 '중국적 특색을 지닌 사회주의' 사업을 건설하기 위해 분투하는 데에 중요한 현실적·역사적 의의를 지니고 있음을 밝혔다. 또한 '요강'에서는 애국주의가 집체주의(集體主義)·사회주의와 더불어 사상 교육의 삼위일체(三位一體)로서 중국적 특색을 지닌 사회주의 건설 과정에 유기적으로 통일되어 있음을 명확히 함과 아울러, 그것을 제일 앞부분에 놓음으로써 애국주의 교육이 사회주의 교육보다도 중요함을 간접적으로 시사하고 있다.

이것은 동구 사회주의 체제가 붕괴된 이후 중국 내에서 사회주의 체제에 대한 회의감이 확산된 데에 따른 중국정부의 사상정치 공작의 전략적 수정으로 보인다. 이는 사회주의 선전 논리에 한계가 있음을 말해준다.

1996년 10월에 접어들어 중국정부는 사상 정치 공작의 핵심 과제로 사회주의 정신문명 건설을 본격화했는데, 이와 관련된 당 문건(이하 '決議'라 약칭)에서는, 애국주의 혹은 애국심이 사회주의 정신문명 건설 과정에서 도출하고자 하는 '사회주의 공민(公民)'이 습득해야 할 덕목—사회주의 신념·이상·애국심·도덕·기율 및 현대 과학·문화·지식—가운데 하나임을 분명히 했다. 동 문건에서는 "애국주의 교육을 심도 있고 지속적으로 전개하여 인민들이 사회주의가 있어야 중국을 구할 수 있고, 사회주의가 있어야 자존(自尊)·자신(自信)·자강(自强)의 민족정신을 드높일 수 있음을 인식하도록 해야 한다"고 하며, 애국주의 교육이 사회주의 체제의 유지·강화를 위한 이데올로기임을 분명히 했다.

동년 10월 10일 '결의(決議)'와는 별도로, 국가 주석 장쩌민은 연설문을 통해 애국주의 교육의 중요성과 강화의 필요성을 다시 한 번 역설했다. 특히 그는 "중국 인민은 침략자 앞에서 머리를 조아린 적이 없었고 자유를 열렬히 사랑했고 진보를 추구해왔으며 민족의 존엄과 국가의 주권을 지켜온 빛나는 전통을 지녀왔다"고 하며, 애국주의를 중화민족의 오랜 전통의 산물로 간주했다. 중국정부는 애국주의가 역사적 전통에 뿌리를 둔 중화민족 고유의 산물이라는 점을 역설함으로써 애국주의를 주창할 수 있는 역사적 정당성을 극대화하고 있는 것이다.

1990년대 중반에 접어들어 애국주의 교육은 '사회주의 정신문명 건설'의 중요한 사상적 덕목으로 자리 잡게 되었다. 이것은 1996년

10월 행해진 장쩌민의 연설 내용에서도 알 수 있다. 특히 애국주의는 1999년에 접어들어 중국의 교육 목표 가운데 중심적인 위치를 차지하기 시작했으며, 집체주의·사회주의와 더불어 중국 교육의 가장 근본적인 정신으로 굳어져가고 있다. 이것은 같은 해 6월 15일 북경에서 열린 '전국교육공작회의(全國教育工作會議)'에서 행해진 장쩌민의 연설 내용에 의해서도 뒷받침되고 있다.

이러한 정책적 실시가 '바링허우'와 '지우링허우' 세대의 애국주의 교육의 바탕이 되었다.

3) 애국주의 교육의 실시현황

애국주의 교육의 대상은 '요강'에서 강조하는 바와 같이 청소년인데, 그중에서도 소년선봉대(少年先鋒隊)와 공청단(共青團)의 구성원들이 핵심대상이 되고 있다. 소선대와 공청단은 공산당원의 입당 전 필수코스라고 볼 수 있다. 당국은 '초·중학교현장의 중국근현대역사 및 국정교육강화에 관한 총요강(中小學加强中國近代現代史及國情教育的總體綱要)'과 '중학교 사상정치 초·중학교 국어역사지리학과 교육요강(中學思想政治中小學語文歷史地理學科教育綱要)'을 통해 중국의 각 성 자치구 직할시의 교육당국이 애국주의 교육분과 계획을 작성해 수업시간에 반영하도록 하였다.

이 밖에 애국주의 교육을 구체적으로 실천하기 위한 방안의 일환으로 명절이나 국경일에 '애국주의교육기지'를 참관하도록 지시하였다.

중국공산당이 구체적으로 도입한 정책 중의 하나가 일본의 과거 침략 실태를 보고 배우는 '애국주의교육기지' 건설사업이다. 정부는 각 지역의 역사박물관이나 열사기념시설과 유서 깊은 명승고적 등을 애국주의 교육기지로 지정하여 교육재료로 활용하도록 하고 있다.

난징(南京)대학살 기념관이나 사회주의 혁명 근거지 등 중국 전역의

205개 사적과 박물관을 '기지'로 지정해 초등학교부터 고교까지 도덕교육의 일환으로 방문을 의무화했다. 공산당의 권위를 되살리고 중국민의 다양한 요구가 분출되는 것을 적절히 통제하기 위해 '일본'을 요긴하게 활용하는 셈이다. 가장 대표적인 애국주의교육기지는 인민영웅기념탑, 마오쩌둥기념관, 중국혁명박물관, 중국인민항일전쟁기념관, 서구의 중국침략을 상징하는 위엔밍위엔(圓明園)유적공원, 시안사변기념관, 난징학살동포기념관 등이다.

애국주의교육의 취지가 두드러지는 부분은 역사교육 과정이다. 90년대부터 강화된 역사교육의 핵심내용은 중화민족의 유구한 전통과 우수성을 강조하여 민족적 자존감을 제고하자는 것이다. 과거 청왕조 말기에 불어 닥친 서구열강의 침략으로 인한 치욕을 잊지 말고 언제라도 그러한 역사가 되풀이될 수 있음을 상기해야 한다고 주문하는 방식이다. 이를 위해 19세기 말과 20세기 초를 기술한 근·현대사 부분에서 중국을 침략한 서구와 일본의 만행을 대단히 구체적으로 묘사하고 있다. 난징조약과 21개조 요구 등의 불평등조약에 대해 중국 인민이 얼마나 분노하고 강력하게 저항했었는지 상세히 서술하고 있으며 외세의 침략에 맞서 싸운 우국지사들의 모습을 영웅적으로 그리고 있다. 소수민족의 역사에 대해 기술한 부분은 청나라가 1910년 영국군의 침입에 맞서 '조국의 일부'인 티베트를 지키기 위해 라싸에 군대를 보냈다는 점을 설명하며 티베트가 역사적으로 중국의 영토였다고 강조한다. 양무운동(洋務運動)과 무술변법(戊戌變法)운동에 대한 부분에서는 중국의 근대화를 위해 노력한 혁명적인 지사들의 모습을 긍정적으로 묘사하고 있으며 의화단운동에 대해서는 서양학교에 다니던 아이들까지 잔인하게 학살했던 의화단원들의 폭력성은 언급하지 않은 채 8개국 연합군이 중국에서 어떤 만행을 저질렀으며 이에 맞서 싸운 정의로운 의화단원들의 모습을 그림과 지도를 첨가하여 자세하게 설명하고 있다.

교사용 지침서는 특히 서구열강의 무자비한 약탈과 만행을 강조하고 의화단과 청군의 항쟁을 묘사하면서 중국 인민의 불굴의 투쟁정신을 부각시키도록 주문하고 있다. 역사 교과서와 교사용 지침서의 내용을 살펴보면 당국의 의도를 명확히 알 수 있다. 19세기 말부터 근 100년간 지속되었던 조국의 치욕, 특히 서구와 일본이 중국에서 저지른 만행에 대해 많은 지면을 할애하여 설명하고 있으며, 무능했던 청조 말 정권을 비판하고 이와 대비되는 우국지사들의 충정을 강조하여 현대 중국 인민들의 교감으로 삼도록 요구하고 있다.

이와 더불어 부패로 얼룩진 청조를 타도하고 신중국건설에 기반을 닦은 지사들의 노력과 항전, 혁명을 통해 중화인민공화국을 탄생시킨 건국영웅들의 위대한 과업을 일치시키면서 체제의 정당성을 강화하고 인민들의 충성과 존경을 호출하는 것이다. 당시의 불평등조약으로 인해 지금까지 해결되지 않고 있는 영토분쟁과 중국의 급부상을 경계하는 '중국위협론' 혹은 '중국봉쇄론'에 대한 반응 기제로 강력한 애국심을 고취시킬 수 있도록, 과거에 그들이 중국에 어떤 치욕을 안겼으며 당시 중국 인민들에게 어떤 고통을 주었는지 여러 가지 일화와 그림을 사용하여 상세하게 설명하고 있는 것이다.

외세 침략에 대한 저항이라는 공식을 강조하여 서구 사회의 반중국론이 중국을 위협하는 상황이 재현되고 있으며 이에 맞서 인민들이 일치단결하여 투쟁해야 한다고 요구하는 것이다. 이와 같은 외부 기제가 발생할 경우 애국주의는 다른 모든 이슈를 압도한다. 삽시간에 정치개혁이나 개인의 자유 및 인권같은 문제를 제기할 여지가 사라지는 것이다.

4) 신애국주의의 특징

(1) 관(官) 주도 민족주의

이 연구는 최근 중국의 신애국주의가 정부 동원의 결과물이라고 보고 있으며 온오프라인에서 관련시위를 조직하고 참여하는 이들, 특히 젊은 세대가 주를 이루는 시위대가 초·중·고교과정에서 1990년 이후 강화된 애국주의 교육의 영향을 집중적으로 받은 세대라는 점에 주목하고 있다. 사회주의 국가이면서 다민족 국가인 중국에게 있어서 민족주의는 대단히 중요한 소수 민족주의 및 이데올로기 문제와 연결되어 있기 때문에 정부가 내세운 것이 바로 '애국주의'이다. 중국정부가 애국주의를 조장하는 이유는 결국 체제 안정과 정당성 확보를 위한 성격을 띠고 있다.

(2) 비교적 젊은 운동의 주체

신애국주의 운동의 주체는 바링허우, 지우링허우 세대이다. '인터넷 민족주의'라는 신조어가 탄생했을 만큼 이들은 온라인 공간을 십분 활용하고 있는데, 이 역시 신애국주의의 특징 중 하나이다. 미디어환경의 변화가 운동 양상에 변화를 가져온 것이다. 인터넷과 융합된 바링허우 세대의 민족주의는 중국이 경제·문화대국이라는 자부심에서 출발하는 '신애국주의'다. 2008년 베이징 올림픽 때 성화 봉송이 세계 곳곳에서 부딪히면서 신애국주의는 유감없이 분출됐다. 다만 다른 국가와 달리 중국정부는 인터넷 검열을 엄격하게 실시하고 있는 만큼 중국의 '사이버 애국주의'의 운신 범위는 정부 통제가 가능한 범위 안으로 제한된다.

(3) 폭력성

이는 운동의 주체가 젊은이들이라는 점과 관련이 있으며 당국이 신애국주의 운동의 폭력성을 일정 수준까지는 묵인하고 있다는 사실과도 맞닿아 있다.

당국은 거대한 대륙에 흩어져 살아가고 있는 56개 민족을 통일중국의 틀 안에 붙들어놓기 위해 '하나의 중국'이라는 수사를 동원하고 있다. 중국정부는 티베트나 신장위구르 지역의 독립요구에 무력을 앞세운 탄압으로 대응했다. 중화민족의 단결을 방해하는 이는 국가의 적이며, 이들에게 행하는 폭력은 정당하다는 것, 즉 애국무죄(愛國無罪)가 그들의 핵심논리인데 중국의 '신애국주의'는 이렇듯 배타적이며 폭력적인 이데올로기이다.

중국인 최초의 노벨평화상을 수상한 류샤오보도 중국 사회의 변혁을 가로막는 악폐 중의 하나로 편협한 애국주의를 지목하였다. 애국심으로 포장된 중국의 민족주의는 나약한 열등감에서 시작해서 이제는 전통적 천하주의와 결합되어 오만한 권력과 천하에 군림하려는 맹목적 자만으로 변질되었다는 것이다. 이러한 기형적 민족주의는 공격적이고 전투적일 수밖에 없다. 류샤오보는 최근의 일중 갈등, 미중 갈등의 저변에 서양 패권을 '완강하게 거부'하면서 '중국의 출격'을 지지하는 전투적, 폭력적 애국주의가 깔려 있다고 본다. 류샤오보가 비판의 날을 더욱 곧추세우는 이유는 비이성적 애국주의를 중국공산당 독재체제가 은밀하게 선동하고 있다는 점 때문이다.

중국 사회는 현재 '여론을 자극하는 언론의 선정적 보도→중국 당국의 소극적 여론 통제→대중적 분노의 폭발→중국정부의 상대방에 대한 강경대응 선언→상대국으로부터의 사과와 배상 획득→중국 언론의 자제 촉구' 패턴을 보이고 있다. "중국 지도부는 국가주의적 분노가 통제 불능에 빠지거나 반정부 투쟁으로 변질되지 않는 한 배출구를 열어두고 외교적 카드로 활용한다." 이는 클라크 랜트 전 주중 미국대사의 말이다. 하지만 이런 전투적 애국주의는 중국의 발전을 제약하는 최대 걸림돌이자 붕괴요소가 될 수 있다.

3. 애국주의로 표출된 신세대의 사회적 참여

중국 신세대들은 여러 다양한 형태와 방법으로 사회에 적극 참여함으로써 애국주의를 표출하였다. 2008년에는 중국 역사상 가장 많은 인력이 자발적으로 참여한 두 가지 사건이 한꺼번에 일어났다. 먼저 5월 12일, 쓰촨성 원촨에서 발생한 지진으로 6만 9,000명이 사망하였으며, 그로부터 4개월 후 8월 8일에는 베이징 올림픽이 성대하게 개최되었다. 먼저 쓰촨 대지진에는 자원봉사자 150만 명이 자발적으로 참여하여 국가 대재앙을 극복하였으며, 특히 바링허우·지우링허우로 대표되는 1980년대 이후 출생한 젊은이들이 자발적으로 현장에 참여하여 애국심을 표출하였다. 또한 베이징 올림픽에도 자원봉사자 7만 명이 혼연일체가 되어 국가를 위해 헌신함으로써 대회를 성공적으로 이끌었으며 그 중심에는 당연히 중국 신세대가 있었다.

중국 젊은이들은 온라인 채팅 이용 시 자신의 이름 앞에 '♥(하트) + 중국'을 곧잘 사용한다고 한다. 메신저를 통해 확산되고 있는 '나는 중국을 사랑한다'는 의미의 '붉은색 하트와 차이나'라는 표기가 정확히 무엇을 의미하는지에 대해서는 여러 가지 해석이 있다.

친구로부터 MSN메신저 이름 앞에 "(L)china를 첨부하세요. 세계인들에게 중국인의 단결된 모습을 보여줍시다. 당신의 다른 친구에게 전달하세요."라는 내용의 글을 받았다는 베이징에 사는 한 중국 여성은 (L)china는 중국을 사랑한다는 말을 짧게 표현한 것으로 "근래 세계 여러 매체들의 중국 관련 허위보도에 대한 중국인의 안타까운 마음의 돌파구다"라고 이 표시의 의미를 소개했다.

또 다른 네티즌은 '하트 + 중국' 표시는 "나는 중국을 사랑한다"는 것 외에 다른 의미를 가질 수 없다면서 티베트의 독립에 반대한다는 것을 표시하려 했다면 바로 "티베트 독립에 반대한다"고 썼을 것이라고 말하기도 했다.

한편, 중국 최대 인터넷 홈쇼핑 중의 하나인 타오바오라는 쇼핑몰에서도 '중국을 사랑한다. 중국이 더 강해지길 바란다', '올림픽 지지, 베이징 파이팅!' 등의 글귀를 도안한 의상이 판매되었는데, 중국인들의 애국주의가 갈수록 강화되고 있는 실정이다.

한편으로 중국 신세대들은 분노를 표출함으로써 애국주의를 발산하기도 하였다. '憤靑(분청)'은 '분노한 청년들'이라는 의미다. 중국에 진출한 외국계 기업들은 수차례 편칭의 표적이 된 바 있다. 2004년 일본 페인트회사는 어느 광고잡지에 중국식 건물 기둥에 자사 제품을 바르니 너무 매끄러워서 장식으로 달린 용이 미끄러졌다는 내용의 광고를 실었다가, 중국 언론과 네티즌으로부터 중국을 비하했다는 비난을 받고 사과한 바 있다. 같은 해 도요타도 스포츠유틸리티차량(SUV)인 '랜드크루저'가 눈길에서 중국 군용차량으로 보이는 차를 끌고 가는 광고를 실었다가 항의를 받고 사과하기도 했다. 또한 2007년에는 자금성에서 영업 중이던 스타벅스가 중국문화를 짓밟는다는 네티즌의 집단항의로 6개월 만에 철수하기도 했다. 국내 기업 중에서는 2011년 삼성전자가 신제품 발표 현장에서 사용한 중국 지도에 대만이 빠져 있고 신장과 티베트가 부정확하다는 이유로

네티즌들의 항의를 받았으며, 삼성은 문제를 제기한 네티즌들에게 사과했다.

외세에 대한 반감은 중국의 신세대 사이에서 곧잘 자부심과 뒤섞여 나타난다. 중국의 '바링허우' 작가 한한(韓寒)은 이렇게 말했다. "중국이 엑스포를 통해 혜택을 본 것이 아니고 엑스포가 중국 덕을 톡톡히 봤다." 작가 겸 레이서로도 활동하는 그는 18세 때 쓴 소설 『삼중문(三重門)』이 밀리언셀러를 기록하는 등 바링허우 세대의 대표적인 아이콘이고, 2009년엔 타임지가 가장 영향력 있는 인물 100인 중 한 명으로 선정하기도 했다. 중국의 인터넷 세계엔 그의 발언록을 수집해 퍼 나르는 추종자들이 부지기수이며 그의 블로그 방문자 수는 2억 명대에 달한다고 한다. 한한의 셈법에 따른 상하이 엑스포의 대차대조표는 '중국이 세계를 구원한다'는 메시지를 담고 있다. "정보통신이 발달한 현대에선 엑스포가 갈수록 위축된다. 그러나 상하이 엑스포가 중국에 의해 역대 최대 규모로 치러지면서 엑스포의 격을 한층 높였다"는 것이다. 그는 "세계가 움직이는 원리는 두 가지"라며 "하나는 글로벌 스탠더드, 다른 하나는 차이나 스탠더드"라고 거침없이 말한다.

역사적 굴욕을 겪지 않고 고도성장의 열매를 맛보며 자란 신세대는 중국이 이제는 실력에 맞게 행동해야 한다고 주장한다. 2008년 베이징 올림픽 때 성화 봉송이 세계 곳곳에서 반대에 부딪히자 한한은 "그 전까지는 세계가 그렇게 중국을 반대하는지 몰랐다. 경악 그 자체였다. 자발적으로 애국심이 솟구쳤다. 국가의 체면을 지키기 위해 행동하는 것이 애국이라고 생각한다"고 말했다.

4. 나오는 말

중국은 여전히 사회주의 국가이고, 중앙통제적인 성격이 강한 국가이다. 그런 측면에서 중국은 여전히 국가차원의 '애국주의' 교육 활동을 강조하고 있다. 중공중앙판공청은 '중앙선전부의 중화인민공화국 건국 60주년 경축하며 군중성 애국주의 교육 활동에 관한 의견'(이하 '의견')을 각 기관에 하달하여 집행하도록 지시하였다. '의견'은 6개 분야에 대한 지시를 담고 있다. 첫째는 중국공산당을 사랑하는 선전교육이다. 둘째, 사회주의 신중국 건립의 중요한 역사 의미교육이다. 셋째, 개혁개방 30주년 선전교육이다. 넷째, 중국 특색의 사회주의 선전교육이다. 다섯째, 민족정신과 시대정신의 선전교육이다. 여섯째, 기본 국정과 정세에 관한 선전교육이다. 이를 통해 중국정부의 역할이 크다는 점을 다시금 인식하게 된다.

중국의 애국주의는 단일민족 국가의 민족주의가 아니라 중국 역사를 형성해온 중국 내 다수 민족 모두(즉 중화민족)의 민족주의라는 점에서 '중국적 특색을 지닌 민족주의'이다. 또한 중국의 애국주의는 국민국가적 민족주의 이외에 집단주의적 사회주의에 대한 애정까지도 포괄하고 있다는 점에서 '중국적 특색을 지닌 국가주의'이기도 하다. 그리고 중국의 애국주의는 중국적 특색을 지닌 사회주의와 중화민족의 민족주의가 결합되어 표출된 체제 이데올로기로서 중국 전통의 문화적 우월성을 전제로 민족적 배타성을 지니고 있다는 점에서 '신중화주의(新中華主義)', '대한족(大漢族)주의'라고도 할 수 있다. 그러나 다행히 중국의 일부 학자들이 최근 중국의 신세대들이나 인터넷 유저들 사이에 퍼지고 있는 반서방 운동이나 애국주의 운동과 중국정부의 대응을 공개 비판하며 반성을 촉구하고 있는 것은 고무적인 일이다.

2008년 4월 27일 베이징올림픽 성화의 국내 봉송 과정에서 발생한 중국인 유학생들의 폭력사태를 놓고 비판의 목소리가 높았다. 베이징 올림픽 성화봉송 행사가 열린 서울에서 의경이 중국인 시위대가 휘두른 둔기에 맞아 부상을 당하는 사고가 발생했다. 당시 시위에 사용된 수천 개의 오성홍기와 붉은 티셔츠는 성화봉송 전 중국정부가 직접 보낸 것이며 대사관은 시위대에게 버스를 제공했다고 한다. 중국정부가 타향살이하는 유학생들의 처지와 애국 정서 등을 이용해 배후에서 이러한 친제국주의 폭력 시위를 조직한 것이다.

2008년 4월 28일 홍콩의 일간지 사우스차이나모닝포스트에 따르면, 쑨원광(孫文廣) 산둥대학 교수 등 9명의 중국 학자들은 인터넷에 실명(實名)으로 서명한 성명을 발표했다.

이들은 성명에서 "학자 입장에서 최근 갈수록 이성을 잃어가고 있는 중국인들의 '애국주의 정서'에 대해 바른 말을 해야 할 때라고 느꼈다"며 "국수주의적인 외국인에 대한 혐오증은 결국 중국의 발전을 저해할 뿐"이라고 말했다. 이들은 "우리 역시 티베트 독립에 반대하며 올림픽을 통한 중화민족의 부흥(復興)을 지지한다"면서도 "애국주의는 자유에 대한 사랑, 대중의 알 권리와 말할 권리를 보장하는 것과 함께 해야 하는 것"이라고 덧붙였다.

이들은 이어 "비뚤어진 젊은 학생들의 애국주의는 중국정부가 정치학 이론과 교과서들에 대한 검열을 실시해 일방적인 교육이 이뤄지고 있는 탓"이라며 "이번 사태는 중국정부가 여론을 얼마나 잘 조작하고(manipulating) 있는지를 잘 보여준다"고 말했다. 사실상 '애국주의 열풍'이 관영매체들을 총동원한 중국정부의 '서방 비난'으로 촉발된 것임을 지적한 것이다.

어느 국가나 민족의 애국주의는 주변 민족이나 국가와의 조화 속에서 해당 민족이나 국가의 이상 실현을 위한 절제된 정신 동력으로 작용하도록 해야 한다. 애국주의로 포장된 중국의 관제(官制) 민족주의는 개인주의와 자유주의를 포함한 민주주의 혹은 시민적 범주와 결합될 때 비로소 균형 잡힌 민족(혹은 국가)의 발전 동력으로 작용할 수 있고 그것의 배타성(혹은 억압성)을 견제할 만한 절제력을 지닐 수 있는 것이다. 절제된 애국주의는 민주주의·자유주의·시민사회를 필요로 한다.

그러나 중국의 애국주의는 중화민족의 단결 부흥과 애국심을 넘어서 동북아와 세계의 평화를 실현시킨다는 관점에서는 호소력을 얻지 못하고 있다. '평화'라는 관점보다도 '투쟁'이라는 관점에서만 애국정신을 선양하는 중국의 애국주의 고취방식은 자칫 민족주의적 갈등과 대립을 초래할 우려를 낳고 있다.

중국정부는 지나친 애국주의 강조로 역사문제나 민족문제로 상호 민감하지 않도록 자제하는 노력도 병행해야 할 것이다. 그렇지 않으면 중국 '신애국주의'는 한중 간의 향후 새로운 문제가 될 것이며 중국이 G1으로 나아가는 여정에 큰 장애물이 될 수도 있을 것이다.

참고문헌

공봉진, 『이슈로 풀어본 중국의 어제와 오늘』, 이담북스, 2009.
김동하, 『차이나소프트』, 도서출판 무한, 2011.
김지은 역, 『류샤오보 중국을 말하다』, 지식갤러리, 2011.
한인희, 『유난히 붉어진 중국, '신애국주의'를 보는 눈』, 中國探究〈59〉, 2009.
강준영, "중국의 지도부교체와 동아시아 영토 역사문제", 『한양대학교 아태지역연구센터 중국연구』 제6권 6, 2012.
김문주·이장원·정종필, "중국 관주도 민족주의의 유가적 특성에 관한 연구, 『한국외국어대학교 중국문제연구소 중국연구』 제1권, 2011.
박기철, "중국의 인터넷민족주의 형성과 대외정책연구", 제1차 중국학연구회 정기학술발표회발표자료, 2011.
신규선, "애국주의의 중국적 특색-유고 주재 중국 대사관 폭격 사건을 중심으로", 광운대학교대학원국제지역학과 석사학위논문, 2004.
윤경우, "중국의 애국주의 교육과 사이버 민족주의", 친디아연구소 국제학술회의 발표자료, 2009.
윤휘탁, "중국의 애국주의 고취와 '烈士褒揚'工作", 『중국사연구』 제68집, 2010.
이동률, "90년대 중국애국주의 운동의 정치적 함의", 『중국학연구회 중국학연구』 제1집, 2001.
이화영, "중국 '신애국주의'의 배경과 성격", 성공회대학교 NGO대학원 비정부기구학과 석사논문, 2013.
이희옥, "새로운 중국모델의 대두와 지배이데올로기의 재구성-과학발전관을 중심으로", 『한양대학교 아태지역연구센터 중소연구』 제1권, 2008.
尹輝鐸, "中國的愛國主義和歷史教育(東亞大)" 『중국사연구』 제18집, 2002.
呂值友, "論新時期愛國主義的基本內涵與特征," 『學習月刊』, 1996.

http://blog.naver.com/backmin0325/40013972291한겨레21 "애국주의 열정은 정당하다"(검색일: 2014. 1. 05)
http://blog.daum.net/yunbg/2796405(검색일: 2014. 3. 6)
http://blog.daum.net/quanhz/7319707 "바링허우(80후): 중국을 이끌 차세대 주역"(검색일: 2014. 3. 20)
http://www.dailian.co.kr/news/view/324037(검색일: 2014. 3. 24)
http://blog.daum.net/hanphill21/16501225?srchid=BR1http://blog.daum.net/hanphill21/16501225(검색일: 2014. 4. 22)
http://blog.daum.net/ihrskm/8010449(검색일: 2014. 4. 28)
http://blog.naver.com/PostView.nhn?blogId=poohsi&logNo=90000471570(검색일: 2014. 5. 2)
http://www.dailian.co.kr/news/view/317910(검색일: 2014. 10. 9)
http://blog.daum.net/ttugi77/14622882(검색일: 2014. 10. 9)
http://terms.naver.com/entry.nhn?docId=973124&cid=43667&categoryId=43667(검색일: 2014. 10. 10)
http://www.ftchinese.com/story/001048173"愛國主義教育影響中國對外政策"(검색일: 2014. 10. 11)
http://news.xinhuanet.com/newscenter/2008-05/03/content_8096284.htm"最美麗的傳承——解讀"80后"青年愛國主義精神"(검색일: 2014. 10. 11)
김범수, "빗나간 애국주의", 『한국일보』, [특파원 칼럼], 2010.
중앙일보, "중국은 왜 NO라고 말하나", 2011.

3장

중국 농촌 도시화 과정에서의 사회 통합

이창준

1. 들어가는 말

1978년, 중국 베이징에서는 11기 3중 전회의 막이 올랐다. 이 회의에서 다루어진 주제는 문화대혁명에 대한 반성과 해방사상,[1] 실사구시, 대동단결 등의 슬로건을 내건 미래지향의 사회주의 현대화 건설이었다. 그리고 중국의 새로운 역사적 전환점이 된 개혁개방에 대한 논의였다. 덩샤오핑을 핵심으로 한 당 중앙지도부는 개혁개방 정책을 취함으로써 중국 특색 사회주의 노선 건설을 목표로 하였다.

덩샤오핑은 대외무역이 상대적으로 쉬운 동남연해안 지역을 먼저 개발한 뒤 개발의 성과를 이용해 내륙지역을 개발하겠다는 목표로 선부론을 강조하였다. 우선 선전(深圳)과 주하이(珠海), 샨터우(汕頭), 시아먼(厦門)에 경제 특구를 건설하였고, 항구도시를 개방[2]하는

1) 마르크스 사상을 이념으로 삼아 과거의 잘못된 유산을 타파하고, 문제점을 바로잡아 중국 특색 사회주의를 건설하자는 것이 덩샤오핑의 해방사상이다.

2) 1984년 4월 14개의 항구도시를 개방하였다. 14개 도시는 다렌(大連), 친황다오(秦皇

등 본격적으로 대외개방을 위한 조치들을 취하였다. 그리고 시장경제 체제를 도입하고, 외국 자본의 도입도 시도하였다.

중국 경제는 이런 적극적인 개혁개방 정책으로 연평균 10%가 넘는 고속 성장을 하며 경제대국으로 올라섰다. 이에 따라 인민들의 생활 수준이 높아지고, 의식 수준 역시 높아지면서 자연스럽게 중국인들은 더 높은 삶의 질에 대한 욕구를 분출하였다. 중국인들은 거점개발에 중점을 두고 이루어진 도시에 편향된 경제발전 과정에서 소외되어 사회·경제·문화 등 모든 방면에서 낙후된 농촌, 내륙과 연해 지방 간의 격차, 소득격차 등에 대한 불만을 표출하기 시작하였고, 경제 성장의 이면에 드리워진 짙은 그림자들이 수면 위로 부상하게 되었다. 그중 흔히 삼농문제(三農問題)라고 불리는 농촌문제는 중국이 농업국가에서 공업국가로 넘어가는 과도기에 필연적으로 발생한 결과이다. 1990년대부터 불거진 농촌문제는 중국 사회 전반에 걸쳐 수많은 문제를 낳았고, 사회 안정을 위해서 반드시 해결해야 할 중요한 사회문제로 떠올랐다.

2. 도농 간의 사회격차 문제

'중앙1호 문건(中央一號文件)', 이것은 중국공산당중앙위원회가 매년 처음으로 발표하는 문건으로 그해 국가 사업계획의 방향을 결정하는 중요한 역할을 한다. 주로 당해년도에 당 중앙이 최우선적으로 해결해야 할 사업이나 문제를 중앙1호 문건의 안건으로 삼는다. 2014

島), 톈진(天津), 옌타이(煙臺), 칭다오(青島), 롄윈강(連雲港), 난퉁(南通), 상하이(上海), 닝보(寧波), 원저우(溫州), 푸저우(福州), 광저우(廣州), 잔장(湛江), 베이하이(北海)이다.

년 중앙1호 문건은 농촌문제에 관한 내용이었다. 2004년을 시작으로 작년까지 10년 연속 농촌문제가 중앙1호 문건의 안건이었으니 상당히 오랜 기간 그 자리를 차지하고 있는 셈이다. 올해 역시 농촌문제가 안건으로 채택되었으니 중국 지도부들이 농촌 발전에 대해 얼마나 신경을 쓰고 있는지 알 수 있는 대목이다.

〈표1〉 농촌 관련 중앙1호 문건

년도	안건
1982	전국 농촌 공작 회의 요록 全國農村工作會議紀要
1983	현재 농촌 경제 정책의 문제 當前農村經濟政策的若干問題
1984	1984년 농촌 공작에 관한 통지 關於1984年農村工作的通知
1985	농촌 경제를 한층 더 활성화하는 것에 관한 열 가지 정책 關於進一步活躍農村經濟的十項政策
1986	1986년 농촌 공작에 관한 배치 關於1986年農村工作的部署
2004	농민 소득 증가를 촉진하는 정책에 관한 의견 中共中央, 國務院關於促進農民增加收入若干政策的意見
2005	농촌 공작을 한층 강화하여 농업 종합 생산 능력을 제고하는 정책에 관한 의견 中共中央, 國務院關於進一步加强農村工作提高農業綜合生產能力若干政策的意見
2006	사회주의 신농촌건설 추진에 관한 의견 中共中央, 國務院推進社會主義新農村建設的若干意見

2007	현대 농업을 적극적으로 발전시켜 사회주의 신농촌건설을 견고하게 추진하는 것에 관한 의견 中共中央, 國務院關於積極發展現代農業扎實推進社會主義新農村建設的若干意見
2008	농업 인프라를 효과적으로 강화하여 농업 발전과 농민 소득 증가를 한층 더 촉진하는 것에 관한 의견 中共中央, 國務院關於切實加强農業基礎建設進一步促進農業發展農民增收的若干意見
2009	2009년 농업의 안정적인 발전과 농민의 지속적인 소득 증가를 촉진하는 것에 관한 의견 中共中央, 國務院關於2009年促進農業穩定發展農民持續增收的若干意見
2010	도농 종합발전 역량을 확대하여 농업과 농촌 발전의 기초를 한층 더 단단히 다지는 것에 관한 의견 中共中央, 國務院關於加大統籌城鄉發展力度進一步夯實農業農村發展基礎的若干意見
2011	수리 개혁과 발전을 가속화하는 것에 관한 결정 中共中央, 國務院關於加快水利改革發展的決定
2012	농업 과학기술 혁신을 가속 추진하여 농산품 공급 보장 능력을 지속적으로 강화시키는 것에 관한 의견 關於加快推進農業科技創新持續增强農産品供給保障能力的若干意見
2013	현대 농업을 가속 발전시켜 농촌발전에 활기를 한층 더 강화하는 것에 관한 의견 關於加快發展現代農業, 進一步增强農村發展活力的若干意見
2014	농촌 개혁을 전면적으로 심화하여 농업 현대화를 가속 추진시키는 것에 관한 의견 關於全面深化農村改革加快推進農業現代化的若干意見

출처: 중국 바이뚜(www.baidu.com)검색

과거 1982년부터 1986년까지의 중앙1호 문건 역시 농촌문제였다. 당시만 해도 중앙1호 문건의 안건은 농촌 구조를 개혁하고 농민의 의욕을 고취시키는 것이 목적이었다. 문화대혁명을 겪으면서 피폐해진 농촌 상황에 비추어봤을 때, 현실적으로 당시 중국 당 정부에게는 농민들의 의식주(溫飽) 문제를 해결하는 것이 1순위 과제로 떠올랐을 것이다. 당 정부는 개혁개방과 동시에 구조적인 개혁을 통해 기존의 인민공사를 해체하고, 새로운 농업 생산 구조인 가족 단위 농업 생산 책임제(家庭聯産承包責任制)[3]를 정착시켰다. 그로 인해 1978년에 30,476.5만 톤이었던 식량생산이 1986년에 39,151.2만 톤으로 약 28.5% 증가하였고, 농업 총생산액 역시 1978년 1,117.60억 위안에서 1986년 2,771.75억 위안으로 약 148%의 높은 증가율을 보이며, 농촌 경제가 살아나기 시작했다.

2000년대에 들어서면서 중국의 농촌 지원 프로그램은 새롭게 바뀌기 시작했다. 2004년 중앙1호 문건을 시작으로 11년 연속 안건의 내용은 농업 생산량 증대와 농민의 복지 향상에 초점을 맞추고 있다. 경제적으로 괄목할 만한 성과를 거두고, 미국과 함께 G2라고 불릴 정도로 경제대국인 중국이 이제는 의식주 문제 해결을 넘어서 장쩌민이 강조한 샤오캉(小康) 사회를 보편적으로 확대해나가야 할 시점이 된 것이다. 그리고 샤오캉 사회를 확대해나가는 데에는 농촌경제의 발전과 사회 안정이 필수적으로 수반되어야 한다.

---

3) 보통 농업은 농가 세대별 생산 책임제(包産到戶)와 세대별 경영 책임제(包幹保護, 大包幹) 두 가지 형태로 나뉘는데, 전자는 집체단위로부터 경지와 생산임무를 각 호(戶)에 분배하여 일정량의 생산을 청부하는 형식이고, 후자는 경지에서 생산량의 일정액을 국가와 집체단위에 납부하고 남은 생산량에 대해 소유권을 농민이 갖는 것을 의미한다. 후자의 경우 토지의 경영권은 각 호(戶)가 갖는다.

〈표2〉 농촌 생활 수준 통계, 소득(단위: 위안)

연도	도시 주민 1인당 가처분 소득	농촌 주민 1인당 순소득
1978	343.4	133.6
1979	405.0	160.2
1980	477.6	191.3
1985	739.1	397.6
1990	1,510.2	686.3
1995	4,283.0	1,577.7
2000	6,280.0	2,253.4
2005	10,493.0	3,254.9
2010	19,109.4	5,919.0
2011	21,809.8	6,977.3
2012	24,564.7	7,916.6
2013	26,955.0	8,896.0

자료: 중국국가통계국(中華人民共和國國家統計局)

* 2013년 수치는 중국국가통계국이 발표한 〈2013 중국통계 공보〉[4] 참조.

표2에 따르면, 1978년 343.4위안이었던 도시 주민 소득이 2013년 26,955위안으로 연평균 19%가 넘는 증가율을 보였다. 농촌 주민 소득은 1978년 133.6위안에서 2013년에는 8,896위안으로 연평균 18%가 넘게 증가했다. 도시와 농촌 주민들의 소득이 매우 높은 증가율을 보이고 있는 것이다. 하지만 1978년에 이미 농촌 주민들의 소득보다 2.5배 정도 많았던 도시 주민 소득이 20년이 넘는 기간 동안 농촌 주민들의 소득보다 약 1%의 높은 증가율을 보이다 보니 소득 차이는 더욱 벌어져 2013년에는 3배 이상의 격차가 났고, 단순 소득 차이로만

4) http://www.stats.gov.cn/tjsj/sjjd/201402/t20140224_514990.html

18,059위안의 격차를 보였다. 실제로 농촌 주민의 소득은 많이 증가했지만, 도시 주민의 소득이 농촌에 비해 더 빠른 속도로 증가해 소득의 격차가 벌어지게 됐고, 그에 따라 상대적 박탈감과 빈곤을 느끼게 되었다.

〈표3〉 도시와 농촌 가정 100호당 내구소비재 평균 보유량(단위: 대)

연도		1985	1990	1995	2000	2005	2010	2011	2012
에어컨	도시	-	0.34	8.09	30.8	80.67	112.07	122	126.81
	농촌	-	-	0.18	1.32	6.4	16	22.58	25.36
세탁기	도시	48.29	78.41	88.97	90.5	95.51	96.92	97.05	98.02
	농촌	1.9	9.1	16.9	28.58	40.2	57.32	62.57	67.22
냉장고	도시	6.58	42.33	66.22	80.1	90.72	96.61	97.23	98.48
	농촌	0.1	1.2	5.15	12.31	20.1	45.19	61.54	67.32
오토바이	도시	-	1.94	6.29	18.8	25	22.51	20.13	20.27
	농촌	-	0.89	4.91	21.94	40.7	59.02	60.85	62.2
휴대폰	도시	-	-	-	19.5	137	188.86	205.25	212.64
	농촌	-	-	-	4.32	50.24	136.54	179.74	197.8
칼라 TV	도시	17.21	59.04	89.79	116.6	134.8	137.43	135.15	136.07
	농촌	0.8	4.7	16.92	48.74	84.08	111.79	115.46	116.9
카메라	도시	8.52	19.2	30.56	38.4	46.94	43.7	44.48	46.42
	농촌	0	0.7	1.42	3.12	4.05	5.17	4.55	5.18

자료: 중국국가통계국(中華人民共和國國家統計局)

표3은 도시 가구와 농촌 가구의 내구소비재 평균 보유량을 보여주고 있는데, 오토바이를 제외한 나머지 6개의 품목들은 평균 보유량에서 큰 차이가 나는 것을 알 수 있다. 특히 에어컨과 카메라의 평균 보유량에서 많은 차이가 나고 있는데, 에어컨은 도시 가정이 농촌 가정보다 약 5배, 카메라는 약 9배 많은 평균 보유량을 보이고 있다. 오토바이의 경우에는 2000년대 들어서 농촌 가정이 도시 가정보다 더 많은 보유량을 보이고 있는데, 이는 경제 발전에 따른 소득의 증가로 인해 도시 가정들이 오토바이를 사는 대신 자동차를 사는, 자연스러운 라이프스타일 변화의 영향을 받은 것이라 할 수 있다. 가정당 차량 보유 대수의 변화를 보면, 도시의 경우 2000년도에 0.50대였던 것이 2010년에 13.07대, 그리고 2012년도에는 21.54대로 늘어나 연평균 37%의 가파른 증가율을 보였다. 농촌 역시 2000년도 0.30대에서 2010년에 2.75대, 2012년에 6.59대로 늘어나 연평균 약 29%의 빠른 증가율을 기록했지만, 보유 대수의 절대 수치에 있어서는 많은 차이를 보이고 있다.

〈표4〉 중국 도시와 농촌의 1인당 위생 총비용

	1990	1995	2000	2005	2010	2011	2012
도시 (위안)	158.80	401.30	813.74	1126.36	2,315.48	2,697.48	2,969.01
농촌 (위안)	38.80	112.90	214.65	315.83	666.3	879.44	1,055.89

자료: 중국국가통계국(中華人民共和國國家統計局)

〈표5〉 위생 총비용 부담 비중

	위생 총비용(억 위안)			비중(%)		
	정부	사회	개인	정부	사회	개인
1978	35.44	52.25	22.52	32.2	47.4	20.4
1980	51.91	60.97	30.35	36.2	42.6	21.2
1985	107.65	91.96	79.39	38.6	33.0	28.4
1990	187.28	293.1	267.01	25.1	39.2	35.7
1995	387.34	767.81	999.98	18.0	35.6	46.4
2000	709.52	1,171.94	2,705.17	15.5	25.6	59.0
2005	1,552.53	2,586.41	4,520.98	17.9	29.9	52.2
2010	5,732.49	7,196.61	7,051.29	28.7	36.0	35.3
2011	7,464.18	8,416.45	8,465.28	30.6	34.6	34.8
2012	8,365.98	9,916.31	9,564.55	30.0	35.6	34.4

자료:중국국가통계국(中華人民共和國國家統計局)

〈표6〉 중국 도시와 농촌 주민 소득 중 의료보건 지출 비용(단위: 위안)

		1990	1995	2000	2005	2010	2011	2012
도시	지출 비용	-	110.1	318.1	600.9	871.8	969	1,063.70
	지출 비중(%)	-	2.6	5.1	5.7	4.6	4.4	4.3
농촌	지출 비용	19	42.5	87.6	168.1	326	436.8	513.8
	지출 비중(%)	2.8	2.7	3.9	5.2	5.5	6.3	6.5

자료: 중국국가통계국(中華人民共和國國家統計局)

* 지출 비중은 당해 주민 1인당 총소득에서 의료보건 지출이 차지하고 있는 비중임.

위생 총비용[5]에서도 도농 간의 격차는 확연하다. 표5를 보면 위생 총비용에서 도시가 농촌을 압도적인 비용 차로 앞서고 있는 것을 볼 수 있다. 2012년 도시의 1인당 위생 총비용은 2,969.01위안으로 농촌의 1인당 위생 총비용 1,055.89위안에 비해 약 2.81배이다. 1990년부터 2012년까지의 매해 위생 총비용 증가율에서도 각각 약 43.5%, 37.0%로 도시가 농촌에 비해 약 6.5% 높은 증가율을 나타내고 있는 실정이다. 이렇게 도농 간의 위생 총비용 격차가 점점 벌어지게 되는 이유는 과거에 비해 개인의 위생 총비용에서 지출이 차지하는 비중이 점점 증가했기 때문이다. 도시와 농촌에 거주하는 주민들의 소득의 격차가 이미 상당히 벌어져 있어서, 농촌 거주 주민의 위생비용 비중이 월등히 높지 않는 한 도시 거주 주민의 위생비용을 따라잡을 수가 없다. 표를 보면 실제로는 도농 간의 의료보건 지출 비중이 크게 차이가 나지 않음에도 불구하고, 지출 비용이 2배 정도 차이가 나고 있는데, 이는 소득 격차가 그대로 지출 비용에 반영이 된 것이라고 볼 수 있다.

여기서 한 가지 눈여겨 볼 만한 점은 위생 총비용 부담 비중이다. 1978년에 20.4%였던 개인 위생비용 비중이 점차 상승하여 2001년도에 60.0%로 최고 수치를 기록한 이후 다시 서서히 감소해 2012년도에는 정부와 사회 그리고 개인부담 위생비용 비중이 균형을 이루고 있다. 세 부문 모두 꾸준히 상승하고 있지만, 이는 2000년 이후 샤오캉 사회 건설 이론과 맞물린 정부의 사회 안정화 노력으로 인해 사회보장 부문에 대한 정부의 재정 지출이 그만큼 늘었다는 것을 의미한다.

종합해서 보면, 기본적인 소득이나 여가생활, 사회보장 등 모든

5) 위생 총비용은 정부 위생 지출과 사회 위생 지출, 그리고 개인 위생 지출, 이렇게 세 가지 항목을 합한 비용이다.

방면에서 농촌이 도시에 비해 많이 낙후되어 있는 것을 확인할 수 있다. 도시에 비해 낙후된 농촌 경제사회를 좀 더 발전시키기 위해서는 농업 생산력을 높이고, 농촌 인프라를 확충하여, 농촌 경제를 좀 더 발전·부흥시키고, 농촌 주민들의 소득 증대를 현실화해야 할 필요성이 있다.

3. 도농 간 사회격차의 원인

1) 도농 간 이원구조 체제의 형성

이러한 도농 간 경제, 사회 격차의 원인으로 여러 가지를 꼽을 수 있지만, 가장 핵심적인 이유는 도농 간 이원구조 체제가 형성되어 있다는 것이다. 중국의 도농 간 이원구조 체제는 중국 공업화 발전 과정 중에 나타난 제도 변천의 산물이자, 정부 주도 경제 체제 변천의 특징이며, 장기적인 계획 경제 체제하에서 형성된 것이다.

1949년 중화인민공화국 건국 후, 빈곤한 농업국가를 탈피하기 위해 중국정부는 공업화의 길을 선택하였다. 당시 소련이 안정적으로 공업화에 성공하자 이에 자극을 받은 마오쩌둥(毛澤東)은 중공업 우선 발전 전략을 취하였다. 1953~1957년까지 실시된 제1차 5개년 계획에서 공업화로의 전환이 어느 정도 성과를 보이자 1958년에 제2차 5개년 계획(대약진운동)을 전개하면서 국가 역량을 공업화에 더욱 집중하였다. 하지만 이 과정에서 농촌 사회는 크나큰 타격을 받았다. 중공업 발전을 위해 농촌 주민들을 모두 철강 생산에 투입하여 농업 일손이 부족해지면서 농토가 점차 황폐화되어갔으며, 대약진 운동의 시작과 동시에 인민공사가 설립되어 농민들의 생산 의욕이 하락하였다. 이로 인해 농업생산량은 계속해서 감소해 1958년 550억 위안이었던 농업 총생산액이 1960년 415억 위안으로 감소하였고, 식량 총생산량은 1958년 4,000억 근에서 1960년 2,870억 근으로 감소하였다. 이렇게 농촌 사회가 희생되면서 공업과 도시의 발전을 이루었지만, 농업은 퇴보하고, 농촌 사회 환경은 점차 악화되어갔다.

1978년 개혁개방 이후 새로운 농업 정책과 농업 환경의 개선 등으로 농업 생산력이 비약적으로 증가했지만, 공업화 정책과 시장경제 체제의 도입, 거점 중심의 경제성장으로 인해 점점 더 속도를 높여가는 도시의 발전 속도를 농촌이 따라잡지 못하면서 농촌과 도시의 격차는 점점 더 심화되었다.

〈그림1〉 도시 지역 실업자 수와 실업률(1978~2012)

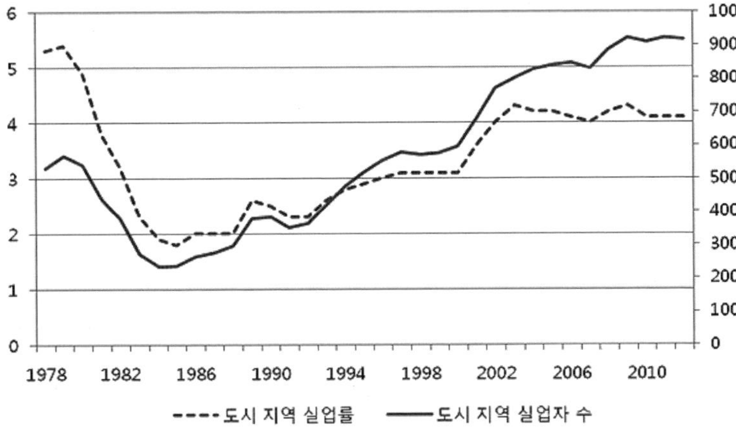

자료: 중국국가통계국(中華人民共和國國家統計局)

공업화가 진행됨에 따라 농촌 노동력이 도시로 이동하면서 도시에서는 실업률이 상승하였고, 각종 사회문제가 발생했다. 도시에서는 급히 식량배급제도, 노동고용제도와 사회보장제도 등 사회제도를 제정한 반면, 농촌에서는 기초적인 사회기반시설도 건설하지 못했고,

사회보장제도의 제정 역시 미흡한 수준에 그쳤다. 중국정부는 농촌의 인구 이탈을 막기 위해 '농업', '비농업'과 같이 이분법적 구분을 짓는 호구 제도를 제정하였고, 이로 인해 도농 간 이원구조 체제가 서서히 굳어지기 시작했다.

2) 호구 제도의 형성

도농 간 이원구조 체제의 형성에 가장 큰 영향을 미친 건 호구 제도이다. 농촌 인구가 도시로 유입되면서 여러 가지 사회 문제가 발생하자 중국정부는 1958년 〈중화인민공화국호구등기조례(中華人民共和國戶口登記條例)〉[6]를 발표하여 농촌 인구의 도시 유입을 엄격히 제한하였다. 1978년 개혁개방 이후, 제한되었던 인구 이동이 조금씩 해제되었다. 문화대혁명 기간 동안 시행되었던 상산하향(上山下鄕)운동이 끝나면서 정책을 시행했던 간부들과 농촌으로 보내졌던 지식청년들의 호구 문제가 해결되었고, 전문기술직 간부들과 가족들이 농촌에서 도시로 전입하는 것이 가능해졌다. 그리고 1998년 국무원이 공안부에게 "현 호구 관리 작업 중 발생한 몇 가지 문제를 해결하는 것에 대한 의견(關於解決當前戶口管理工作中幾個突出問題的意見)"[7]

---

6) 출생, 사망, 전입, 전출, 장기거주, 임시거주, 변경 등 일곱 가지 항목을 지정하여, 공안부의 비준 없이는 농민들이 농촌에서 도시로 호구 이동을 하는 것을 엄격히 금지하였다.

7) 네 가지 경우에 한해서 도시 호구 취득을 승인하였는데, 그것들은 다음과 같다. 첫 번째, 유아는 아버지 혹은 어머니의 소재지로 호구를 지정할 수 있다. 두 번째, 부부가 한 도시에서 일정 연한(年限)을 거주하였다면, 그 도시의 호구 취득을 허가한다. 세 번째, 남자 60세, 여자 55세 이상일 경우, 자녀가 도시에 거주하고 있다면, 그 도시의 호구 취득을 허가한다. 네 번째, 한 도시에서 투자, 창업, 분양주택(商品房) 매입 등을 한 국민과 같이 거주하는 직계 가족이 그 도시에 합법적이고 고정적인 거주지와 합법적이고 안정적인 직업 혹은 생계근원이 있고, 일정 연한을 거주하였으며, 현지 정부의 관련 규정에 부합하면 그 도시 호구 취득을 허가한다.

을 하달하여 호구 제도를 좀 더 완화하였다. 하지만 그 이후에는 호구 제도 개혁에 대한 큰 진전이 없었다.

〈표7〉 농민공 주요 종사 업종(단위: %)

	2008	2009	2010	2011	2012
제조업	37.2	36.1	36.7	36.0	35.7
건축업	13.8	15.2	16.1	17.7	18.4
운송, 창고, 우편업	6.4	6.8	6.9	6.6	6.6
도매업	9.0	10.0	10.0	10.1	9.8
숙박, 요식업	5.5	6.0	6.0	5.3	5.2
주민서비스와 기타 서비스업	12.2	12.7	12.7	12.2	12.2

자료: 중국국가통계국, 2012年全國農民工監測調査報告

2000년대 들어 도농 간 지역 격차가 점점 더 벌어지고, 도시 호구가 없는 농민공[8]은 교육, 의료 등 각종 사회보장 혜택을 누리지 못하였다. 도시에 거주하고 있는 농민공들이 점점 늘어나면서 실업, 계층 간 격차, 환경오염 등 각종 사회·경제적인 문제가 발생하였고, 이러한 문제는 후진타오(胡錦濤)가 제기한 조화로운 사회(和諧社會)를 건설하겠다는 이념에도 부합하지 않았다.

빠른 경제 성장을 이루어낸 중국은 세계 경제에서 중요한 부분을 차지하고 있지만, 첨단 고부가가치 산업보다는 여전히 제조업에 많이 의존하는 수출 지향적 경제를 추구하고 있다. 그리고 그 제조업 분야에 가장 많이 종사하고 있는 것은 농민공이다 보니 사실상 중국 경제의

8) 2013년 기준 농민공 총인구수는 약 2억 6900만 명으로 집계(中國新聞網, 2014. 02. 20).

견인차 역할을 한 것이 농민공이라고 볼 수 있을 것이다. 하지만 농민공들은 항상 저임금과 과도한 근무시간, 열악한 작업환경에 시달렸다. 그들은 임금과 처우 개선을 요구하며 시위를 벌였고, 그에 따라 많은 노동쟁의도 발생하였다.[9]

〈그림2〉 노동쟁의 그래프(2005~2012)

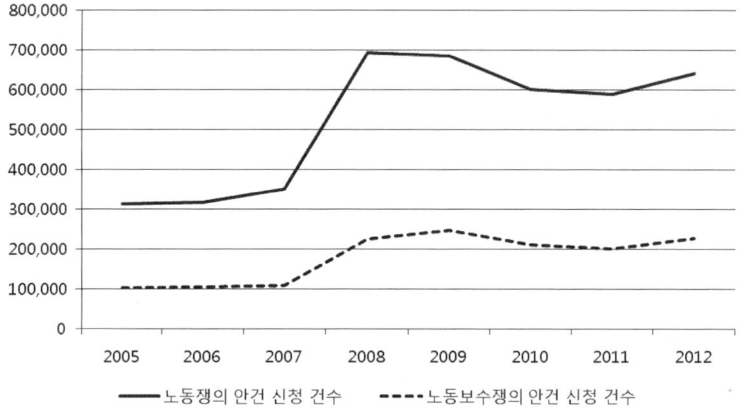

자료: 중국국가통계국, 바이뚜(2006年全國勞動爭議仲裁機構案件處理情況)

4. 도농 일체화(城鄕一體化) 발전 계획

덩샤오핑은 개혁개방과 더불어 중국 4대 현대화, 즉 공업 현대화, 농업 현대화, 국방 현대화, 과학기술 현대화를 실현하여, 1인당 GDP가 1,000달러에 달하고 의식주가 해결된 중산층 사회를 만드는 것을 목표로 삼았다.[10] 이러한 정신은 바로 다음 세대 지도부로 이어져

9) 중국정부는 2008년 노동계약법을 실시하면서 농민공을 포함한 노동자들의 임금과 처우를 개선하기 위해 노력하였다.

10) 이 과정을 '중국식 4대 현대화(中國式的四個現代化)'라고 하는데, 여기서 1인당 GDP

장쩌민은 2002년 공산당 제16차 전국대표대회에서 2020년까지 전면적인 샤오캉 사회를 실현하는 것을 목표로 한다고 공식적으로 선언했다. 개혁개방 이후 빠른 경제 성장으로 인민들의 생활 수준이 점차 향상되고, 사회 인프라와 복지 시스템의 확충 등 사회 발전도 빠르게 진행되고 있었기에 자신감을 얻을 수 있었을 것이다. 하지만 샤오캉 사회를 실현하기 위해서 풀어내야 할 과제도 산재해 있었다. 2002년부터 2010년까지 도시화는 연평균 1.05%의 진행률을 보이며 더디게 진행되고 있었고, 2006년 동부와 중부, 서부의 도시화 진행률은 각각 54.6%, 40.4%, 35.7%로 지역 간의 편차도 매우 심하였다. 도시가 밀집해 있는 해안 지역에 비해 농촌 지역이 많은 서부 지역은 개발이 더디고, 도시화가 너무 느리게 진행되고 있는 것이다.

〈표8〉 중국 도시화 진행률

연도	2002	2003	2004	2005	2006	2007	2008	2009	2010	2011
도시화 진행률 (%)	39.09	40.53	41.76	42.99	43.90	44.94	45.68	46.59	47.50	51.27

자료: 바이뚜(中國城市化率現況調査報告1949-2010 , 城市化率)

도시화 진행률의 편차는 지역 간 불균형 발전, 즉 도농 간 편차로 이어진다. 개혁개방 초기 가장 빈곤했던 지역인 구이저우 성(貴州省)의 1인당 GDP는 179위안, 경제적으로 가장 발달한 지역인 상하이(上海)의 1인당 GDP는 2,498위안으로 약 14배의 차이였는데, 2002년에는 구이저우 성 1,180위안, 상하이 40,646위안으로 약 34배나 차이가

1,000달러 달성을 목표로 잡은 것은 공업화 초기 단계에 진입하는 조건 가운데 하나가 1인당 GDP가 1,000달러에 도달하는 것이기 때문이다.

나게 되었다. 이렇듯 지역 간, 도농 간의 편차는 개혁개방 이후 중국 경제의 발전과 함께 점점 더 벌어졌다.

후진타오의 제4세대 지도부는 도농 이원 구조를 개선하고, 도농 일체화 발전을 추진하여 샤오캉 사회, 조화로운 사회를 건설하기 위해 이듬해 10월, 공산당 제16회 삼중전회에서 당의 16차 대회에서 나온 도농 종합계획(統籌城鄕) 사상을 한층 발전시켜 도농 종합 발전 계획(統籌城鄕發展)을 수립하였다. 이 계획의 가장 핵심적인 내용은 '삼농' 문제의 해결, 즉 농촌 발전 계획이다. 새로운 공업화(新型工業化), 새로운 도시화(新型城鎭化), 농업의 현대화(農業現代化)를 추진하여 문화·교육·교통·통신 등 농촌의 인프라를 확충하고, 농촌 주민들의 소득원 개발과 더불어 소득 수준을 향상시켜 도시와 농촌의 일체화 발전을 꾀하는 것이다. 농촌의 공업화는 도시화와 상호작용하는 것으로, 공업 단지를 조성해서 농촌의 체계적인 공업화 발전을 이끄는 핵심 사안이다. 공업 단지의 체계적인 배치는 도시 종합 계획, 토지 이용 종합 계획과 서로 통일되어야 하므로, 도시의 공업 경제 발전 계획에 맞춰 공업용지를 확보하는 것이 가장 기본이다.

농촌의 도시화는 점점 감소하는 농촌 인구와 농촌 노동력을 확보하기 위한 사안으로 그 핵심에는 농촌 주민들의 생활 방식 변화가 있다. 농촌 지역에 공동 거주지를 건설하여 주택, 도로, 통신, 교육 등 사회 인프라 시설을 건설하고, 공동 거주지의 건설을 통해 농촌 주민들에게 남아 있던 주택지에 대한 보상을 해주고, 그 토지를 개간하여 사용해 토지이용률을 높일 수 있는 것이다. 저렴한 주택 임대와 높은 토지 보상의 차액, 그리고 높아진 토지이용률로 인해 더 높은 농업생산력으로 소득을 올릴 수 있으니 농촌 주민들의 입장에서도 환영할 만한 정책이었고, 정부 역시 공동 거주지의 건설로 그동안 어려움을 겪었던 농촌 인프라 시설을 구축하고, 인프라 시설 구축에 들어가는 재정 역시 절감할 수 있었다. 그리고 높아진 토지이용률을 통한 세금수익 증대도 기대할 수 있게 되었다.

농업의 현대화에 있어서 가장 중요한 것은 토지의 체계적인 경영이다. 이것은 규모화, 집약화, 산업화 경영으로 요약할 수 있다. 대도시에서 가깝고, 도로 교통이 편리하며, 토지가 연이어 붙어 있는 등 농업생산 및 관리가 상대적으로 유리한 곳을 우선적으로 개발하거나, 이미 특정 산업이 밀집되어 있는 지역을 개발하여 규모를 늘려 생산성을 향상시키는 방법 등을 통해 농업의 현대화를 실현할 수 있다.

이러한 도농 종합 발전 계획은 전국적으로, 지방 정부 단위로 체계적으로 실시되면 많은 성과를 거둘 수 있다. 첫 번째로, 도농 호적 관리 제도의 개선과 농촌 노동력의 재구성 등을 통해 이원화된 노동력 시장을 통일적으로 운영하여 도시와 농촌 주민들에게 균등한 취업 기회와 공평한 경쟁의 기회를 제공할 수 있다. 두 번째로, 농촌 사회의 복지와 토지의 효율적인 이용을 통해 소득과 자원 재분배를 실현할 수 있다. 세 번째로, 토지의 효율적인 이용으로 향상된 농업생산성을 통해 농민의 소득 증대를 기대할 수 있고, 농촌 복지와 관리 시스템과 맞물려 농촌 경제를 활성화시킬 수 있다. 2007년 도농 종합 개혁 계획(城鄉統籌綜合配套改革)의 시범 지구로 지정된 청두(成都) 시는 각종 경제 사회 체제 개혁을 추진하고, 도농 종합 계획, 통일된 도농 행정 관리 시스템, 도시와 농촌을 모두 포함하는 인프라 시설 건설과 관리 시스템 구축, 도시와 농촌의 균형화된 공공 서비스 보장 시스템의 구축, 도시와 농촌 주민을 모두 포함하는 사회 보장 시스템 구축, 도시와 농촌의 통일된 호적 제도 수립 등을 통해 도농 이원 구조의 개선, 도농 격차 감소, 도농 경제 발전과 사회 발전 등 많은 성과를 거두었다.

5. 맺음말

2014년 양회는 여러모로 많은 사람들의 이목이 집중된 행사였다. 시진핑의 제5세대 지도부가 주도한 첫 양회였고, 장쩌민, 후진타오를 거치면서 점차 사회보장과 사회복지, 농촌 경제 발전에 대한 정책들이 체계적으로 시행되면서, 이에 대한 기대가 한층 더 높아진 상태였다. 2000년대 말부터 중국 경제 성장률이 점차 낮아지면서 후진타오의 제4세대 지도부는 제12차 5개년 계획(2011～2015)에서 중국의 경제 발전을 소득 증대와 사회보장 확대를 통한 소비 진작, 즉 내수 진작을 통해 견인하겠다는 의지를 표명했다. 시진핑은 국가 주석으로서의 첫 양회에서 이러한 이념을 이어받아 내수 진작을 통한 경제 발전을 계속 추진하는 것을 중점 업무로 삼았다. 이러한 내수 진작의 확대에는 반드시 농촌 개혁의 꾸준한 추진이 동반되어야 한다. 중국 인구의 반을 차지하는 농촌 주민들을 감안하면 농촌 소비 시장은 앞으로 더 확대될 여지가 많다. 농민들의 꾸준한 소득 증대와 사회 복지가 이루어져야 안정적인 농촌 소비 시장을 확보할 수 있을 것이다.

이번 양회에서 또 하나 관심이 집중된 것은 호구 제도 개혁이었다. 현재 청두나 충칭처럼 호구 제도를 개혁하여 시범적으로 운영하는 지역도 있는데, 이러한 시류에 맞춰 이번 양회에서 호구 제도 개혁안이 나오지 않을까 하는 기대감이 감돌았다. 하지만 이번 양회에서 호구 제도에 대해 어떠한 언급도 하지 않은 것은 아직까지는 호구 제도를 개혁하는 것은 시기상조라고 판단한 듯하다. 하지만 도농 일체화 발전 계획을 통한 사회 통합 정책을 일관되게 시행하면서 농촌 개혁, 민생 개선, 사회 보장 등의 시스템을 구축하는 것은 단순히 호구 제도뿐만 아니라 도농 이원 구조를 개혁하여 도시와 농촌의 차별을 없애는 도농 일원화(城鄕一體)를 위한 기초 공사를 잘 다지고 있는 것이다.

사회주의 시장경제를 표방하고 있는 중국이 경제 발전과 사회 복지라는 두 마리 토끼를 잡아야 하는 길목에 놓여있는 지금, 이 모든 과정을 어떻게 헤쳐나가며, 결국 그들이 지향하는 대동 사회를 이룰 것인지 우리는 지켜봐야 할 것이다.

참고문헌

1) 劉五書,『農村改革與統籌城鄉發展』, 中國財政經濟出版社, 2010.

2) 吳次芳·靳相木,『中國土地制度改革三十年』, 科學出版社, 2009.

3) 許經勇,『中國農村經濟制度變遷六十年』, 厦門大學出版社, 2009.

4) 常艶, "城鄉一體化的理性定位及其實現路徑",『當代世界與社會主義』, 2010.

5) 杜受祜, "成都的現行先試貢獻了哪些統籌城鄉發展的普適經驗?—寫在成都城鄉一體化改革七周年之際",『農村經濟』, 2010.

6) 邢淳, "成都城鄉一體化發展面臨的困難及啓示",『合作經濟與科技』, 2010.

7) 張麗華, "改革的發展與成都城鄉統籌綜合配套改革實驗區建設",『天府新論』, 2007.

8) 馬佳, "新農村建設中農村居民點用地集約利用研究", 華中農業大學, 2008.

4장

'유기적 소통'과 '통합적 사유'를 향하여

췐중수(錢鍾書)의 '문언(文言)' 글쓰기 및 문체관(文體觀)을 중심으로[1)]

한지연

1. 들어가며

우리 시대의 핵심적 화두는 아마도 '소통'과 '통합'이 아닐까 싶다. 이 글은 '소통'과 '통합'이라는 핵심적 키워드에 주안점을 두고 중화민국(中華民國) 시기(1911~1949) 대표적 지식인 중의 한 사람이었던 췐중수(錢鍾書, 1910~1998)를 논의의 대상으로 삼아 췐중수의 '문언' 글쓰기 및 그의 문체의식을 통해 인문학적인 측면에서의 '소통'과 '통합'의 의의를 초보적으로 고찰하고자 한다. 중국의 민국 시기 지식인들은 대체적으로 일정한 학문 영역 혹은 체계 안에 자신의 사상을 국한시키지 않고 방대한 학문 영역을 섭렵하였고 그에 따라 다양한 문체를 자유롭게 활용하였다. 이러한 글쓰기 실천을 통해 민국 시기 지식인들은 소위 전통 인문학의 3대 영역인 문학(文)·역사(史)·철학

1) 본 원고는 중국학연구회가 주최한 정기학술대회(2014년 5월 17일, 한국외국어대학교) '중국 인문학과 치유'에서 발표한 글을 수정한 것임.

(哲)을 고르게 넘나들었다. 이는 체계와 규범을 강조하는 서양의 학파가 일률적으로 요구했던 '장르적' 글쓰기가 아니라 소위 '문장(文章)'을 짓고 다듬는 '내재적'이고 '실천적'인 행위였는데, 첸중수 역시 예외가 아니었다.

첸중수의 학문적 스펙트럼은 매우 방대하다. 유년 시절부터 중국 고전을 습득했고 또한 서양 문학에도 정통했기에 그의 학문은 어느 특정 분야에 치우치지 않고 여러 분야를 '총망라'하고 있다. 즉 고금(古今)과 동서(東西)의 시공간을 자유롭게 넘나들고 문학과 학술을 비롯하여 소위 전통적인 인문학 영역인 문학·역사·철학까지 아우르고 있다. 첸중수는 학문 연마를 통해 축적된 지식, 감회 및 사유의 각종 '파편'들을 다양한 형식과 체제의 글로 집필하여 자신만의 독특한 글쓰기 세계와 사유체계를 구축하였다. 또한 소위 '통섭(打通, theory of merging)'으로 일컬어지는 학문 연구의 태도와 방법을 통해 동서고금의 방대한 학문과 끊임없는 소통과 대화를 시도하여 '통합적' 지식인의 면모를 보여주었다.

본격적인 논의에 앞서 첸중수가 속했던 민국 시기 학술 사상사(學術史)의 전체적 흐름을 대략적으로 살펴보고자 한다. 이는 특정 지식인을 주요 대상으로 삼은 이 글의 세부 논지의 원활한 전개를 위한 일종의 전제 작업이라고도 볼 수 있겠다. 민국 시기 학술 사상사는 시대적으로 가장 치열했던 중국의 현대 역사와 그 맥락을 함께 하고 있으며 당시 지식인들이 추구했던 지성과 사상의 복잡다단한 궤적을 의미하고 있다. 열강의 침략과 서양 학문(西學)의 유입, 신해혁명(辛亥革命, 1911)과 오사 신문화운동(五四新文化運動, 1919) 등 일련의 역사적 사건의 발생은 다방면에서의 대대적인 혁신이 이루어졌다. 시간적으로는 고금(古今)과 신구(新舊), 공간적으로는 동양과 서양, 정치적으로는 보수와 진보의 대립을 초래했고, 학술적으로는 옛 학문(구학,

舊學)과 새로운 학문(신학, 新學)의 첨예한 대치를 발생시켰다. 이러한 이원적인 대립과 간극 속에서 당시 지식인들은 보다 합리적인 학문 방법에 대해 고민을 거듭하였다. 그들은 양자의 접점에 대한 끊임없는 모색을 통해 한편으로는 시대의 변화에 부응하고자 했고, 다른 한편으로는 역사와 세상과의 '자발적' 소통을 통해 '문심(文心)'과 '인심(人心)'의 경지에 도달하고자 했다. 여기서 언급한 '문심'은 작가의 문제의식과 고충이 반영된 '문장'을 의미하며, '인심'은 시인과 일반인이 심리적으로 통하는 일종의 '진리', 즉 활학활용(活學活用)을 통해 '문(文)'과 '학(學)'을 음미하고 세상의 원리를 체득하는 것을 의미한다. 요컨대 이러한 특징은 중화민국 시기가 중국 역대 학술 사상사의 정점을 이루었다고 평가받을 수 있었던 근본적 연유라고 할 수 있다.

상술한 바를 토대로 당시 중국 지식인들이 가장 주목했던 문제 중의 하나는 문언(文言, 글말, written language)과 백화(白話, 입말, spoken language)를 둘러싼 일련의 현상들이었다. 이는 단지 문체의 외형적 차이 이외에도 구문학(舊文學)과 신문학(新文學)을 구별하는 중요한 잣대였을 뿐만 아니라 지식인들의 내재적 사유체계와도 연관되었다. 그러나 중요한 점은 이러한 차이가 신구의 문학을 구분 지을 수 있는 중요한 기준이 될 수 있겠지만 개별 지식인들의 글들을 논할 때 반드시 일괄적으로 적용될 수 있는 것은 아니라는 것이다. 왜냐하면 문언을 통해 정치와 사회의 불합리를 좌시하지 않고 자신의 소신과 이상을 글을 통해 과감하게 표현해낼 수 있었고(실용성, 文以明道), 글쓰기를 통해 작가 내면에 쌓인 감정들을 표출해낼 수 있었으며(문학성, 不平則鳴), 옛것을 배우면서도 새로운 것을 만들어낼 수 있었고(참신성, 學古創新), 작가의 학문과 수양으로 내용이 충실한 작품을 쓸 수 있었기 때문이다.[2] 또한 문언은 중국 문학사에서 유구한 역사와 전통을 지니고 있고, 글의 완성도를 높이는 데 중요한 역할을 수행해왔다. 따라서 특정 문인 혹은 지식인들의 글쓰기를 논함에 있어 문학사 기술에 흔히 사용되는 시기 구분법(分期法)에 근거할 수는 없을 것이다.

첸중수의 저술활동은 1949년을 기점으로 커다란 변화를 겪었다. 1949년 이전에는 문학과 학술 영역에서의 글쓰기가 이루어진 반면에 1949년 이후에 첸중수는 더 이상 문학 창작에 종사하지 않고 오로지 학술 연구에만 몰두하였다. 따라서 통상적으로 1949년을 첸중수 글쓰기의 전환점으로 여기고 있다. 1949년 전후의 첸중수 저서를 살펴봤을 때 양자의 차이는 현저히 드러나고 있으며, 첸중수 역시 동시대 지식인들과 마찬가지로 역사적 질곡으로 인해 개인적 수난을 겪을 수밖에 없었다. 그러나 이러한 시대와 역사의 대내외적인 변화가 초래한 개인적 딜레마에도 불구하고 첸중수는 학문의 뜻을 굽히지 않았고 자신만의 일관된 글쓰기 '자세'와 '입장'을 끝까지 고수하였다. 이와 같은 측면에서 비추어 봤을 때 첸중수의 문언 글쓰기는 오히려 학문의 이상을 실현하고자 한 그의 내재적 기초가 되었다. 따라서 첸중수의 문언 글쓰기를 시대와의 '단절' 혹은 자기 '폐쇄적' 글쓰기로 섣불리 판단하지 말고 그의 글 속의 '숨어 있는 것(隱)'과 '미세한 것(微)'의 세부적인 '연속성'[3]을 다시금 발견해야 할 것이다.

---

2) 고려대 중국학연구소 지음, 『중국문학의 즐거움』, 차이나하우스, 2009, 197쪽.
3) 홍석표 지음, 『현대중국, 단절과 연속』, 선학사, 2005, 262쪽 참고.

2. 첸중수(錢鍾書) 문언(文言) 글쓰기에서 보이는 통합적 사유방식

이 글의 머리말에서는 문언으로 작성된 첸중수의 글과 그의 문체의식이 일정한 '연속성'을 지니고 있다고 언급하였다. 이에 대해서는 첸중수의 학문적 배경으로 필히 거슬러 올라가 고찰해야 한다. 장쑤성(江蘇省) 우시(無錫)의 학자 집안에서 태어난 첸중수는 당시 저명한 국학자이자 고문(古文) 연구자였던 부친 첸지보(錢基博, 1887~1957)의 가르침 하에 국학의 지식 및 중국 고전을 습득할 수 있었다. 이러한 유년 시절을 거쳐 첸중수는 칭화대학(清華大學) 외국어문학과에 입학하여 본격적으로 서양 문학을 전공한다. 대학 졸업 후 영국과 프랑스에서 유학하였고, 귀국 후 모교인 칭화대학 및 국립남전사범학원(國立藍田師範學院), 상하이 진단여자문리학교(上海震旦女子文理學校), 상하이 기남대학(上海暨南大學) 등에서 교편을 잡아 서양 문학을 강의하였다. 이러한 학문적 베이스는 첸중수의 문학 창작에도 일정한 영향을 끼쳤다. 첸중수는 서양 현대문학의 다양한 기법을 활용하여 중화인민공화국 성립(1949) 이후에도 중국사회과학원(中國社會科學院) 외국문학연구소에 재직하여 평생 서양 문학을 연구하였고, 중국에 비교문학 이론과 연구 방법론을 정식으로 소개, 보급하여 비교문학 분과의 개설 및 영역 개척에 크게 일조하였다. 이러한 연유로 인해 중국 학계 내에서 첸중수는 중국문학 연구자인 동시에 비교문학 연구의 권위자로도 정평이 나 있는바, 중국문학 영역 이외에 심지어 서양문학 관련 학과에서도 첸중수의 영향력은 실로 크다고 할 수 있다. 소위 가학(家學) 문화와 서양 유학 경험은 첸중수가 향후 고금과 동서의 학문을 함께 '겸(兼)'하고 '통(通)'할 수 있게 한 학문적 기저였으며 동시에 첸중수의 가장 대표적인 학문 방법론인 '통섭'으로 이어질 수 있었던 중요한 배경이다. 요컨대 전자가 가학의 전통 혹은 집안의 학풍의 '계승'이라면 후자는 학문 방법의 '심화'[4]라고 볼 수 있다.

이에 대한 실질적인 예로 우리는 첸중수의 저서 및 글들을 다시금 살펴볼 수 있겠다. 첸중수라는 사람 혹은 그의 저서는 기타 중국 현·당대문학 작가들에 비해 상대적으로 국내에 잘 알려지지 않아 일반 독자들에게 생소할 것이다. 다행스럽게도 몇몇 저서는 한국어로 번역되어 정식 출간되었다.[5] 이러한 상황들을 종합적으로 고려하여 이 글에서는 첸중수의 주요 저서를 다음과 같이 정리하였다.

1. 『인생의 가장자리에 서서(寫在人生邊上)』(산문집), 上海: 開明書店, 1941.
2. 『사람·짐승·귀신(人·獸·鬼)』(단편소설집), 上海: 開明書店, 1946.
3. 『포위된 성(圍城)』(장편소설), 上海: 晨光出版公司, 1947.
4. 『담예록(談藝錄)』(문예비평서), 上海: 開明書店, 1948.
5. 『송시선주(宋詩選注)』(문예비평서), 北京: 人民文學出版社, 1958.
6. 『관추편(管錐編)』(문예비평서), 北京: 中華書局, 1979.
7. 『칠철집(七綴集)』(학술논문집), 上海古籍出版社, 1985.
8. 『괴취시존(槐聚詩存)』(시집), 北京: 三聯書店, 1995.
9. 『석어(石語)』(학술 에세이), 北京: 中國社會科學出版社, 1996.

상기 목록 중에서 『담예록』, 『관추편』과 『괴취시존』, 『석어』는 모두 문언으로 쓰였다. 이 외에도 "소설의 소소한 특징(小說瑣徵)"(『청화주

4) 졸고, "錢鍾書의 비평적 글쓰기와 『管錐編』 연구를 위한 小考", 『중국현대문학』 제67호, 한국중국현대문학학회, 2013, 68-69쪽 참고.

5) 『포위된 성』, 『송시선주』는 각각 단행본 형식으로 번역되었으며 『담예록』은 "『담예록』 번역"이라는 제목으로 국내 학술지에 연재되었으나 아직까지 단행본으로 정식 출간되지는 않았다.

간(清華周刊)』제34권 제4기, 1930), "중국문학 간략사 서론(中國文學小史序論)"(『국풍반월간(國風半月刊)』제3권 8기 및 11기, 1933) 등의 글들 역시 문언 형태의 글이다. 『담예록』은 중국 전통 시화(詩話) 형식을 차용하였고 『관추편』은 고증을 중시했던 청대 건가학파(乾嘉學派)의 학술 스타일을 계승하였다. 또한 『괴취시존』과 『석어』는 각각 구체시(舊體詩)와 산문 형식의 필기(筆記)라는 중국 전통의 문학 양식으로 쓰인 글이다. 이를 종합한다면 첸중수의 문언 저서들은 중국의 '문자전통(문언[文言])', '학술전통(시화[詩話], 훈고[訓詁], 주해[註解])'과 '문학전통(구체시[舊體詩], 필기[筆記], 척독[尺牘] 등)'을 모두 계승한 것이라고 볼 수 있다.

이 중에서 우리는 첸중수의 『담예록』과 『관추편』에 주목할 필요가 있다. 『담예록』과 『관추편』은 첸중수의 대표 학술저서이자 그의 모든 저서의 최고봉이라고 일컬어도 과언이 아니다. 흥미로운 점은 이 두 저서가 모두 중국 전통 산문 형식인 필기(筆記)의 형식으로 쓰였으며 초고에서 탈고까지 교묘하게도 시련과 굴곡의 역사적 배경과 맞물리는 공통점을 지니고 있다는 점이다. 『담예록』은 중일전쟁(1937~1945)의 국난 속에서 집필되었으며, 『관추편』은 문화대혁명(1966~1976) 시기 강압적인 정치 환경 속에서 완성된 학술저서로, 첸중수 일생의 거작으로 손꼽히고 있다.

여기서 우리는 저서 집필의 역사적 배경을 염두에 두고 첸중수의 문언 집필에 대해 다음과 같이 생각해볼 수 있다. 첸중수는 중일전쟁과 문화대혁명이라는 특수했던 시대적 환경 속에서 문언 본연의 난해하고 난삽한 문체적 특성을 일부러 사용하여 가독성과 이해도를 떨어뜨려 첸중수 자신의 개인적 고충과 처지, 당시 현실 사회에 대한 자신의 입장과 생각을 드러내고자 했다. 이러한 점으로 미루어 봤을 때 문언의 사용은 첸중수 개인에게 있어 일종의 '우회적'인 표현 방식과 수단으로 볼 수 있을 것이다.

하지만 우리는 이 문제를 표면적인 측면에만 국한시켜 섣불리 단정해서는 안 될 것이다. 앞에서도 언급한바 첸중수는 중국과 서양 학문에 모두 능통했던 사람이었다. 하지만 첸중수는 학문의 경계를 막론하고 어느 한쪽에 일방적으로 치우치지 않으려고 했다. 그는 합리적이고 논리적인 시각으로 양자의 학문세계를 대했고 또한 날카로운 식견으로 양자(兩者)의 문제점을 거침없이 지적하였다. 하단의 인용문[6]을 통해 우리는 첸중수가 당시 서양학문에 일가견이 있었던 근대 시기 일부 지식인들을 어떻게 바라보고 있는지 확인할 수 있다.

> 近人들은 詩界維新을 논할 때 반드시 黃遵憲(公度, 1848-1905)을 추앙한다. 『人境廬詩』는 奇才大句로 스스로 作手라고 할 수 있다. 5언 古詩는 의론이 종횡하여 袁枚(隨園, 1716~1798)·趙翼(甌北, 1727~1814)과 가깝고 歌行의 鋪比鰇騰한 곳은 舒位(鐵雲, 1765~1815)와 같고 7언 絶句는 곧 龔自珍(定庵, 1792~1841)이다. 길을 취한 것은 사실 그렇게 높지 않아서 말은 교묘하나 격은 낮으며 傖氣가 오히려 남아 있어 매번 俗艶이 되었다. 尹洙(師魯, 1001~1047)는 王勝之의 문장을 논하여 「풍부하면서도 흘러버리지 않았다」(贍而不流)라고 하였는데 黃遵憲은 아마 흘러버림을 면치 못한 자일 것이다. 대담하게 글을 지은 곳도 역시 그의 동향인 宋湘(芷灣, 1756~1826)보다 뛰어날 수 없다. 서양의 制度·名物을 좀 말할 수 있어서 聲學·光學·電氣·化學 등 여러 학문을 주워가지고 치장하였지만 서양인들의 風雅의 절묘함과 性理의 미묘함에 대해서는 사실 거의 이해한 것이 없다. 그러므

---

6) 본 글에서 인용한 『담예록』의 원문은 개정판(補訂本, 1984)을, 이에 대한 번역문은 李鴻鎭의 "『談藝錄』飜譯"을 참고하였으며, 편폭 관계상 원문의 페이지만 명기하고자 한다.

로 그의 시에는 새로운 사물은 있지만 새로운 이치는 없다.(『담예록』, 23-24쪽)

嚴復은 본래 깊은 생각이 결여되어 西學을 공부한 것도 역시 스펜서·밀·헉슬리 등처럼 낮아서 그렇게 높은 의론은 없는 것을 추구하였다. 그가 번역한 책은 이치가 글을 이기지 못하였으니 이것은 식견과 취미에 얽매인 것이다.(『담예록』, 24쪽)

王國維는 쇼펜하우어의 저작에 대하여 입에 침이 마르고 손에 못이 박힐 정도로 『紅樓夢評論』 중에서 되풀이하여 칭송하고 서술하였고, 그의 설에 의거하여 『紅樓夢』이 '비극 중의 비극'이라고 단언하였다. 賈母가 林黛玉의 孤僻함을 징계하고 金玉의 간사한 말을 믿은 것, 王夫人이 薛氏와 王鳳姐를 가까이하고 林黛玉의 才慧를 꺼린 것, 襲人이 寡妻에게 용납되지 않을까 염려하는 것, 賈寶玉이 할머니와 뜻이 맞지 않을까 두려워하는 것 등 이러한 여러 가지 원인으로 말미암아 木石이라도 결국 떠나지 않을 수 없었다. 정말 그 지론은 일리가 있는 것이다. 그러나 쇼펜하우어의 도에는 미진하고 그 이론에는 철저하지 못했던 것으로 보인다. (…) 참으로 쇼펜하우어의 설에 뿌리 한다면 賈寶玉과 林黛玉의 좋은 연분이 아무리 이루어졌더라도 좋은 짝이 점차 원수에 이르러 '冤家'는 끝내 원망스러운 짝이 되어야만 비로소 '비극 중의 비극'이 될 것이다. 그러나 『紅樓夢』은 당장에 끝나버려서 바로 또한 인정과 사리에 맞는데 어째서 굳이 발을 잘라 신발에 맞출 필요가 있겠는가? 王國維가 쇼펜하우어를 억지로 갖다 붙여 『紅樓夢』을 해석한 것은 법을 만들어 스스로 해를 끼친 격이다. (…) 『紅樓夢』은 뛰어난 작품이고 쇼펜하우어의 철학은 깊은 깨달음이니, 잘 이끈다면 두 아름다움이 서로 어울릴 수 있지만 억지로 합친다면 두 賢人은 반드시

서로 막히는 데 이를 것이다.(『담예록』, 349-352쪽)

상기 몇몇 지식인들에 대한 첸중수의 비판은 서양 학문 자체를 겨냥한 것이 아니다. 첸중수는 이들이 학문 본연의 의미를 깊이 탐구하지 않고 서양의 이론, 학설 혹은 방법론에 무분별하거나 지나치게 의존하였던 점을 꼬집고 있다. 특히 왕궈웨이(王國維)에 대한 첸중수의 비판은 주목할 만한데 이는 다름 아닌 『홍루몽(紅樓夢)』을 해석하는 왕궈웨이의 관점과 방법의 '불균형성'과 '편향성'에서 비롯되었다. 왕궈웨이가 발표한 『홍루몽 평론(紅樓夢評論)』(1904)은 독일의 철학자 쇼펜하우어(Arthur Schopenhauer, 1778~1860)의 철학 사상에 입각하여 『홍루몽』을 해석, 연구한 것으로서 서양의 이론으로 중국의 고전을 연구한 대표적 연구 성과로 손꼽히고 있다. 왕궈웨이는 자신의 글에서 『홍루몽』이 쇼펜하우어의 비극 원리에 부합되기에 '비극 중의 비극'이라고 극찬을 아끼지 않았는데 그가 제시한 쇼펜하우어의 비극 원리는 다음과 같다. 첫째는 남을 극도로 미워하는 것에서 비롯된 비극, 둘째는 맹목적인 운명의 장난에서 비롯된 비극, 셋째는 극중 인물이 어쩔 수 없는 상황에 처함으로서 비롯되는 비극이다. 왕궈웨이는 쇼펜하우어의 학설에 반영된 비관적·염세적 세계관이 『홍루몽』에 잘 반영되었다고 판단하였고 홍루몽에 대해 '비극 중의 비극'이라는 평가를 내렸던 것이다.

하지만 첸중수는 왕궈웨이가 특정 서양 학설에 지나치게 심취하고 치우친 상태에서 『홍루몽』을 정확하게 해석하지 못했고 오히려 고전의 본질을 극히 주관적으로 해석하였기에 문제를 야기했다고 판단하였다.

상술한 문제점을 극복하기 위해 첸중수는 기존의 문예비평과 이론을 비판적으로 검토하였는데 그는 자국의 문학, 특히 중국의 '고전문학'으로 되돌아가 문예비평의 새로운 방안을 모색하고자 했다. 이에 대해 첸중수는 다음과 같은 핵심적인 견해를 피력하였다.

> '인화(人化)'와 '생명화(生命化)'는 중국 고유의 문학비평이 지닌 특징이다.("중국 고유의 문학비평의 특징", 『문학잡지』 제1권 제4기, 1937년 8월).

> 중국시의 특징은 암시로 가득 차 있다. 바꿔 말한다면 시는 수많은 말을 품은 일종의 침묵이다.("중국시를 말하다", 『대공보』, 1945년 12월 26-27일)

> '시는 분개할 수 있다(Poetry can be resentful)'는 중국 고대(古代)의 문학주장이다.("시는 분개할 수 있다", 『칠철집』, 133쪽)

여기에는 중국의 시와 문학비평에 대한 첸중수의 독특한 시각이 잘 반영되어 있다. 이는 더 나아가 고전이라는 학문에 대한 첸중수의 접근 방식과도 연결된다. "중국 문학을 이해하기 위해서는 외국 문학을 어느 정도 연구해야 하며, (마찬가지로) 외국 문학을 이해하기 위해서는 중국 문학을 어느 정도 연구해야 한다"[7]는 첸중수 본인의 견해와도 같이 그가 궁극적으로 이루고자 했던 점은 중국과 서양을 막론하고 문학을 제대로 이해하고 중국과 서양의 방법론을 교차, 융합시켜 양자를 균형 있게 아우를 수 있는 새로운 학문적 패러다임의 제시였다.

이와 같은 맥락에서 첸중수가 생각했던 문언은 중국 문학을 구성하

---

7) 錢鍾書, "美國學者對於中國文學的硏究簡況". 이 글은 중국사회과학원 방미 대표단(中國社會科學院訪美代表團)이 지은 『방미 소감(訪美觀感)』(中國社會科學出版社, 1979), 53쪽에 수록되어 있다.

고 결정짓는 중요한 요소 중의 하나였으며, 첸중수 자신의 학문적 '지성'과 '취미'를 드러낼 수 있었던 수단이자 고금동서의 학문과의 '소통'을 위한 '매개체'였다. 따라서 소위 일컫는 찰기체(札記體), 필기체(筆記體) 및 중국 전통 비평문체인 시화(詩話) 등 각종 문체의 활용은 첸중수에게 있어 더할 나위 없이 자연스러운 일이었다. 이는 전고(典故)의 사용, 경전(經典)의 인용 및 주해 등 중국 전통의 글쓰기 방식의 창조적인 계승과 활용으로 이어졌기에 자신의 지적인 박학다식을 무한히 드러낼 수 있었던 것이다.

흥미로운 사실은 첸중수의 이러한 글쓰기 특징이 비단 학술저서에만 국한된 것이 아니라는 점이다. 첸중수의 소설, 산문 등을 읽어보면 일반 문학작품들과는 달리 전고, 인용, 주해 등으로 점철되어 있음을 어렵지 않게 발견할 수 있다. 이러한 연유로 인해 첸중수의 소설 및 산문을 가리켜 '학자소설' 혹은 '학자산문'이라고 부르기도 한다. 주지하듯이 산문은 소설과는 달리 중국의 글쓰기 전통 및 그 발전맥락과 밀접한 관계가 있다. 구체적으로 육조(六朝) 시기 필기체 및 청대 문인들의 산문, 청대 말 중화민국 초기(청말민초, 淸末民初) 지식인들의 소품문(小品文) 등이 이에 해당되는데, 특히 청말민초의 지식인들은 고전과 전통에 대한 계승의식이 뚜렷했으며 이는 그들의 글쓰기에 고스란히 반영되었다. 이에 근거했을 때 중국 고전은 지식인들의 재능과 학식을 드러내기에 더할 나위 없이 훌륭했던 문학 창작의 제재이자 동시에 학술 연구의 대상이었다. 이러한 점에서 비추어 봤을 때 첸중수가 중국 고유의 학술전통을 적극적으로 계승하여 글쓰기를 통해 자신의 학문으로 발전시키고 승화시켰던 점은 단순히 자신의 뛰어난 학식과 문언의 실력을 타인에게 보여주기 위한 것이 아니라 바로 고금과 동서의 학문과의 '소통'과 '대화'를 위해서였다.

상술한 맥락을 통해 우리는 첸중수의 문언 글쓰기가 첸중수 학문

내공의 절정과 학문 세계의 정수를 보여주고 있음과 동시에, 당시 백화문의 영향력 속에서도 '문언'을 통한 학문 연구(以'文言'述學)의 가능성을 유감없이 드러내었다는 점에서 매우 중요한 시사점을 지니고 있음을 알 수 있다. 이에 근거하여 우리는 첸중수의 학문 연구와 문언 글쓰기에 내포된 함의를 추적해야 할 것이다. 이는 첸중수가 1934년 6월 10일 당시 지리학자이자 역사학자였던 장샤오펑(張曉峰, 본명은 장치윈[張其昀], 1900~1985)에게 쓴 서신인 "장샤오펑 군에게 쓰는 편지(與張君曉峰書)"에 직접적으로 반영되어 있는데, 주요 내용은 다음과 같다.

> 문예 감상에 대한 나의 관점을 대충이나마 논하고자 한다. 문언과 백화는 제각기 아름다움을 가지고 있기에 그 우열을 가릴 수 없다. 백화의 위상이 더할 나위 없이 높고 아름다운 문자라는 점은 누구나 다 알고 있고, 또한 쉽게 얻어 들을 수 있다. 이는 왕왕 심오한 학문을 깊이 파고들기에 문언을 사용하는 이들에겐 곱절로 어렵다. 문언이 아닌 전고는 원칙적으로 지적할 만한 것이 없다. 이는 대략적으로 모든 비유와 상징이 지닌 성질과도 같은데, 모두 유추(analogy)에 근거하고 있다. 그러나 옛날의 전고(백화문학에서도 전고를 인용하는 경우가 있었는데 이는 대략적인 것을 가리킨다.)에는 여전히 일정한 체계가 존재한다. 중국과 서양의 현대 시인들이 사용하는 상징의 모호성과 비교했을 때 이는 확실히 헤아리기 어려우며, 그것의 난이도 역시 함께 말할 수 없다. 만약에 문화사적(文化史的)으로 이러한 관점을 논한다면 문언과 백화는 존재의 사실을 보여주고 있다. 순수한 역사적 관점만이 이를 받아들일 수 있기에 비판할 수 없다. 과거의 잘못은 묻지 않고 이미 성사된 일은 말하지 않으니, 양자에 있어 좋고 싫음을 가르고 취사선택 할 것이 없다.("장샤오펑 군에게 쓰는 편지", 『국풍

반월간』제5권 제1기, 1934년 7월)

첸중수는 문언과 백화가 지니고 있는 문체 본연의 특징에 주목하고 있다. 우선 문언과 백화는 각각 나름대로의 문체적 아름다움을 가지고 있으며 문언은 반드시 어렵고 백화는 반드시 쉽다는 소위 '문자적' 특징으로만 그것의 장점과 단점을 쉽게 논할 수 없기에, 이처럼 상이한 문체를 판별하기 위해서는 완전한 '문장'의 체제하에서 판단해야 한다고 자신의 주장을 피력하고 있다. 이는 문장의 실질적 예시(文例)를 통해 다양한 문체에 대한 해석과 설명을 시도했던 중국 전통의 문체 연구 방법과도 일정 부분 그 맥락을 함께하고 있다.

상기 첸중수의 주장에 언급된 문언과 백화 문제는 비단 첸중수 한 사람에게만 국한된 문제는 아니었다. 당시 언어 문자 개혁의 르네상스라고 해도 과언이 아니었던 백화문 운동의 흐름 하에 문언은 마땅히 버려야 할 봉건 자재로 취급되었다. 구체적으로 오사(五四) 시기의 후스(胡適, 1891~1962)를 비롯하여 천두슈(陳獨秀, 1879~1942), 린수(林紓, 1852~1924), 메이광디(梅光迪, 1890~1945), 첸쉬안퉁(錢玄同, 1887~1939) 등 당시 보수와 진보를 대표했던 다수의 지식인들이 문언의 폐지와 관련하여 각자의 입장을 피력한 적이 있었다. 개혁의 물결 속에서 문언이 설 자리는 점점 줄어들었고 특히 문학·역사·철학을 중심으로 대대로 이어져 왔던 학문적 전통은 소멸의 위기를 맞이하게 되었다. 전통과 혁신의 갈림길에서 신구 세력들은 첨예하게 대립하였지만 변화의 흐름을 쉽게 거스를 수는 없었다. 이 시기 대부분의 신진 문인들과 지식인들은 이러한 추세에 힘입어 백화를 사용하여 글을 썼다. 이러한 시도는 다양한 문체의 형식으로 거듭났는데, 특히 문학 영역에서는 신체시(新體詩), 신소설(新小說) 등 서양문학에서 흔히 말하는 장르적 특성을 띤 새로운 양식들로 대중들 앞에 그 모습을 드러내었다.

하지만 이는 신진 세력들이 제창했던 진정한 의미의 '언문일치(言文一致)'된 백화문으로 완전히 정착된 건 아니었다. 당시 대다수의 지식인들(민국시기의 모든 문인 및 학자들)은 해외에서 유학한 신진 세력들이었던 데다가 중국의 전통 학문은 물론이고 서양의 신식 학문에도 조예가 깊었다. 그들 역시 시대의 변화를 빠르게 인지하여 이에 신속히 대응하였다. 그러나 흥미로운 점은 당시 적지 않은 문인 및 학자들이 '문언'으로 글을 쓰고 학문을 했다는 사실이다. 다시 말해 문언과 백화라는 이중 언어가 공존한 비교적 불완전했던 '언문일치'였다고 봐야 하는데, 이는 민국시기 지식인들의 글쓰기에서 자주 보였던 '반문반백(半文半白)', 즉 문언과 백화를 함께 사용했던 글쓰기 전략과 자연스럽게 연결된다.

여기서 말하는 '반문반백'은 글말(문언)과 입말(백화)을 일치시키고 입말에 따라 표기하자는 언문일치의 주장과는 현저히 다르다. 왜냐하면 언문일치는 문언의 폐지라는 비교적 극단적인 전제 하에 백화와의 통일을 모색했던 운동이었기 때문이다. 실제로 민국시기 지식인들의 학술저서를 살펴보면 순수 문언으로 작성된 것뿐만 아니라 문언과 백화가 병용 혹은 혼용되어 있음을 어렵지 않게 발견할 수 있다.

이와 관련하여 첸중수와 동시대 지식인들의 글쓰기의 대표적 실례를 들 수 있겠다. 그중에서 루쉰(魯迅, 1881~1936)은 청년 시절에 문언으로 「중국지질약론(中國地質略論)」(1903), 「인간의 역사(人之歷史)」(1907), 「과학사 교편(科學史教篇)」(1907), 「악마파 시의 힘에 대하여(摩羅詩力說)」(1907), 「문화 편향 발전론(文化偏至論)」(1908), 「파악성론(破惡聲論)」(1908) 등의 논문에서 자신만의 선명한 문제의식을 드러낸 적이 있었다. 당시 사회적, 사상적으로나 문화적으로 변화를 지향했던 격렬한 논쟁 속에서 루쉰은 선구적인 역할을 펼쳤으면서도 한편으로는 이러한 변화에 유연하게 대처하였다. 루쉰의 베이징대학(北京大學) 강연원고인 『중국소설사략(中國小說史略)』의 머리말(序言)에는 "(루쉰) 자신 스스로가 말주변이 없어 청강자들이 혹시라도 이해하지 못할까 염려한 나머지 글의 요지(大要)를 베껴서 인쇄하여 청강자들에게 주었고, 또 이것을 쓰는 사람의 노고를 염려하여 이에 다시 문언(文言)으로 압축하고 그 예문을 생략함으로서 요약(要略)을 만들어 지금까지 사용해왔다"고 언급한 적이 있었다. 루쉰은 "몇몇 사람들이 지금의 작가들은 문언을 쓸 줄 몰라서 백화를 쓴다고 험담을 한 적이 있는데, 우리도 문언을 쓸 수 있음을 알리고자 문언으로 『중국소설사략』을 쓴 것이다. 더불어 문언을 사용하면 의미를 간결하고 명확하게 전달할 수 있다"[8]고 말한 적이 있는데, 이를 통해 우리는 루쉰이 중국의 전통 학문과 학술 문화를 논함에 있어 문언의 효용성을 확실하게 인지하였음을 발견할 수 있다.

이 외에도 문학혁명(文學革命)을 이끌고 백화문 사용을 제창했던 후스 역시 문언과 백화의 문제에 대해 다음과 같이 바라보았다. 그가 문학평가의 기준으로 설정한 언문일치는 서양의 근대문학사에 대한 자기 나름의 이해에서 비롯된 것이다. 문체의 측면에서 봤을 때 서양의 근대문학은 라틴어 문체로부터 로망어 문체로의 전환과 함께 시작된다. 이러한 전환은 이탈리아에서 시작하여 유럽 전역으로 확산되는데 그 정치적 배경에는 민족 및 민족국가의 형성, 언어적 배경으로는 민족어의 확립이라는 과정이 놓여 있다. 후스 같은 경우에는 이를 언문일치라는 개념으로 파악하였다. 그는 유럽의 라틴어와 로망어의 관계를 통해 중국의 문언과 백화의 관계를 대비적으로 사유하고 있으

---

8) 상기 인용문은 일본의 한학자(漢學者) 마스다 와타루(ますだわたる, 增田涉)와 노신의 대화 내용으로 『노신의 인상(魯迅的印象)』(鍾敬文譯, 湖南人民出版社, 1980, 70쪽)에 수록되어 있다.

며 현재의 문학이 나아갈 길을 언문일치의 백화문학으로 설정하였다.[9] 이는 즉 문언과 백화를 물리적으로 일치시키는 언문일치가 아니라 보다 수준 높은 백화문학을 창조하여 새로운 문자 및 표기법(에크리뛰르, écriture)을 만들자는 것이었다. 이와 관련하여 민국시기 고고학자였던 푸쓰넨(傅斯年, 1896~1950)은 "문언합일초의(文言合一草議)"(『신청년(新青年)』 제4권 제2호, 1918)에서 문언과 백화의 합일, 즉 문언합일을 통해 문언과 백화 이외의 제3의 문자 및 언어를 만들자고 주장했는데, 본문에서 언급한 '반문반백'의 글쓰기 양상과 연관지어 생각해볼 수 있을 듯하다.

상술한 내용을 통해 우리는 문언의 완전한 폐기가 실질적으로 불가능했음을 발견할 수 있다. 이에 대해 일본의 한학자(漢學者) 무라타유지로(むらたゆうじろう, 村田雄二郎)는 후스의 「문학개량추의(文學改良芻議)」 및 천두슈의 「문학혁명론(文學革命論)」이 문언으로 쓰였다는 점을 언급하면서 당시 언문일치를 주장한 그들조차 일상적 문장(예를 들어 시문[時文] 혹은 서신[書信] 등)에서 백화를 사용하는 일은 드물었으며, 오히려 '쓰는 일'을 통해 오사 시기 백화문이 창조되어왔다고 주장한 바 있다. 이처럼 언문일치운동의 초반에는 문인이 백화로 글을 쓰는 관습이 없었으며[10] 백화는 일련의 시행착오와 발전과정을 거쳐 글쓰기의 관습으로 서서히 자리 잡을 수 있었다. 백화가 점차적으로 보급됨에 따라 당시 문인 및 학자들은 백화가 가진 장점을 십분 활용하여 글을 짓고 학문과 관련된 일련의 문제들을 풀어나갔지만 여전히 현실적으로 적지 않은 한계에 부딪칠 수밖에 없었다. 특히 전고를 사용하거나 원문을 인용하기 위해서는 백화가 아닌 문언을

9) 이종민 지음, 『근대 중국의 문학적 사유 읽기』, 소명출판, 2004, 384쪽 참고.
10) 村田雄二郎, 류준필 譯, "'文言·白話'를 넘어서-근대 중국에서 '국어' 문제", 『중국현대문학』 제36호, 한국중국현대문학학회, 2006, 178쪽 참고.

사용해야 했는데 이는 대다수의 문인 및 학자들이 고전에 대한 소양이 깊었고 문학·역사·철학 연구에 종사한 것과 직접적 관계가 있다. 백화를 사용하여 전통 학문의 심오한 경지에 접근하고 각종 화두를 풀어나가는 데에는 백화라는 문체의 특성상 일정한 제약이 따를 수밖에 없었다. 때로는 설명이나 해석 자체가 전혀 불가능했기에 당시 지식인들은 자신들의 글 속에서 적재적소하게 문언을 사용하였던 것이다. 어떤 경우에 이는 완전한 문언의 형태로 나타나기도 했고, 또한 어떤 경우에는 문언의 요소가 가미된 꽤나 고답하고 품위 있는 백화로 재탄생되어 문언 본연의 간결함과 유려함의 특징까지 엿보였다. 따라서 중국 전통의 문학·역사·철학 영역을 연구했던 당시 지식인들은 대부분 문언과 백화를 혼용하여 글을 썼던 것이다. 각각의 지식인들이 지녔던 학술적 배경은 상이했으나 소위 '반문반백'은 지식인들이 자연스럽게, 혹은 보편적으로 추구했던 일종의 글쓰기 전략이자 학문의 방법이었다. 이러한 측면에서 비추어 봤을 때 첸중수 역시 '반문반백'의 글쓰기 방식을 적지 않게 활용하였다. 이에 대해서는 하단의 인용문에서 그 이유를 살펴볼 수 있겠다.

> 고문(古文)은 중국문학사 상의 전문용어인데 당대(唐代) 이래로, 특히 명청(明淸) 시기에 이는 특수하면서도 편협한 의미를 지니고 있다. 문언이라고 해서 결코 '고문'이라고 할 수 있는 건 아니며, 동시에 모종의 조건하에서 고문은 반드시 백화문과 대립하는 건 아니다.("린수의 번역", 『칠철집』, 93-94쪽)

상기 인용문은 옌푸(嚴復, 1854~1921)와 함께 중국 근대의 저명한 문장가이자 고문가, 번역가로 명성을 떨친 린수의 번역에 대해 논한 글의 일부분이다. 린수는 본래 청대(淸代) 동성파(桐城派)의 고문이론을 중시하여 백화문 운동에 반대하였던 수구세력 중의 한 사람이었으며, 만년에 옌푸를 통해 서양문학을 접하게 된 후『춘희(椿姬)』,『돈키호테』등의 고전을 번역하였다. 천중수는 린수의 번역을 통해 문학번역의 특징과 번역 과정에서 발생하는 여러 문제들에 대해 고찰하고 있는데, 특히 문학 창작에 재능이 있는 번역가들이 문학 번역을 시도할 때 원문을 오역하는 경우가 생긴다고 지적하였다. 일반적으로 외국어에 능통한 전문 번역가들조차도 번역 과정에서의 오류를 면할 수 없는데 외국어를 전혀 모르는 상태에서 주변사람들의 구술을 통해 원서의 내용을 들은 후 이를 난해한 고문으로 번역한 린수의 번역서에는 분명히 문제가 있기 마련이다. 린수 자신에게 있어서 번역은 어쩌면 '동성파 고문이론(桐城古文義法)'의 계승이자 그의 본업이었던 일종의 '문장' 짓기였는지도 모른다. 그럼에도 불구하고 이 글에서 첸중수는 대체적으로 린수의 번역을 긍정적으로 바라보고 있다. 비록 린수의 번역에 적지 않은 오역을 발견했음에도 불구하고 첸중수는 그의 번역에서 '가능성'과 '창조성'을 발견하였다. 전자, 즉 '가능성'은 린수가 고문의 문체적 특징을 십분 활용하여 원문과 번역문 사이의 간극을 줄이고 원문을 적절히 윤색했던 점을 일컬으며, 후자, 즉 '창조성'이라 함은 번역자의 객체로서의 피동적 태도가 아닌 주체로서의 능동적 태도를 일컫는다.

첸중수는 거시적 안목으로 번역과 관련된 일련의 현상과 본질을 바라보고자 했다. 첸중수는 린수의 고문 번역서를 통해 신구의 양자택일적 상황과 문제를 변증법적으로 귀결시켜 문언과 백화의 문제를 분석, 양자의 접점을 모색하고 문언의 고유성과 그것의 가치를 평가하고 있다. 이는 표면적으로 첸중수의 학술저서에서 보이는 '반문반백'의 글쓰기 특징과 연결되며 내면적으로는 문언과 백화의 언어현상을 바라보는 그의 사유체계와도 연결되는바, 그것의 궁극적 목적은 다름 아닌 전통 학문과의 원활한 소통을 위해서였다. 여기서 우리는 첸중수가 제시한 문언의 '특성'에 주목해야 하는데 구체적 내용은 다음과 같다.

> 백화문의 유행은 무의식적으로 문언문의 탄력성(elasticity)을 적지 않게 증진시켰다. 최근에 성행하고 있는 백화 소품문은 진(晋)과 송(宋)에서 취하여 명(明)의 간담체(懇談體, familiar style)를 모범으로 삼고 있으며 최대한 문언을 사용하였다. 이러한 점은 문언과 백화가 반드시 이분법적으로 나누어지는 게 아니라 서로 어울릴 수 있음을 증명하고 있는 것이다. 우리들이 이를 직접 접할 수 있다면 얼마나 좋겠는가!("장샤오펑 군에게 쓰는 편지", 『국풍반월간』 제5권 제1기, 1934년 7월)

> 한 시대의 기풍(氣風)이 오랜 시간을 경과해도 지속할 수 있고 근본적인 변동이 없다면 그것은 전통이다. 전통에는 타성(惰性)이 있어서 변하려고 하지 않지만 사물의 진화는 또 그것을 촉구하여 變을 가지고 變에 응하게 하기 때문에 하나의 상반(相反)·상성(相成)하는 현상이 나타나게 된다. 전통은 변하려고 하지 않기 때문에 타성은 습관이 되고 습관은 규율로 승화되어 흔한 것을 당연과 필연으로 만든다. 전통은 변하지 않을 수 없기 때문에 규율·습관은 끊임없이 기회를 노려 예를 깨뜨리며 실제로는 갖가지의 타협을 하여 演變하는 사물에 영합한다. 비평사(批評史)상 이러한 임기응변의 현상을 어떤 사람은 "문예 속의 양면파·가짜 정통(ipocrisia letteraria)"이라고 비웃었지만 전통은 결코 판에 박힌 것이 아니라 상당히 영활(靈活)한 기회주의를 갖추고 있음을 나타낸다. 그것은 한편으로는 규율을 엄격하게 정하여 새로운 기풍의 발생을 억제하지만 다른 한편으로는 규율을 너그럽게 해석하여 새로운 기풍을 수용하여 대항으로 말미암아 지위가 동요되

는 것을 면할 수 있다. 그것은 또한 자못 외교적인 달인의 "탄력성이 풍부한 완고함(elastic or flexible rigidity)"의 맛을 가지고 있다. 전통은 유구할수록 타협이 더욱 많고 더욱 변하려고 하지 않으며 변할 필요도 더욱 절박해진다. 그래서 더 이상 완벽함을 추구할 수 없게 되고 옛 전통과 새로운 기풍은 파탄을 일으키지만 그것에 의하여 파괴되지는 않는다. 새로운 기풍이 대신하여 일어나는데도 역시 항상 상반상성(相反相成)하는 표현이 있다. 그것은 한편으로 자신은 참신한 것이어서 서로 용납되지 않는 원래 있었던 전통과 다르다는 것을 내세우지만 다른 한편으로는 자신은 크게 내력이 있고 경시할 수 없으며 고대에서 하나의 전통을 찾아 연원이 나온 것으로 삼는 것이다.("중국의 시와 중국의 그림", 『칠철집』, 2쪽)[11]

상기 인용문의 핵심은 다름 아닌 문언의 '탄력성'이다. 여기서 말하는 탄력성이라 함은 변화에 적응할 수 있는 성질 혹은 '변통성'을 의미한다. 첸중수는 전통의 역사적 타성(惰性)과 새로운 기풍(氣風)은 비록 '상반(相反)'되지만 '상성(相成)'을 통해 끊임없이 변화하고 발전할 수 있다는 광범위한 논리에서 출발하여 명대 소품문이 지닌 반문반백의 문체적 특성으로 거슬러 올라가 문언과 백화의 접점, 즉 본질적 측면에서 '언문'이 '일치'할 수 있다는 점을 방증하고 있다.

전통 가학의 교육과 서양의 학풍(academism)을 모두 경험했던 첸중수에게 있어 소위 학문 간의 '경계'를 허무는 일은 그의 학문 활동의 궁극적인 목표였고 지식인으로서 실천해야 했던 일종의 사명이었는지도 모른다. 이를 위해서 우선적으로 해결해야 했던 과제 중의

11) 해당 원문의 번역문은 李鴻鎭 譯, 『宋詩選註』(소명출판, 2010), 490-491쪽을 참고하였다.

하나가 바로 문체의 문제였다. 왜냐하면 문체는 비단 글의 스타일과 필치(筆致)를 의미하는 표면적 측면 이외에도 문인과 학자들의 내적인 사상, 감정 및 사고방식을 의미하기 때문이다. 첸중수는 중국 전통 산문 문체에 내재된 문언적 전통과 구어적 요소의 상호성을 통해 중국의 문언과 백화의 관계를 '변증적'으로 사유하여 당시 불완전했던 언문일치의 문화적 현상이 남긴 간극을 메우고자 했다. 이는 첸중수의 글쓰기 방식에 공통적으로 적용되어 그의 학문 여정에 정점을 찍은 『담예록』, 『관추편』의 완성으로 이어질 수 있었던 기반이 되었음과 동시에, 우리에게 순수 학문을 통한 소통과 통합의 무한한 가능성을 유감없이 보여주었다.

3. 나오며

이 글은 첸중수의 문언 글쓰기에 반영된 문체의식을 주요 논의 대상으로 삼아 '소통'과 '통합'의 의의를 고찰하였다. 격변의 시대에서도 첸중수는 올곧이 학문의 길을 걸었으며 동서와 고금을 아우르는 인문 고전과 학문을 폭넓게 재조명하여 자신만의 독자적인 학문세계를 이루어냈다.

상술한 내용을 통해 우리는 문언으로 작성된 첸중수의 글 및 문체의식이 일정한 '연속성'을 지니고 있음을 확인할 수 있었다. 첸중수는 동서고금의 경전을 학문의 대상으로 설정하고 문언의 '탄력성'을 자신의 글쓰기에 활용하여 중국의 전통 학문과 유기적으로 '소통'하고자 했다. 또한 그는 중국 고유의 학술전통을 둘러싼 각종 명제들과 기존의 문예 비평사에서 제기되었던 문제들을 '해명'(對文藝批評史所提出過的一個問題的'澄清')하고 '상반상성(相反相成)'이라는 통합적 사유를 통해 서로 다른 학문 간의 장벽을 초월하고자 했다.

이는 첸중수가 일생 동안 추구했던 학문 방법과 학문 방향이었음을 의미하는바, 첸중수에게 있어 문언은 버려야 할 대상이 아니라 '계승'의 가치와 '발전'의 여지를 지닌 대상이었다. 왜냐하면 문언은 첸중수 자신의 박학다식했던 학문적 '역량', '소양' 및 '취미'를 드러낼 수 있었던 중요한 표현 수단이었고 예리했던 그의 문체적 감각과 폭넓은 사유를 이어주며 시공간을 초월한 학문의 세계와 소통할 수 있게 한 일종의 '매개체(載體)'였기 때문이다.

참고문헌

1차 자료

錢鍾書, “與張君曉峰書”, 『國風半月刊』, 第五卷第一期, 1934.7.

錢鍾書, “中國固有文學批評的一個特點”, 『文學雜誌』, 第一卷第四期, 1937.8.

錢鍾書, “談中國詩”, 『大公報』, 1945.12.

錢鍾書著, 『管錐編』, 中華書局, 1979.

錢鍾書著, 『談藝錄』(補訂本), 中華書局, 1984.

錢鍾書著, 『七綴集』(修訂本), 上海古籍出版社, 1994.

錢鍾書著, 『槐聚詩存』, 三聯書店, 1995.

錢鍾書著, 『錢鍾書集』, 三聯書店, 2002.

錢鍾書著, 李鴻鎭譯,『宋詩選註』, 소명출판, 2010.

傅斯年, “文言合一草議”, 『新青年』, 第4卷第2號, 1918.

魯迅著, 『魯迅全集』(九), 人民文學出版社, 2005.

王國維著, 『靜庵文集』, 遼寧教育出版社, 1997.

王國維著, 『王國維文集』, 線裝書局, 2009.

周作人著, 『中國新文學的源流』, 人文書店, 1934.

2차 자료

舒展著, 『有戲沒戲』, 中國華僑出版社, 1995.

增田涉(ますだわたる)著, 鍾敬文譯, 『魯迅的印象』, 湖南人民出版社, 1980.

中國社會科學院訪美代表團著, 『訪美觀感』, 中國社會科學出版社, 1979.

고려대 중국학연구소 지음, 『중국문학의 즐거움』, 차이나하우스, 2009.

이종민 지음, 『근대 중국의 문학적 사유 읽기』, 소명출판, 2004.

홍석표 지음, 『현대중국, 단절과 연속』, 선학사, 2005.

陳平原, "分裂的趣味與抵抗的立場-魯迅的述學文體及其接受", 『文學評論』第5期, 中國社會科學院文學研究所, 2005.
村田雄二郎(むらたゆうじろう), 류준필 譯, "'文言·白話'를 넘어서-근대 중국에서 '국어' 문제", 『중국현대문학』 제36호, 한국중국현대문학학회, 2006.
李鴻鎭, "『談藝錄』飜譯(4)", 『중국어문학』 제19집, 영남중국어문학회, 1991.
鄭晉培, "백화문 운동과 주체의 문제: '우리'는 누구인가?", 『중국어문학논집』 제12호, 중국어문학연구회, 1999.
韓知延, "錢鍾書: '文'與'學'之間(1929-1949)", 北京大學 博士學位論文, 2013.
韓知延, "錢鍾書의 비평적 글쓰기와 『管錐編』 연구를 위한 小考", 『중국현대문학』 제67호, 한국중국현대문학학회, 2013.

2부

중국의 뉴 트렌드

5장

중국TV에서 드러나는 중국 신세대 의식구조와 소통문제[1)]

이강인

1. 중국 신세대에 대한 정의

중국이 WTO 가입 이후 급속도로 경제가 발전하여 지금은 G2라는 명칭으로 불릴 만큼 세계경제의 중요한 하나의 축을 이루고 있다. 과거 중국의 경제를 보면 60년대와 70년대에는 신중국 건국과 그에 따른 부작용, 그리고 급격한 정치적 혼란을 겪으며 경제부흥과는 상당히 괴리되는 형국을 맞았다. 그러나 덩샤오핑의 남순강화 이후로 중국의 경제는 새로운 국면을 맞이하였다. 이른바 선부론으로 불리는 중국 동남부 연안 중심의 선 경제정책이 제시되면서 서방의 선진자본과 선진 기술을 받아들였고 이에 호응하듯이 서방국가들은 그동안 미루어왔던 중국 투자를 새로운 각도에서 진행하였다.

이러한 대내외의 큰 변화 속에 중국에서는 계획생육이라는 인구정책을 실시하면서 인구증가억제 정책을 실시하였다. 한마디로 한 가정

1) 본 글은 『동북아문화연구』 제41집에 게재된 글을 수정·보완하에 쓴 것이다.

에 한 자녀만 갖게 하는 전대미문의 인구조절 정책이다. 이러한 정책의 실시하에 태어나게 된 아이들이 바로 바링허우(80후) 세대들이다. 이들은 중국의 역사에 새로운 의미를 지니는 세대들로 평가받으며 깊은 관심을 받게 되었다. 그리고 20년 후 중국의 경제성장과 함께 그들은 곧 중국경제의 핵심적 위치를 차지하면서 미래의 중국을 책임지고 나아갈 중요한 세대로 자리매김을 하고 있다.

또한 이들 이후의 다른 세대 즉, 지우링허우(90후) 세대로 불리는 세대가 등장하였다. 이들은 이제 더 이상 가난한 과거 중국의 자녀들이 아니라 세계 경제를 움직이는 경제국가의 혜택을 받고 자라나는 세대로 평가받으며 세계의 기업들은 이들의 새로운 시장을 공략하기 위해 집중하고 있다. 90후 세대는 80후 세대와는 또 다른 가치관을 지니고 있기에 그들의 의식구조와 라이프 스타일에 따라 세계적 기업들의 판매 전략이나 시장의 흐름은 변하게 될 것이다. 이러한 독특한 두 세대를 탄생시킨 중국에서는 그들에 대한 판매전략, 다시 말해서 경제적 시각으로 이들에게 접근하는 경향을 보이고 있으며, 이 두 세대에 대한 경제적 정책들이 지속적으로 제시되고 있다.

현재 중국에서는 경제가 발전하면서 주택문제가 끊임없이 생기고 있고, 교통수단의 업그레이드로 인하여 다수의 사람들에게 자동차 구매에 대한 욕구가 생기고 있으며, 이에 따라 임금에 대한 욕구가 강하여 임금상승의 문제가 큰 문제가 되고 있다. 또한 급격한 사회적 불균등에 따른 여러 가지 문제가 발생하는데, 특히 교육에 대한 문제는 심각한 문제로 대두되고 있다. 이렇게 과거에는 크게 문제시되지 않았던 문제들이 이제는 심각한 문제로 대두되고 있으며, 각 계층에 따른 반응 역시 다르게 나타나고 있다. 중국의 경제구조는 계획경제시스템으로 인하여 국가의 통제를 받으며 성장하는 특징을 지니고 있는데, 경제 발전에 따른 고른 분배가 이루어지지 않아 사회적으로 많은 문제들이 발생하고 있는 것 또한 사실이다.

대중들의 의식상태는 대중문화를 보면 알 수가 있다. 특히 TV드라마는 대중의 삶과 의식을 반영하는 하나의 거울 역할을 한다. 드라마의 종류는 다양하지만 특히 일반 서민들은 자신들과 직접적 관계가 있는 드라마에 열중하는 경향을 보인다.

최근에는 중국에서도 중국 내에서 제작된 드라마들이 많은 호응을 얻고 있다. 과거에는 많은 콘텐츠를 외국에서 들여와 방영하는 경향을 보였지만, 최근 들어 자체적으로 해결하려는 경향이 많아지고 있다. 대중적 인기를 끌고 있는 드라마는 그 시대와 그 국가를 이해할 수 있는 지표이기에 대중매체를 통하여 중국을 바라보는 것 역시 하나의 의미적 작용을 한다고 볼 수 있다. 따라서 여기에서 먼저 중국에서 호칭되고 있는 바링허우 세대와 지우링허우 세대의 특징들을 경제적인 측면에서 살펴보고 그들에 대한 정의를 바탕으로 하여 드라마에서는 어떻게 나타나고 있는지를 살펴보면서 현재 중국의 신세대들은 어떠한 의식을 가지고 살아가며 어떠한 고민을 하고, 또한 어떻게 그들의 고민들을 해소해야 하는가를 살펴보고자 한다.

1) 바링허우 세대

1980년대 이후 태어난 이른바 바링허우 세대는 2014년 현재 중국 사회의 중심축을 형성하면서 소비를 이끌어가는 중요한 세대이다. 이들은 중국의 과거와는 다른 성장배경으로 중국의 기성세대와 사뭇 다른 가치관을 가지고 있으며, 중국 소비시장의 핵심세력으로 중국의 소비문화를 선도하고 있다.

그러면 왜 중국에서는 과거와 달리 특별히 바링허우 세대라는 명칭을 갖게 되었는가. 이들은 중국의 과거와는 완전히 다른 매우 독특한 특징을 지닌 세대로서 구분짓기를 하지 않으면 안 되는 독특한 특징을 지니고 있기 때문이다. 특히 경제적 측면에서 보면 이를 더욱 명확하게 이해할 수 있다. 바링허우 세대는 중국의 1970년대 말부터 시작된 개혁개방, 그리고 1가구 1자녀라는 독특한 산아제한 정책 실시로 1980년대(1980~1989년)에 태어난 세대를 지칭한다. 그리고 대부분 독자독녀로 '소황제(小皇帝)', '소공주(小公主)'로 불리는 세대를 말한다.

이들은 과거 자신의 부모들이 한참 경제활동을 하는 시기에 태어났으며 계획생육이라는 독특한 정책으로 인하여 경제적으로 혜택을 보면서도 혈육적으로도 피해를 본 세대들이기에 더욱 이들에 대한 관심이 많았다. 이들은 1990년대 중국의 급속한 경제 성장시기에 민감한 청소년기를 경험하고 세계화와 인터넷 문화로 10대와 20대를 보내면서 중국 사회의 주류로 성장하였다. 또한 형제가 없이 성장하였기에 물질에 대한 풍부한 혜택을 동시에 누렸다. 이들은 자신이 원하면 무엇이든지 부모와 조부모들에 의해 다 얻을 수 있는 세대들로 성장하였다. 일반적으로 통계에 따르면 현재 바링허우 세대는 약 2억 명 정도로, 개성이 강하고 소비 욕구가 강한 세대를 이루고 있다. 그리고 이들은 중국의 경제 성장을 이끌고 있으며 향후 지속적으로 중국의 실재적 소비를 주도할 세대로서 현재에도 여전히 많은 주목을 받고 있다.

이제 이들은 결혼 적령기를 지나 결혼 만혼기나 결혼한 후 자신의 아이들이 있는 세대가 되었다. 이들은 현재 집, 자동차, 아이들, 그리고 노인들을 부양해야 할 소비와 부양의 주체로 변하였다. 이러한 바링허우 세대들을 일컬어 팡누, 처누, 하이누 등으로 부르고 있다.

팡누(房奴)는 일반적으로 '집의 노예'라는 의미이다. 중국의 부동산 경제는 중국정부의 과열 억제 노력에도 지속적으로 올라가고 있다. 결혼 적령기와 자녀 교육에 직면하고 있는 이들은 가격이 높아진 아파트를 구매하기 위해 금융기관의 주택담보 대출을 통해 주택을 구매하고 있다. 그리고 이들은 20~30년에 이르는 오랜 기간 동안 금융기관의 주택 대출금을 갚으며 살아갈 수밖에 없는 처지에 놓여 있다.

하이누(孩奴)는 '아이들의 노예'라는 의미이다. 이제 결혼 및 출산을 맞거나 아이를 학교에 보내기 시작한 바링허우 세대 부모들에게 아이들의 양육비와 교육비는 자신들의 수입에 비해 경제적 부담을 안겨주고 있다. DINK(Double Income No Kids)족들도 늘어나는 추세다. 출산부터 학교를 마칠 때까지 모든 비용이 너무 많이 들기에 이러한 경제적 부담으로 인해 출산을 포기하고 무자녀로 살아가는 젊은 부부들을 지칭하는 말이다.

처누(車奴)는 '자동차의 노예'라는 의미이다. 세계 최대 자동차 소비국 중 하나인 중국의 소비자들이 대출을 통해 자동차를 구매하는 비중은 약 25% 정도로 점차 증가하는 추세이다. 소비에서 과감성을 보이는 바링허우 세대들은 생활의 질을 높이기 위해 대출을 통해 자동차를 구매하는 사례가 점차 늘고 있다. 하지만 자동차 구매 후 유지비용(주유비, 주차비, 세차비, 수리비 등) 증가로 인해 생활은 더욱 힘들어진다. 이들은 이처럼 자동차 대출금을 상환해가며 힘들게 생활을 하고 있는 실정이다.

그러나 바링허우 세대는 현재 30대로 접어들면서 결혼과 출산의 과정을 한참 거치는 세대로, 중국 소비시장을 담당하고 있는 실제소비 계층이다. 이들은 한때 청소년기를 현재 지향적, 실험적 소비 등으로 과도기적 소비 성향을 보였지만 이제는 보다 현실적이고 가치를 추구하는 성숙한 소비 형태를 보이고 있다. 앞으로 바링허우 세대들의 경제활동과 소비 경향에 따라 중국의 경제 상황 역시 여러 형태를 보일 것이다.

2) 지우링허우 세대

중국의 지우링허우 세대(1990~1999년 출생자) 수는 약 1억 4000만 명으로 전국 인구의 11.7% 정도이다. 특히 2012년 여름 1990년생 대학졸업자들이 사회에 진출하면서 앞으로 90후 세대의 본격적인 사회진출이 시작될 것이며, 이들 역시 바링허우 세대와 마찬가지로 중국의 경제와 소비를 담당하는 새로운 세대와 계층을 형성해나갈 것이다.

지우링허우 세대는 중국 경제가 급속하게 발전했던 1990년대에 출생한 이들로, 대부분 독생자녀들이지만 일부는 형제를 지니고 성장했으며, 어려움과 가난한 생활을 겪어본 적이 별로 없는 세대이다. 이들은 개인의식과 자아의식이 강해 자신의 이익을 최대화하려는 경향을 보이며 최신 유행에 매우 민감하다. 여느 선진 국가와 다름없이 '스마트폰 세대'로서 최신 기술을 활용해 인터넷 정보를 활용하는 중국 최대 네티즌 세대이다. 이들은 발전된 인터넷망을 이용한 3G와 4G 등의 광대역 서비스를 통하여 자신들이 원하는 문화와 물품을 언제든지 구매할 수 있는 여력을 지닌 세대이다.

또한 지우링허우 세대는 자기중심적이고 온라인 관계를 중시하며 현재 지향적이다. 인터넷 게시판, 온라인 채팅(QQ), SNS 등의 교류와 블로그 등을 통해 자신의 주장과 경험을 적극적으로 표현하고 공유하는 세대이다.

최근 들어 중국에 인터넷이 빠르게 보급되면서 지우링허우 세대는 인터넷에 대해 강한 의존도를 보이고 있다. 이들은 소비에 있어서도 인터넷의 정보가 큰 영향을 끼치고 있다. 타오바오(淘寶)라는 사이트는 모든 신세대들이 사용하는 쇼핑몰로 인기를 끌고 있다. 한국의 인기배우 이민호도 최근 2014년 타오바오의 광고를 찍어 대중매체에서 방영되고 있다.

중국 인터넷정보센터(CNNIC) 조사에 따르면 2010년 중국 인터넷 구매 규모가 4900억 위안에 달했으며, 그중 18~24세 사용자가 34%를 차지하고 있다고 한다. 이처럼 지우링허우 세대는 인터넷 소비시장의 중요한 소비자라고 볼 수 있으며, 인터넷 사용율도 중국 평균 37%의 두 배인 70%를 차지하면서 정보력이 높고 글로벌 트렌드에 민감하게 반응하고 있다. 이들은 새로운 것과 유행을 추구하고 특이한 것에도 관심을 가지고 있다. 이들은 소비 지향적이며, 하이엔드 제품의 소비에 크게 구애를 받지 않는 세대들이다. 이들의 소비개념은 그들만의 유행과 개성을 따르는 데 주저함이 없는 특징을 보여주고 있다.

90년대 세대의 특징 중 하나가 고위공무원 자녀와 재벌 자녀에 대한 관심, 그리고 이에 반하는 상대적 박탈감을 지니고 있다는 점이다. 고위 공무원 자녀(官二代), 재벌 자녀(富二代) 등이 지우링허우 세대에 상당수 포함되어 있어 이들의 과시 경향이 지우링허우 세대 전체로 확대되면서 큰 영향을 끼쳤다.

지우링허우 세대는 바링허우 세대와 달리 한 자녀정책과는 다른 혜택을 보고 있는 세대이다. 중국은 한 자녀 정책에서 한 발 물러나 부모가 둘 다 한 자녀이면 2명의 자녀를 둘 수 있게 하였다. 이에 그들의 경제적 여건이 허락하는 한 최소 2명의 자녀는 둘 수 있었기에 90년대 세대들은 형제지간의 혈육관계를 형성하면서 자란 세대들이다. 따라서 그들의 사고는 바링허우 세대와는 또 다른 경향을 보인다. 동생들과의 관계 속에서 성장하여 남에 대한 배려를 익히고, 어느 정도는 독선적인 성격의 소유자들이 아니라 남과 함께할 줄 아는 세대로 성장하였다.

지우링허우 세대의 가족관계를 보면 대부분이 4인 가족이 한 가정을 이루고 있는 경우가 많다. 그들은 남동생, 여동생의 개념이 확실히 존재하는 세대들이기에 미래의 중국은 현재와는 또 다른 시대를 형성하게 될 것이다. 이러한 지우링허우 세대는 중국만의 독특한 시대적 특징을 이루었던 과거 바링허우 세대와는 달리 현대 문명의 혜택을 동시대적으로 함께 누리는 세대들로, 중국만의 특징을 지우기에는 어느 정도 한계지점에 놓여 있는 세대라고 볼 수 있다.

2. TV드라마에서 나타나는 중국 신세대들의 의식구조

TV드라마는 현재를 살아가는 모습을 잘 담아낸다고 할 수 있다. 이에 TV드라마와 영화에 대한 분석은 그 시대 사람들의 삶을 이해하는 방법 중의 하나이기도 하다. TV드라마들 속에 내재된 중국인들의 일상을 분석하고 그 속에서 어떻게 그들의 삶들이 재현되는지를 살펴보는 것도 하나의 의미 있는 작업일 것이다.

중국에서 드라마는 정치문화의 일부로서 출발했지만 대중문화에 대한 국가의 정치적 통제가 약화되면서 중국 드라마의 규모는 급격하게 성장하였다. 그러나 이러한 중국 드라마의 성장에도 불구하고 서민들의 일상을 반영하는 작품은 쉽게 찾아볼 수 없었다. 일상을 반영한다는 것은 일반 서민들의 삶과 직접적으로 연관되는 주제를 다루는 것을 의미하지만, 1980년대 이후 드라마에서 주로 문혁에 대한 반사와 개혁개방에 대한 선전과 경제적 발전모델에 대한 제시 등이 주를 이루었다. 이러한 소재들은 중국 서민들의 삶의 공간인 일상과는 거리가 있는 것들이었다.

그러나 중국의 경제적 발전에 힘입어 중국의 드라마 수준도 많이 향상되었다. 그리고 일반 중국 서민들의 관심사도 다양화되었다. 중국인들 역시 대중매체를 통하여 많은 정보를 얻으려고 하였으며 문화적 수준도 이에 맞게 성장하였다. 중국에서도 이러한 일반 서민들의 욕구에 맞게 다양한 드라마를 제작하였다. 일반적인 정치 드라마에 현실을 반영하는 드라마들도 제작되었다. 이에 자연스럽게 드라마의 주제와 소재들도 현실 문제를 직접적으로 다루는 수준에 이르렀다. 대체적으로 중국의 드라마는 치솟는 부동산 가격과 빈부격차에 따른 여러 문제, 예를 들면, 불륜 문제, 사회계급 문제, 사회부패 문제, 그리고 취업 문제 등 모두 현재를 살아가고 있는 중국인들이 실제적으로 당면하게 되는 문제를 많이 다루었다. 최근 들어 일반 서민들의 삶을 비교적 사실적으로 반영했다고 평가받는 〈달팽이 집(蝸居)〉(2009)과 〈베이징 러브 스토리(北京愛情故事)〉(2012), 그리고 〈우리 결혼해요(咱們結婚吧)〉(2013)라는 작품에는 중국인들의 일상이 잘 묘사되고 있다. 이 세 작품은 2008년 베이징 올림픽 이후 중국 경제가 더욱 가파르게 상승하는 시점에 근 5년이라는 시간의 흐름의 연속선상에서 나타나는 중국인들의 삶의 변화를 볼 수 있기에 더욱 의미가 있다. 이 작품들을 분석대상으로 선정한 것은 이 드라마가 일반 서민들의 일상으로 들어가는 전환기적인 작품이기 때문이고, 일반 서민들의 치열한 일상 속에 작가가 다양한 삶을 상정해 놓았기 때문이다. 따라서 우리는 이들 작품 속에 내재된 중국인들의 일상을 이해하면서 그들의 의식세계, 특히 신세대들의 의식구조를 이해할 수 있다.

드라마 〈달팽이집〉과 〈베이징 러브 스토리〉는 치열한 삶을 살아가는 일반 중국인들의 삶과 일상의 주제들을 잘 반영하고 있다. 작품 속에서 다루어지고 있는 치솟는 부동산 가격과 빈부격차의 문제, 불륜 문제, 사회부패의 문제, 대학생 취업난 등은 모두 오늘날 중국이 실제로 당면하고 있는 문제들이다. 그리고 〈우리 결혼해요〉는 코믹 드라마로서, 시대적 아픔을 가볍게 터치하며 나름 신선함과 발랄한 재치로 중국이 당면하고 있는 문제들을 재미있게 풀어내고 있다.

〈달팽이 집〉의 주인공은 하이핑이다. 그녀는 주체성이 있어 뚜렷하

게 자신이 추구하는 바를 가지고 살아가고 있으며, 지성과 인성을 갖추고 있다. 그러나 동생 하이자오는 순수하고 착했지만 권력과 돈에 완전히 자아를 잃어버린 채 꿈꾸는 삶을 살아가고 있다. 이들을 현재 바링허우 세대의 자화상으로 보면 된다. 그들이 직면하는 모든 문제는 현재 바링허우 세대들이 겪고 있는 모든 문제의 근본과 키를 지니고 있으며, 그들은 이를 풀어가는 과정을 적나라하게 보여주고 있다. 그리고 쑹쓰밍은 권력의 자리에서 자신의 삶을 바로 인식하지 못하고 정경관계의 연결고리에서 결코 자유롭지 못한 인물의 모습과 여기에서 파생되는 불륜으로 인한 가정의 붕괴를 보여고 있다. 그 역시 바링허우 세대와 지우링허우 세대의 중간 지역에 존재하는 치링허우(70후) 세대의 모습을 보여주고 있다.

〈베이징 러브 스토리〉는 펑즈, 샤오멍, 우디 세 대학동기의 베이징 정착과정을 그리고 있는 드라마로, 사랑이라는 주제를 가지고 젊은 청춘들의 아픔을 고스란히 표현한다. 이 역시 바링허우 세대의 자화상이며 지우링허우 세대들이 사회에 갓 발을 내딛는 모습들이다. 비록 세 명은 대학 동기이지만 각각의 개성과 신분의 차이, 애정 등으로 인하여 갈등을 겪게 되고, 결국 서로의 우정과

사랑은 파괴되어버린다. 이들은 서로 다른 신분으로 베이징이라는 대도시에 뿌리 내리기 위해 애쓰지만 결국에는 실패하고 마는 비정한 베이징의 모습을 보여주고 있다.

〈우리 결혼해요〉는 구오란과 양타오라는 노총각 노처녀의 결혼 이야기를 중심으로 코믹하게 드라마가 전개된다. 그러나 극의 내용 전개는 전체적으로 코믹하지만 그 속에 숨겨진 내용에는 현재 중국이 당면하고 있는 실재적 문제인, 호구문제, 결혼문제, 세대 간 갈등, 취업문제, 주택문제 등이 고스란히 담겨 있다.

따라서 이 세 드라마는 현재 중국이 직면하고 있는 문제 중 가장 심각한 문제인 주택문제와 인구문제, 취업문제 등을 다루면서 동시에 중국 신세대들이 살아가면서 겪게 되는 실재적인 문제들을 심도 있게 그리고 위트 있게 다루면서 그들의 내면세계를 보여주고 있다. 그리고 이 세 드라마를 통하여 우리는 현재의 중국의 신세대들의 의식구조를 파악할 수 있다.

지금 세계는 이데올로기보다는 경제를 우선으로 하는 신경제주의가 대세를 이루고 있다. 과거 냉전시기에는 이념이 경제를 압도하였지만 1972년 닉슨 대통령이 미국을 방문하면서부터 실재적으로 이념의 장벽이 무너졌다. 이후 1980년대를 거치면서 아시아 국가 특히 한국, 대만, 홍콩, 싱가포르 등의 경제가 활성화되고 이에 중국 대륙 역시 세계 경제의 한 블록으로서 출발하게 되었다. 이러한 시기를 거쳐, 현재 미국의 경제는 2008년 금융위기 이후 이렇다 할 경제 활성화를 찾지 못하고 있는 상황에 실업률은 점차 증가하고 있다. 이에 미국은 셋 중 한 사람이 빈곤층으로 전락할 정도로 양극화가 심하다. 최장기

경제침체로 일류대학을 나와도 직장은 구하기 어렵다. 미래가 불투명한 젊은이들은 현실에서 불가능한 욕망을 로맨스 판타지로 해소하려고 한다. 소설은 어김없이 영화화된다. 이러한 경제적 스트레스로 인해 자신이 갖지 못한 것을 대신 만족시켜주는 소설이 각광받고 있는 현상을 보인다. 바로 할리퀸 소설이다.

이런 소설에는 대부분 여주인공이 등장한다. 가난하고, 키가 작고, 용기가 부족하고, 힘이 없고, 무엇보다 나이가 어린 여주인공이 온갖 난관을 극복하고 최종적으로 사랑을 쟁취하는 것이 할리퀸 로맨스 소설의 특징이다. 할리퀸 소설은 멜로 드라마 형식을 취하고 있으며 미국에서 1970년대를 거치면서 지금까지 지속적으로 인기를 끌고 있다. 주로 미국 할리퀸 출판사가 출판하고 있는 로맨스 소설과 만화이다. 분량은 그리 많지 않으면서도 잘생기고 능력 있으며 안정적이면서도 성격은 어느 정도 괴팍한 성격의 남자 주인공을 선호한다. 좋은 직업과 권력, 또는 돈을 많이 가진 인물들이다. 이와는 반대로 나약하면서도 사랑을 해주고 싶을 정도의 어리고 여린 사람이 여자주인공들로 많이 선택된다. 〈프리티 우먼〉 정도의 영화로 보면 된다.

최근 한국에서 유행한 〈상속자들〉(2013)도 대표적인 드라마이다. 이 드라마는 한국뿐만 아니라 아시아 전체를 휩쓸고 있다. 역시 할리퀸 멜로 드라마의 특징을 고루 갖추고 있어 많은 시청자 특히 여성들의 전폭적인 지지를 받고 있다. 최근에 이슈화되고 있는 〈별에서 온 그대〉(2014) 역시 초능력을 지닌 남자 주인공이 어려움을 지니고 있는 여주인공에게 늘 도움의 손길을 펼쳐 그녀와 사랑을 이루는 로맨스 드라마다. 이 드라마 역시 최근 한국과 중국, 동남아시아를 강타하고 있다. 이 드라마의 관객들 또한 대부분이 여학생, 여성 직장인들로 이루어져 있다. 이는 현실 세계에서 벗어나고자 하는 자신의 욕망을 할리퀸이라는 대체물에 투영시켜 현실을 극복하고자 하는 대리만족의 한 형태이다.

최근에 들어 경제가 매우 어렵게 돌아가고 직장에서 받는 많은 스트레스, 사회적으로 빈번히 일어나는 성폭력 등 다양한 불안 요소로 인하여 극심한 스트레스가 누적되면서 자신의 처지에 대한 욕구불만을 이러한 로맨스 드라마로 해소하고자 하는 경향이 늘어나고 있다. 한국뿐만 아니라 특히 중국에서도 이러한 현상은 매우 극명하게 일어나고 있다. 중국은 2008년 세계 금융위기 이후 경제가 장기적 침체기에 들어 사회 전반적으로 과거의 급성장에 따른 여러 가지 혜택이 점점 사라지고 있는 실정이다. 이러한 경제의 침체는 사회 전반적으로 확대되어 대학생들의 취업난 역시 점점 더 심각해지고 경쟁 또한 치열해지고 있다. 이전에 중국에서는 미국으로 유학을 가서 그곳에서 졸업을 한 후 귀국한 유학생들을 해귀파(海歸派)라고 불렀다. 이들은 미국에서보다는 자신의 조국에서 후한 대접을 받으며 정부의 많은 창업지원 혜택과 외국기업에 대한 취업보장이 확실하여 쉽게 직장을 얻을 수 있었고 다른 국내파 학생들과 달리 높은 임금을 보장받을 수 있었다. 그러나 현재의 상황은 이전과는 확연히 다르다. 해귀파라고 이전의 높은 임금을 보장받을 수 없는 상황이 되어버렸다. 그들 역시 많은 해귀파 또는 국내의 우수한 인재들과의 무한 경쟁에서 살아나야 하기에 과거와 같은 영광은 더 이상 존재하지 않는다. 수많은 경비와 시간을 들여 해외유학을 마치고 조국으로 돌아왔지만 그들을 반기고 있는 것은 무한 경쟁 그 자체이다. 그들 역시 거의 동등한 임금을 받는다. 대졸평균월급인 인민폐 2000~3000위안 정도 수준에 이르는 경우가 보편화되고 있다.

이러한 실정에서 보면 중국에서 치링허우 세대, 바링허우 세대, 지우링허우 세대들의 세대 간 의식 차이는 분명하다. 70년대는 과거 자신의 부모들이 가난하고 어렵게 살아왔던 기억 속에서 헤어나지 못하고 근검절약으로 삶을 유지하면서 자신들이 받지 못했던 경제적 혜택을 자식들에게 고스란히 전해주려는 욕망을 지니고 있다. 이 치링허우 세대들은 자녀들에게 무한한 애정으로 경제적 풍요를 전달해주고 있다. 바링허우 세대는 80년대 중국의 개혁개방 물결 속에서 태어나 자연스럽게 유아기 때부터 풍부한 경제적 혜택을 누리며 성장했다. 분명 60년대 부모들이 자신의 욕망을 자녀에게 베푸는 것이 그들 성장의 배경이 되었으며 그들의 깊은 의식 속에 내재하는 경향을 보여주었다. 그리고 그들은 계획생육의 직접적 대상이 되어 한 자녀 정책에 대한 직접적 혜택과 불이익을 동시에 지니게 된 세대이다. 혜택이라면 한 가정에 자식이 한 명뿐이라서 그들은 거의 독선적인 성장배경을 갖게 되었다는 점이다. 오죽하면 중국에서도 이들을 소황제, 소공주로 불렀겠는가. 그들은 부모와 친조부모, 외조부모 등의 최대 6명의 사랑을 독차지하면서 성장하였으니 그들의 물적 욕망과 정적 욕망은 무한대였으며, 통제 불가능의 지경에 이르렀다.

이들이 원하는 것이면 주위 사람들은 거의 맹목적으로 사주었으며, 이들은 자신이 원하지 않아도 자연스럽게 획득 가능함을 느끼며 성장하였다. 그리고 이들의 불이익은 친인척관계에서 형제가 없이 자라는 불행을 지니며 성장하였다는 점이다. 이들의 정서는 일반적으로 한국에서 느끼는 정서와는 다를 게 분명하다. 모든 것이 자신들 위주로 이루어지기에 그들의 독선은 형제가 있는 집안 분위기와는 다른 경우가 일반적일 것이다. 이러한 그들의 성장 배경은 지나친 물적 욕망을 자생시켰으며, 그들은 남에 대한 배려가 어느 정도 결여되는 성장과정을 거치면서 자라났다. 따라서 현재의 중국을 리드하고 있는 소비계층으로서의 그들을 이해하는 것은 매우 중요하다.

최근의 지우링허우 세대는 이러한 윗세대와 60년대·70년대의 부모를 지닌 세대들로 바링허우 세대와는 또 다른 형태의 의식 구조를 지니고 있다. 특히 70년대 중국경제 성장의 동력과 주된 소비주체로서의 부모들은 풍부한 경제적 능력과 잘 정비된 사회 인프라로 인하여 문화의식이 과거 어떤 세대보다도 확연히 다른 세대이다. 이들은 중국경제와 함께 성장하였으며 세계문화를 거침없이 받아들인 부모세대들로서, 풍부한 경제적 여력을 가지고 자녀를 양육하였으며 문화적으로도 풍부한 영향력을 끼쳤다. 이러한 부모들의 영향으로 지우링허우 세대는 여느 나라 청소년들과 다를 바 없는 경제적·문화적 혜택을 누리고 있다. 이들은 세계적으로 급속하게 보급되고 있는 온라인 인터넷문화의 직접적 혜택을 누리고 있다. 특히 스마트폰의 보급은 그들을 중국 속의 청소년이 아니라 세계 속의 청소년으로 성장시키고 있다. 동시대의 문화와 물질문명을 실시간 누리고 있어 과거 치링허우 세대, 바링허우 세대 중국 청소년들이 겪어보지 못한 세계문명의 혜택을 동시에 누리고 있다. 이들은 부모세대의 경제적 안정을 바탕으로 거주의 안정, 교통의 안정, 물질의 안정, 교육의 안정을 누리고 있다. 그들은 원하는 것이면 언제든지 얻을 수 있는 중국 경제의 혜택을 보고 있는 것이다.

이들은 특히 스마트폰의 보급으로 인하여 인터넷 쇼핑을 즐기며 각국의 무한한 문화콘텐츠를 실시간으로 접속하여 즐기고 있다. 과거 세대들은 세계의 문화를 텔레비전이나 신문, 잡지 그리고 CD, DVD 등의 대중매체로 접하여 어느 정도 시간차를 두고 즐겼다면, 지우링허우 세대는 이와는 완전히 다른 접속방법, 즉 실시간이라는 모바일시스템을 이용하여 언제든지 자신이 원하는 문화를 접속하여 즐길 수 있다. 이러한 특징들은 중국의 과거 세대와는 확연히 다른 점이면서도 동시에 세계 어느 국가의 청소년과 다르지 않은 특징이다. 그러나 이러한 경제적 풍요와 문화적 혜택은 반대로 상당한 경쟁적 사회로 몰리는 경향을 보인다. 엄청난 문화와 정보로 인하여 무한 경쟁의 세계에 노출되어버린 세대로 치부될 수 있는 것이다.

1) 취업문제

중국경제의 발달로 인하여 1차 산업은 사양 산업이 되어가고 노동집약적 형태는 사람 대신 기계가 대치되는 이른바 선진국형 산업구조로 변화되어가고 있다. 이에 이들은 사회진출에 따른 취업난으로 어려움을 겪고 있기도 하다. 이제 갓 대학을 졸업하거나 대학생들로 이루어져 있는 이들 지우링허우 세대는 중국경제와 불과분의 관계에 놓여 있으며 과거보다 더 힘든 생존의 경쟁에 놓여 있다. 그러나 자신들의 부모와 친인척들이 중국부흥과 함께 성장한 세대이기에 그런 부모경제의 혜택으로 부와 자연스럽게 연결되어갈 것이다.

중국은 이른바 정착문화, 유교문화의 전통적 사회구조를 지닌 국가로서 부모의 부와 권력은 자연스럽게 대물림되는 경향이 강하다. 다른 나라도 마찬가지겠지만 중국은 특히 이러한 점들이 강하게 나타나는 국가 중의 하나이다. 부모세대가 이룩한 부와 명예는 자연스럽게 자식들에게 승계되는 구조로 되어 있다. 꽌씨(關係)를 중요시하는 국가이므로 이러한 관계 지향적 사회에서 승계는 자연스러운 것이다. 한 예로 부모가 대학이나 교육기관에 있으면 자녀는 그 대학에서 어느 정도 혜택을 볼 수 있다. 부모가 어느 기업에서 일을 하고 있으면 자녀는 그 회사에 남들과 달리 쉽게 들어갈 수 있다. 한국 역시 이러한 관계 지향적 구조로서 중국과 같은 시스템을 지니고 있지만 그 정도적인 면에서 이야기하면 중국은 한국보다는 좀 더 심각한 경향을 보여주고 있다고 말할 수 있다.

이처럼 취업문제는 현재 중국 청년들이 직면하고 있는 대표적인 문제이다. 〈달팽이 집〉에서 하이자오는 취업을 못해 좁은 언니 집에서 같이 살고 있다. 그녀는 상하이 지역의 명문대학을 나왔지만 취업을 쉽게 할 수 없는 상황에 한탄을 한다. 이에 언니 하이핑은 하이자오에게 명문대나 전공과는 상관없이 아무 직장이라도 먼저 구하는 게 급선무라고 일러준다. 대도시에서는, 특히 외지 출신들은 자신이 직업을 선택하는 것이 아니라 직업이 자신을 선택해주는 것이기 때문에 자신이 선택할 수 있는 여지는 추호도 없음을 강조한다. 이에 하이자오는 자신의 전공과는 상관없는 부동산직에 취업을 하게 된다. 여기에서 드라마는 또 다른 하나의 출발점을 보여준다. 부동산 사장의 계략으로 점점도 쏭쓰밍과 접촉을 하게 되고 그녀의 삶은 차츰 붕괴되어가는 상황으로 전개된다. 자신과는 상관없이 타인에 의해 삶이 선택되어버리는 대도시의 생태적 연결고리를 보여주고 있으며, 현재 중국 청년들의 취업관과 실업문제를 그대로 노출시키고 있다. 언니 하이핑도 이전에 다니던 회사에서 쫓겨나면서 다른 직장을 찾아보려고 하지만 명문대를 나왔음에도 불구하고 졸업한 지 오래되고 나이가 많다는 등의 이유로 거부당한다. 중국 드라마에서 자주 보이는 것 중에 하나가 바로 여성의 취업문제와 인권의 문제이다.

드라마 〈우리 결혼해요〉에서도 여자 주인공인 양타오는 취업을 하기 위해 수많은 회사에 인터뷰를 하게 된다. 그녀의 경력은 호텔 매니저이지만 이 호텔에서도 그녀는 나이와 결혼 문제로 해고를 당하게 된다. 이후 그녀는 억울함을 뒤로하고 다시 다른 회사의 문을 두드리지만 이 역시 나이와 결혼 문제로 취업이 불가능하게 된다. 이러한 현상은 유독 중국에서 심하게 노출되는 현상 중에 하나이다. 여성의 나이와 결혼 이후의 육아문제로 인한 회사의 불이익에 대해 사전 방지 차원에서 나이와 이후 결혼에 관한 질문은 여성의 인권과는 상관없이 무차별적으로 진행되고 있으며 이로 인한 여성의 피해는 너무 많이 나타나고 있다.

또 다른 문제는 호구, 즉 호적 문제이다. 하이자오는 외지 출신으로서 제대로 된 회사에는 취업하기가 매우 어려움을 알고 미리 쉽게 취업할 수 있는 부동산 회사에 취직을 하게 된다. 그녀 역시 베이징의 호구를 지니고 있지만 나이에 의한 불이익을 당하게 된다. 그녀는 비록 베이징의 호구를 지녔음에도 불구하고 취업이 되지 않지만 드라마에서는 역시 호구의 혜택을 간접적으로 보여주고 있으며, 이러한 문제의 심각성을 그대로 노출시키고 있다.

드라마 〈베이징 러브 스토리〉에서도 우디의 여자 친구인 샤오씨는 대학을 나왔지만 미모를 가지고 쉽게 돈을 벌려는 경향을 보인다. 그리고 취업을 하려고 하지 않는다. 돈 많은 남자를 통하여 신분 상승을 바라고 있는 이미지이다. 이는 현재 중국 젊은 여성들이 지니고 있는 할리퀸의 한 변형된 모습이라고 할 수 있다. 그녀가 경쟁사회에서 자신감 없이 남의 힘을 빌려 살아가야 할 만큼 중국에서 여성의 취업은 어려운 게 사실이다. 그리고 드라마는 샤오멍의 이미지로 차가운 도시에서의 성공은 거의 불가능한 이야기임을 암시적으로 비쳐주고 있다. 이에 대한 반발 작용으로 샤오멍은 펑즈의 아버지 회사에 정당하지 않은 방법으로 취업을 하고 그곳에서 온갖 부정한 짓을 서슴지 않는 인물로 등장한다. 그는 고민이 있을 때마다 건물 옥상으로 올라가 베이징의 빛나는 야경을 보며 자신이 베이징에 확실히 뿌리 내릴 거라고 다짐하며 외친다. 그러나 결말은 파국으로 치닫게 된다.

2) 소비문제

중국은 최근 들어 경제적 발전 속도가 더디다. 세계 경제의 하향곡선에 영향을 줄 정도로 중국경제는 중요한 자리를 차지하고 있다. 경제발전 속도가 완만하게 하향경향을 보이는 가운데 중국의 인건비 상승은 해가 갈수록 가팔라지고 있는 추세이다. 이는 중국정부의 내수 진작

정책과 맞물려 있는데 최저 임금이 확보가 되어야 중국 국내의 소비가 진작되기 때문이다. 이처럼 중국에서 소비는 임금과 직결되어 있어 모든 서민들의 관심사 중에 하나이다. 특히 바링허우 세대와 지우링허우 세대들은 소비에 있어 과거의 세대와는 다른 적극적인 경향을 보이고 있다. 이에 중국에서는 임금이 매우 급속도로 상승하고 있다. 많은 다국적 기업들은 더 이상 중국을 저임금의 노동시장으로 인식하지 않고 소비 시장으로 인식하는 변화를 갖게 되었다.

아래의 표에서 보이듯이 중국의 주요도시 임금 인상률은 베이징이 75%, 상하이 68.8%, 선전 60% 등으로 폭발적인 양상을 보이고 있다.

이러한 중국 인건비 상승은 한국이나 다른 세계 국가 기업들에게 중국에 대한 투자 규모를 어느 정도 축소하게 만드는 상황이다. 그러나 중국인들의 입장에서 보면 자신들의 가치가 상승되는 것이며 이에 대한 작용으로 소비가 늘어나게 되는 것이다. 이러한 임금 상승의 효과는 전반적인 중국의 소비상승 효과를 견인하고 있다. 연휴에는 해외여행을 떠나는 숫자가 증가하고 있으며, 국내 여행은 그야말로 피크를 이룰 정도이다. 일부 매체의 보도에 따르면 각 휴양지마다 관광객들로 인산인해를 이루어 사람이 도리어 그 지역을 포괄할 정도로 북새통을 이루고 있다는 것이다. 화장실 문제, 특히 여성들의 화장실 문제는 매우 심각한 문제로 대두되고 있을 정도이다.

이처럼 중국 경제의 내수는 다양한 소비패턴을 형성하면서 성장하고 있다. 고급 화장품, 자동차, 품질 높은 의류와 신발, 건강식 등 다양한 형태의 소비 욕구들이 분출되고 있다. 특히 바링허우 세대와 지우링허우 세대 등 신세대들의 소비는 고급지향성이 강해 하이 엔드 제품이 많이 소비되고 있다.

2009년 대비 2013년 중국 주요 지역 최저임금 및 상승률(월/위안)

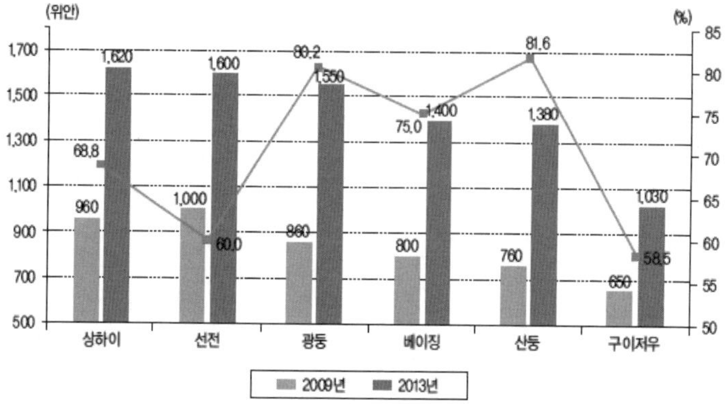

자료 : baidu.com, 주중 한국대사관

중국은 더 이상 수출이 아니라 소비 진작에 의지하여 경기를 부양하고자 하는 경제 정책을 수행하고 있다. 그러나 중국은 대인구를 지니고 있지만 전체적으로 보면 인구 감소 현상이 나타나고 있다. 이러한 인구의 감소 현상은 중국의 노동시장에 대한 우려를 자아내고 있다. 이에 중국정부는 2013년 들어 부모 중 한 명이 독생자 출신이면 2자녀를 둘 수 있는 정책을 실시하고 있으며, 각 성들은 자발적으로 각자 현지 사정에 맞게 적용을 하고 있다. 2014년에는 저장성과 장쑤성 등에서 먼저 실시를 하였으며, 이러한 분위기는 각 성으로 파급되어 전체적으로 적용이 되어갈 것이다. 이는 앞서 중국의 계획생육의 한계점을 드러내는 것으로 볼 수 있다.

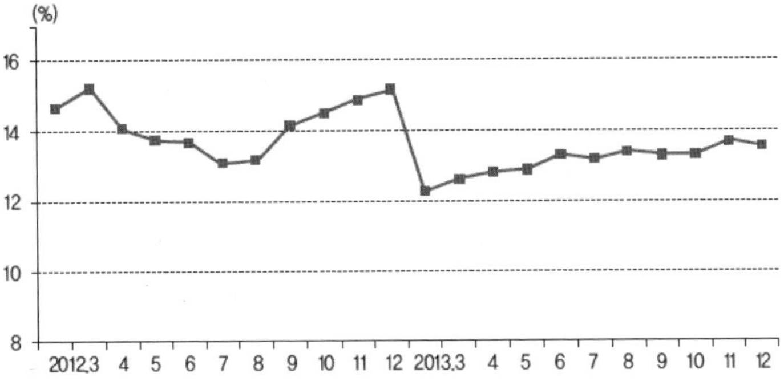

자료 : 중국 국가통계국

바링허우 세대와 지우링허우 세대의 인구조절 정책은 인구증가 억제의 효과를 가져왔지만 21세기에 접어들면서 중국은 산업화로 인하여 노동 집약적 산업에 대한 인구의 부족현상을 나타내고 있다. 이는 바로 중국경제의 생산력 저하와 수출경쟁력의 약화를 의미하는 것으로서, 중국의 경제적 측면에서는 큰 손실적 영향을 초래하는 현상이다.

중국의 연령별 인구비중 추이

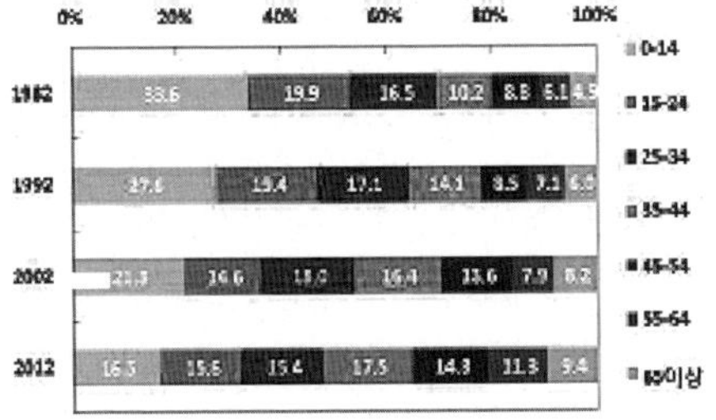

자료 : 국가통계국

중국의 출생률 및 인구증가율(%)

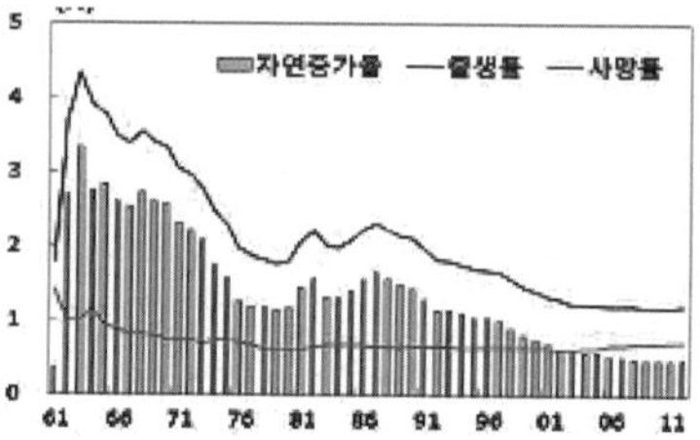

자료 : 국가통계국

앞의 표에서 보아 알 수 있듯이 1979년 도입된 한 자녀 정책으로 말미암아 인구는 급속한 저하 현상을 보이고 있으며, 이후 고령화가 급속하게 증가하고 있다. 생산 가능한 인구를 10세에서 64세로 보면 2015년경에 감소로 전환하고 인구보너스가 소멸되는 반면에 부모에 대한 자녀들의 부양율은 급속히 상승할 것으로 예견된다. 이러한 현상으로 보면 이후에 중국의 경제가 발전한다고 하더라도 한 자녀가 부양해야 할 인구는 감당하기 어려운 상태가 될 것이며, 이는 자연히 중국정부의 복지정책으로 연결되어 국가의 복지 부담으로 전가되고, 따라서 국가 경쟁력에서 밀리게 되는 현상을 반복하게 될 것이다. 이에 중국정부는 출산제한 정책을 완화하면서 출산장려 정책을 추진하고 이와 더불어 도시화를 확대하여 젊은 층을 신도시로 이전시킴으로써 인적자원을 재배치하여 국가의 경제 활성화를 모색하면서 복지정책에 따른 세부담을 확보하는 방향으로 나아가고 있다. 또한 이를 보완하기 위하여 그동안 중국정부의 발목을 잡고 있던 호구제도 또한 개편하여 도시화를 활성화시키려는 정책을 추진하고 있다. 특히 중국정부는 2020년까지 호구제도의 전반적인 개혁을 추진 완성하고자 하는 의욕을 보이고 있다.

이러한 인구증가 정책과 도시화 추진으로 인하여 중국의 내수 소비는 지속적으로 증가할 것이며, 지나친 수출 의존도에서 벗어나 자국의 소비를 통하여 지속적 경제 성장을 추구할 수 있을 것이다. 이는 또 다른 산업적 발전을 발생시키는데, 아동용 산업이 더욱 발전을 할 수 있는 계기가 마련된다. 특히 중국의 부모들은 자녀에 대한 애착이 남달라서 좋은 것은 다 해주려는 경향을 보이고 있다. 이러한 경향은 바링허우 세대와 지우링허우 세대들에게서 더욱 명확하게 나타났으며, 또 지속적으로 세대를 이어가고 있다. 바링허우 세대는 지금 대부분 부모의 입장에 놓여 있는 세대로서 자신들의 풍족함을 자녀들에게 대물림하고자 하는 경향이 강하다. 이들은 자녀들에게 좋은 옷, 좋은 우유, 좋은 물건들로 만족을 주려 한다. 아이들이 먹는 우유에 건강과 수입, 고급, 명품이라는 단어가 들어가 있으면 불티나게 팔릴 정도이다. 최근 들어 중국 역시 건강에 대한 관심이 많아져 그린 푸드에 대한 소비가 급속성장을 하고 있는데 유아용 그린 푸드 역시 마찬가지이다.

이러한 경향은 바링허우 세대의 풍족함과 관계가 있으며 지우링허우 젊은 소비층들의 외국문화·외국제품에 대한 욕구와 일치하며 그들의 욕구는 이전에 보여주지 못했던 현상들을 드러내고 있다.

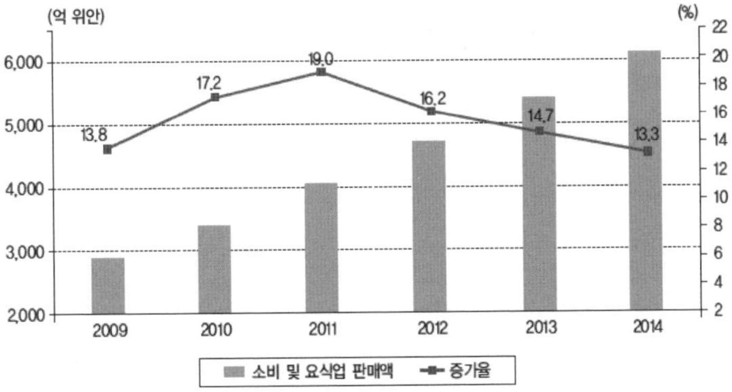

자료 : 중국 상무부 및 중국 언론 보도자료

이러한 소비형태는 〈달팽이 집〉 팅팅을 보면 알 수 있는데, 팅팅은 하이핑이나 하이자오 자매와 같이 경제적인 모티브를 바탕으로 매개되지는 않는다. 시정부의 비서관인 쑹쓰밍과 함께 그들은 이미 경제적 풍요를 누리는 가정에서 살고 있다. 팅팅은 사춘기의 딸이다. 학업성적보다는 연예인들에 관심이 많고 어머니가 성적에 대해 걱정을 해도 크게 동요하지 않는다. 이런 딸을 송부인은 무시하지 않고 인정해준다. 그녀는 대만의 유명 걸 그룹을 좋아하며 자신이 갖고 싶은 것은 언제든지 아버지로부터 공급받는 전형적인 지우링허우 세대의 모습을 보여주고 있다. 그리고 하이자오 역시 쑹쓰밍을 만남으로써 그동안 물질적으로 고통받던 자신을 잊어버리려는 듯 고급 음식점들을 접하고 이를 즐긴다. 드라마에서 그들이 가는 곳은 상당히 고급의 이미지이며 일반 서민들이 접할 수 없는 곳으로 나온다. 이러한 곳에서 하이자오는 점점 물질적 욕구에 침잠하여 불륜이라는 늪에 빠져버린다. 〈베이징 러브 스토리〉에서도 샤오멍은 자신의 가난함을 스스로 탓하며 신분상승을 노리고 고급 빌라와 고급 자동차 그리고 고급 술집을 즐기며 자신의 욕망을 채운다. 그러나 결국 그는 자신이 얻은 모든 것을 버릴 수밖에 없는 지경으로 내몰린다. 직접적인 분석 대상은 아니지만 최근의 드라마 〈대장부〉(2014)에 나오는 주인공 교수의 딸 역시 활달하며 현대의 중국청소년 상을 보여준다. 그녀는 고급차를 원하면 바로 살 수 있는 집안의 딸의 모습을 잘 보여주는데, 한편으로는 푸얼따이의 모습이 연상되기도 한다.

3) 주거문제

중국인은 주거지에 심혈을 기울이는 특징이 있다. 농경문화와 유교문화권에서 살고 있는 중국의 전통적인 관념 속에서 집이라는 물질적 대상은 생명활동을 영위하기 위한 주거환경이다. 일정한 지역에서 오랫동안 정착생활을 하며 살아가는 농경문화 사회는 유목사회에 비해 집을 중심으로 하는 생활문화가 형성되었다. 오죽하면 결혼을 하면 한 집을 이룬다고 말할 정도이니 집이라는 대상은 거의 절대적으로 보이는 대상이다.

상하이는 난징조약으로 영국의 조계지가 형성되면서 전국 각지에서 많은 이민자들이 대거 몰려들었다. 그리고 1920년대에는 방직공업이 흥성하여 또다시 전국 각지에서 이민자들이 몰려와 거대도시를 이루게 되었다. 그리고 영국 조계지, 미국 조계지, 일본 조계지 등이 형성되어 외국의 많은 비즈니스와 정치적 활동의 근거지 역할을 하게 되어 상하이는 그야말로 국제적 도시로 발전하게 되었다. 그리고 30년대를 거치면서 중국 경제와 문화의 중심지로 변모하면서 동방의 파리로 불릴 정도로 그 영향은 대단했으며 동아시아의 문화적 도시로 급성장하였다.

1980년대 덩샤오핑의 남순강화 이후 상하이는 푸동을 중심으로 급속한 경제를 이루어나가면서 또 한 번 대도시로 확장하게 된다. 이러한 대전환점에서 개인의 재산이 토지와 주택으로 몰리면서 주택은 하나의 상품이 되었고 부를 축적할 수 있는 하나의 수단으로 부각되었다. 중국정부는 경제 성장의 동력원이 필요하여 금리인하 정책을 실시하고 주택담보 대출금리를 일반 금리보다 낮게 설정하는 동시에 여러 경제규제를 완화하여 주택경기를 활성화시켜나갔다. 이러한 경향은 70년대와 80년대 한국의 부동산 붐과 매우 비슷한데, 최근 들어 한국정부 역시 경기활성화를 위하여 시중금리를 2%대로 형성하고 각종 규제를 해제하는 수순으로 가는 것을 보면 그 당시의 상하이의 분위기를 충분히 짐작할 수 있다. 중국 금융권의 이자율이 매우 낮아 투자금은 높은 부동산 시장으로 집중적으로 흘러들어 갔으며 일부 은행은 대출 조건을 더욱 완화하여 부동산 경기 과열을 조장하였다.

중국정부는 상승해가는 부동산 열기를 조정하고 제어하려고 하지만 부동산 시장은 중국 경제성장 지표의 거의 20% 이상을 점유하고 있는 규모로서 정부조차도 부동산 경기의 통제가 거의 불가능한 상태를 이루었다. 최근 중국 경제의 침체에도 불구하고 부동산 열기는 식을 줄 모르며, 특히 대도시인 베이징, 상하이, 광저우, 선전, 충칭 등의 부동산 과열은 정부 역시 통제하기기 힘든 상황이다. 일부 2선 3선 도시들은 어느 정도 과열 진정상태로 접어들어 가는 시점이지만 대도시의 집값 상승은 예외적으로 발생하고 있는 실정이다.

100대도시 평균주택가격

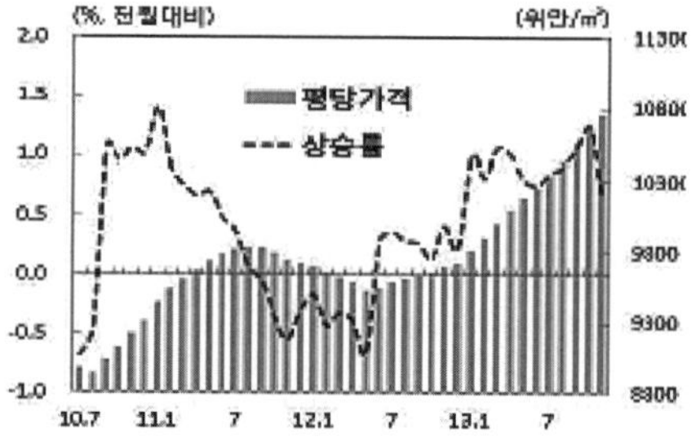

자료 : 중국지수연구원

도시규모별 평균주택가격

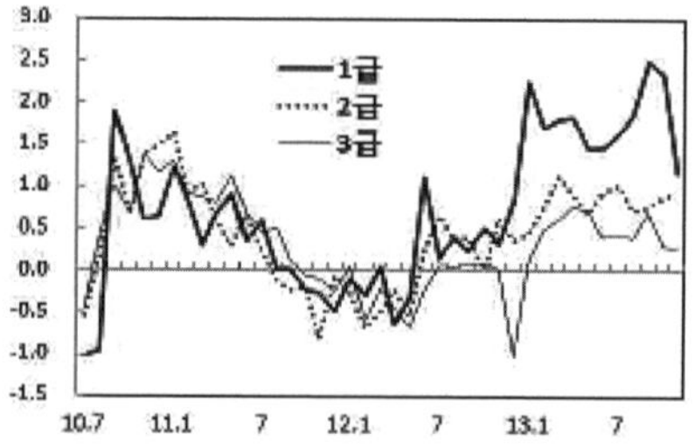

자료 : 중국지수연구원

특히 재미있는 것은 중국의 부동산 문제가 도시별로 각각 다른 현상을 보여주고 있다는 점이다. 1, 2선 도시들의 부동산 가격은 현격한 상승을 보이지만 3, 4선 도시들은 상승이 아니라 하락세를 나타내고 있는 것이다. 전국적으로 부동산 가격이 하락하게 되면 중국경제는 경착륙하게 되고 경제 역시 자연스럽게 둔화될 가능성이 높아진다.

또한 앞에서 살펴보았듯이 산업구조 조정에 따라 노동자와 인구이동이 대도시로 집중되고 있다. 노동비용이 급격하게 상승하였기에 중국의 인구이동은 자연스럽게 도시로 집중되었다. 그리고 산업구조로 인하여 노동집약적인 업종보다도 서비스 업종으로 고용이 창출되고 있고 이는 자연스럽게 소비의 증가로 나타나게 된다. 그리고 부동산의 활성화와 주택요구에 대한 증가, 상가확보에 따른 주택경제의 활성화가 동시에 이루어진다. 이와 더불어 도시의 인구집중화로 인하여 1, 2선의 도시에는 자녀 교육과 의료에 대한 시민들의 요구가 강하게 등장하여 더 좋은 서비스를 받기 위해 도시로 집중하는 현상이 가속화되고 있다. 또한 대도시에는 여가활동에 대한 욕구 역시 강하게 나타나 영화산업과 각종 레크리에이션 산업이 발달하게 된다. 이를테면 실내 헬스장, 수영장, 테니스 훈련장, 골프장에 대한 수요가 급증하고 있다.

쇼핑몰에 대한 인식의 변화로 인터넷 쇼핑도 폭발적으로 성장하고 있다. 특히 바링허우 세대와 지우링허우 세대들의 소비는 주로 인터넷 쇼핑과 모바일 쇼핑의 성장으로 이어진다. 이러한 시점에서 중국 드라마 〈달팽이 집〉이 시사하는 바가 매우 크다. 유명배우의 출연은 아니지만 시대의 사회적 문제의식을 가지고 제작 방영하였다는 데에 큰 의미가 있다. 총35회로 구성된 드라마 〈달팽이 집〉은 상하이로 상징되는 어느 대도시에서 유명 대학을 졸업한 하이핑과 남편 수춘이 10평 정도의 좁은 방에 들어와 집 안을 청소하며 앞으로의 미래를 약속하는 장면으로부터 시작된다. 하지만 얼마 지나지 않아 그들은 미래의 꿈을 실현하기 위해 발버둥쳐야 하는 현실 앞에 가로 막힌 벽이 너무도 높다는 사실을 인식하게 된다. 이 드라마는 집을 둘러싼 예민한 사회문제들, 불륜, 관리의 부패 등을 폭로하면서 직설적인 비판의 태도로 현재 중국이 안고 있는 문제를 직시하고 그대로 관객들에게 보여주고 있다.

한 자료에 따르면 드라마 〈달팽이 집〉은 2009년 7월 상하이 텔레비전 드라마 채널에서 처음으로 방영되었다. 같은 해 11월 〈달팽이 집〉은 베이징방송국의 청소년 채널, 동방위성 등과 같은 유명방송국의 채널에서도 방영되기 시작했다. 그리고 청소년 채널에서 10부가 방영된 직후 갑자기 다른 드라마가 방영되면서 국가광전국이 〈달팽이 집〉의 방영을 제제한 것이 아니냐라는 논란이 일어났다. 〈달팽이 집〉은 일상적 현실에 바탕으로 두고 있고, 부동산 문제, 불륜, 정치적 결탁 부패, 도덕과 가치관의 붕괴 등 모두 오늘날 중국사회가 당면한 문제들이 드라마 속에 매우 사실적으로 드러나고 있기에 중국정부도 민감하게 반응을 했으며 서민들 역시 민감하게 반응을 하여 그 당시 이슈가 될 수 있었다.

드라마 속의 하이핑 부부는 드라마의 시작부터 끝까지 집을 사기 위해 고군분투한다. 하지만 마음에 드는 집은 값이 너무 비싸다. 친정어머니가 돌봐주고 딸과의 통화도 3분 이내로 줄이면서 밥 대신에 면을 먹어가며 절약했지만 계약금으로 내야 하는 집값의 20%도 마련하지 못한다. 이렇게 먹을 것도 먹지 못하고 라면으로 끼니를 때우며 버스비를 아끼기 위해 자전거로 출퇴근하고, 딸마저 친정엄마에게 맡긴 채 몇 년을 떨어져 살아가면서 자신의 집을 마련하려고 하는 이들 부부를 보면 공감하지 않으려야 하지 않을 수 없다.

그럼 드라마에서 보듯이 실재 중국의 집값은 어떠한가. 중국의 대도시 집값은 매년 상승하고 있어 일반 서민들에게는 그림의 떡 정도로 보일 지경이다. 표에서 보듯이 베이징은 21.1%, 상하이는 21.9%, 선전은 21.0%, 광저우는 20.9% 상승하였다. 이러한 대도시의 주택가격 폭등은 일반 서민들이 감당하기에는 역부족이다. 평생 자신의 월급을 모아서 사고 싶어도 가격 상승 속도를 따라갈 수 없으며 결국은 대출을 통해 집을 마련할 수밖에 없는 실정이다. 그러나 대출에 의한 주택 구입은 20~30년의 대출금 상환이라는 연결고리에 묶여 평생 대출금을 갚으며 인생을 보내는 팡누의 현상을 나타내게 되는 것이다.

주택가격 괴리도[1)]

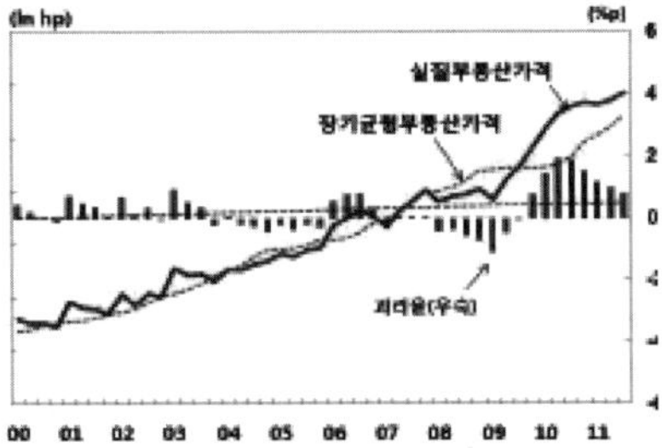

주 : 1) 괴리율=($\ln hp_t - \ln hp_t^*$)×100, hpt*: 장기균형 부동산가격

자료 : 국가통계국, Price Monitoring Center

4대 도시 주택가격

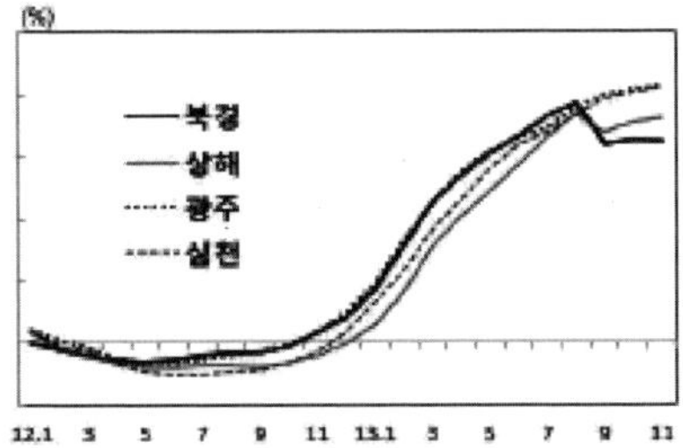

자료 : 중국지수연구원

이러한 주택 문제는 중국의 대중매체 특히 드라마에 자주 등장하는 주요 단골 소재 중의 하나이다. 〈달팽이 집〉, 〈우리 결혼 할까요〉, 〈베이징 러브 스토리〉 등에서 주요 소재가 되고 있다. 〈우리 결혼 할까요〉에서는 일차적으로 집이 있어야 결혼할 수 있음을 보여준다. 그리고 이 집의 소유주가 누구인가가 매우 중요하다. 특히 남자 집에서는 집을 꼭 마련해야만 결혼할 수 있으며, 집의 소유권도 여자 쪽으로 이전해주어야만 여자 쪽에서 신랑을 인정해주는 모습으로 나타난다. 소유의 문제까지 그대로 나타내며 집에 대한 중국인들의 집착이 얼마나 큰가를 여실히 보여주는 드라마이다. 〈베이징 러브 스토리〉에서도 가난한 시골 출신인 샤오멍은 베이징에서 성공을 하려 하지만 뜻대로 잘 되지 않는다. 그리고 그는 사랑하는 여자 친구와 결혼하기 위해 필사적으로 아파트를 사려고 한다. 그러나 집값이 너무 비싸 살 수 없어 고민하다가 결국 친구들과 은행으로부터 돈을 빌려 첫 계약금을 지불하고 무리하게 집을 산다. 그러나 이 집의 계약은 그의 인생을 송두리째 바꿔버리는 하나의 덫으로 변해버린다. 〈달팽이 집〉 역시 하이핑과 수춘 그리고 하이자오의 삶을 옭아매는 올가미로 변해버린다. 이처럼 중국인들에게 집이라는 대상은 절대적이다. 그리고 이러한 의식구조는 신세대들에게 고스란히 전승되어 더욱 깊은 늪으로 빠지게 만드는 매개적 역할을 한다. 결국 중국의 신세대들은 과거 자신들의 부모 세대, 어른 세대들이 겪어보지 못한 물질적 풍요를 누리지만 이와는 반대로 물질의 노예로 전락해버리는 비극적 삶을 살게 되는 것이다.

21세기 중국은 계획 경제에서 시장 경제, 전통에서 현대사회로 빠르게 변화하면서 정치, 경제, 사회 그리고 사람들의 생활 방식과 가치관 모두 새로운 흐름 속에서 요동치고 있다. 한 예로 2009년 11월 19일 〈중국 청년보〉에서 '행복과 집의 관계'라는 설문조사를 실시했는데, 그중 80%가 '행복과 집은 연관되어 있다'라고 답했고, 이들 중 69.9%가 '집은 행복한 가정을 이루는 데 필수적인 것이다'라고 응답했으며, 10.5%는 '최소 85평방미터 이상의 집이어야 한다'고 응답했다. 단지 10%의 응답자만이 '집과 행복은 무관하다'는 답변을 보여주었다. 이는 개혁개방의 산물로, 90년대 이후 상하이에서는 개인 공간이 중시되면서 인생의 최대 목표는 풍요롭고 편안한 생활이고 그 종착지는 집이며 집의 가장 중요한 형식은 다른 사람들이 부러워하는 신형 주택이 되었다. 이러면서 추상적인 가치는 경시되고 개인은 중시되며 주택과 거주를 핵심으로 하는 일상생활 방식이 날로 보편화되어가는 시대가 된 것이다. 그러다 보니 현재 중국에서는 직업, 집, 승용차가 애정과 혼인의 전제 조건이 되어가고 있다.

3. TV를 통해서 본 중국 신세대의 의식과 소통문제

2014년 중국 맥도날드는 재미있는 광고를 찍어 방영하였다. 두 연인이 자신의 허름한 집에서 밖을 내다보며 이런저런 이야기를 하다 남자가 빨리 집과 자동차를 사서 그녀를 행복하게 해주겠다고 한다. 이때 집 아래에서 어느 멋진 남자 한 명이 고급승용차에서 내리며 멋지게 리모컨으로 차를 주차시키고 호화로운 저택으로 들어간다. 이에 가난한 남자가 비참해지며 의기소침해하자 여자 친구는 그를 위로하며 이렇게 말한다. "저 사람은 좋은 집과 좋은 차를 갖고 있지만, 나를 갖고 있지 않잖아?" 이 광고는 중국 신세대들에게 주택과 자동차가 얼마나 소중한 대상인가를 잘 보여주는 예이다.

이처럼 현재 중국, 특히 중국의 신세대들은 물질적 풍요가 절대적인 의식구조를 지니고 있다. 그들은 좋은 직장을 갖기를 원한다. 이유는 주택마련과 자동차 구매를 해야만 결혼이라는 종신대사를 이룰 수 있기 때문이다. 이는 한국도 마찬가지이다. 그러나 정도의 차이는 있다. 한국에서는 직장이 절대적으로 중요하다. 직장이 안정되어야만 삶이 안정되는 구조이다. 주택 문제도 심각하지만 정부에서 임대주택 등 다양한 정책을 시도하고 있다. 그러나 중국의 신세대들에게는 직장, 주택, 자동차 등이 거의 절대적이다. 맥도날드 광고에 등장할 정도로 심각해 보인다. 그러나 이 광고에서 나타나는 중국 신세대들의 의식구조가 이것만이 다는 아닐 것이다.

개혁개방 30년이 지난 지금의 중국은 정치, 경제, 사회 체제의 개혁과 외국 문화의 개방 등으로 개인의 생활방식과 가치 관념들이 많이 변하고 있다. 그리고 인터넷의 발달로 인해 국제적으로 많이 개방되어 있다. 그러나 여전히 정보의 제한은 존재한다. 정부는 정보 유통에 방화벽과 키워드를 설치해 시스템을 필터링하고 내용심사를 강화하여 종종 법규를 어기는 논단, 사이트, 웹페이지를 강제로 폐쇄하기도 한다. 궤도에서 벗어난 인터넷 언론에 대해서는 고액의 벌금을 부과함으로써 경제적 수단으로 인터넷 발전을 억압하는 경향을 보여주고 있다. 이러한 보이지 않는 통제 시스템 속에서 중국의 신세대들은 한편으로는 세계화에 점점 다가가고 있으며 의식 또한 개방화되어가고 있다. 그러나 또 다른 면에서는 통제 시스템 속에서 의식을 제한받고 있으며 동시에 경제적 스트레스를 많이 받고 있다. 특히 중국의 바링허우 세대와 지우링허우 세대들은 어릴 때부터 물질적 풍요를 누리고 자랐기에 더 이상 과거로의 회귀는 불가능하다. 물질의 풍족함은 삶의 풍요를 요구하기에 이른다. 이에 그들은 인터넷을 통하여 욕구를 채우려고 할 것이다. 물질의 수용은 의식의 개방을 수반할 것이기에 그들의 의식구조는 과거에 보였던 정체된 사고가 아니라 개방된 사고로 진행될 것이다. 그리고 현재 자신들을 짓누르고 있는 경제적 스트레스,

주택, 자동차, 직장에 대한 막혀 있는 의식의 틀 역시 매우 지혜롭고 현실적으로 타파해나갈 것이다.

우리는 지금 중국이 걸어가고 있는 상황을 지켜보고 있다. 그리고 중국과 함께 21세기를 걸어가고 있다. 급속한 경제 성장은 지금을 살아가는 중국의 신세대들에게 많은 것을 건네주고 있다. 그러나 한편으로는 또 다른 스트레스를 안겨주고 있다. 그들은 필사적으로 좋은 대학을 나오고 좋은 직장을 얻으려고 애쓰고 있다. 그러나 그들이 당면한 문제들은 그들의 삶을 포위하고 그들을 경제의 틀 속에서 벗어나지 못하게 하고 있다. 그들은 끊임없이 임금을 높게 받으려 하고, 고급 아파트를 매입하려 하고, 좋은 자동차를 사고, 명품을 구입하고자 한다. 그들은 과거 중국에서 보지 못했던 물질적 풍요를 즐기면서 더 많은 것을 소유하고자 한다. 그러나 이러한 신세대들은 무엇으로도 채울 수 없는 그 무엇인가를 찾으려고 또 애쓰는 것 같다. 많은 대중 매체에서 인문강좌를 통해 청소년들과 직장인들에게 인문적인 내용, 사상적인 내용, 종교적인 내용들로 그들의 공허함을 채워주려고 애쓰는 모습이 보인다. 모든 사람들이 끊임없이 자기 최면을 걸면서 언젠가는 자신의 미래가 장밋빛으로 변할 것이라고 외치고 있다. 21세기를 살아가는 중국의 신세대들이 더 이상 드라마에 나오는 각종 물질의 노예로 전락하지 않기 위해서는 사고의 전환이 필요하다.

참고문헌

e-KIET 산업경제정보, "2014년 중국 경제 전망과 시사점", 제579호, 2014.

해외경제 포커스, "중국 경제의 주요 이슈 점검 및 2014년 전망", 제2014-1호, 2013.

유진석, "소비대국 중국, 그 중심에 있는 신세대", 『SERI경제 포커스』 제424호, 삼성경제연구소, 2013.

판젠핑(范劍平), "최근 중국경제 형서분석, 향후 전망 및 정책동향", 『한중경제포럼』 제13-04호, 2013.

조복수, "중국 드라마 「달팽이집(蝸居)」에 나타난 여성", 『드라마연구』 제38호, 2012.

조남은, "중국 소비자의 사치품 구매와 소비동기에 대한 도시 간 비교연구-베이징(北京), 상하이(上海), 광저우(廣州), 충칭(重慶), 청두(成都)를 중심으로", 서울대학교 대학원, 2013.

Guo Li, "중국 8090後세대 여성의 라이프스타일과 명품소비행동에 관한 연구", 이화여자대학교 대학원, 2011.

譚皓月, "중국 신세대소비자 라이프스타일의 연구-80후세대와 90후세대의 비교", 서울대학교 대학원, 2012.

김정욱·이승은, "상하이 도시 문화 연구, TV드라마 「오막살이(蝸居)」의 서사 전략에 나타난 문화, 여성, 권력에 대한 변주", 『중국인문과학』 제46집, 2010.

6장

중국의 신한류 열풍

조윤경

1990년대 중반부터 돌연 출현한 한류 현상이 2000년대 초반에 사라지는 듯하더니, 최근에 다시 일어나 이른바 신한류 붐을 일으키고 있다. 이에 이 글에서는 먼저 한류의 개념 및 시작을 알아보고, 한류 현상이 주춤했던 이유인 반한류 현상의 원인을 살펴본 뒤, 최근에 다시 출현한 신한류 현상 및 이로 인한 파급 효과, 지속적인 신한류에 있어 장애요소, 지속적인 신한류를 위한 전략에 대해 살펴본다.

1. 한류

1) 한류의 개념

'한류(韓流)'라는 말의 기원은 90년대 후반에 중국의 언론에서 매섭게 파고 들어오는 바람이라는 의미인 '한류(寒流)'에서 '한류(韓流)'라는 동음이의어를 활용한 것으로, 중국에서 대중가요·TV 드라마·영화·스타·음식·패션 등 한국의 대중문화가 큰 인기를 끄는 현상을 지칭하는 말이다. 이전 1980년대에 일본의 대중문화가 중국에서 수용될 때 '일류(日流)'라는 용어를 사용한 적이 있는데, 이와 같이 타국의 문화를 수용하거나 특정 국가의 문화가 광범위하게 유행할 때 해당 단어를 새로 만들어 사용했음을 알 수 있다. 현재 한류는 일본·중국뿐 아니라 동남아시아와 중앙아시아·러시아 및 남미 등지에서도 무시할 수 없는 하나의 문화현상으로 자리 잡고 있다.

한류라는 문화현상의 범위는 드라마·영화·음악·연예인·관광 등이며, 드라마관광·DVD·캐릭터제품 등까지 포함하기도 한다.

총체적으로 '한류(韓流)'란 주로 한국의 드라마에 의해서 촉발된 한국의 다양한 문화에 대한 접촉을 바탕으로 중국·일본을 비롯하여, 동남아시아·중앙아시아 지역에 미치는 영향력 있는 문화현상을 일컫는 용어이자, 주로 드라마·영화·패션·음식·가요·스타 등의 한국 문화제품 소비를 통해서 발생하는 현상을 지칭한다.

2) 한류의 시작

중국에서의 한류 현상은 1997년부터 한국의 TV 드라마가 방영된 후, 중국 시청자들의 인기를 끌면서 나타났다. 한국드라마 〈별은 내 가슴에〉가 〈성몽정연(星夢情緣)〉이라는 제목으로 당시 중국 대륙과 대만·홍콩 등 아시아 전역에 방송되는 중국어 방송 봉황TV에서 방영되어 예상 밖의 호응을 얻으면서 드라마를 통한 한류 열풍을 일으키기 시작한 것이다. 이 드라마에 등장한 안재욱은 일약 스타가 되어 오랜 기간 동안 중국팬들의 사랑을 받았다. 뿐만 아니라 이러한 영향을 받아 한국에서 이미 방영된 드라마들이 지속적으로 중국 TV에 방영되면서 한류의 열풍을 이어갔다. 그중에서도 1997년에 방영된 드라마 〈사랑이 뭐길래〉는 중국 CCTV의 채널1에서 〈애정시십마(愛情是什麽)〉라는 제목으로 방영되어, 평균시청률 4.2%로 중국의 수입 드라마

역사상 2위를 차지하기도 하였다.

한국 가수들의 대중가요면으로 보면, 클론이 1998년 대만에서 '쿵따리샤바라'를 유행시킨 이후, 한국의 댄스음악 등은 음악채널인 'V-채널'에 꾸준하게 방송되었다. 이는 또한 한국 음악이 대만에서 중국으로 확산되도록 하였고, 2001년 HOT가 중국에서 폭발적인 인기를 얻으며 중국 젊은이들이 춤·헤어스타일·패션 등에 있어 한국 스타들을 모방하는 현상이 나타나자 중국언론에서는 이러한 한류 현상을 최초로 보도하기도 하였다.

이와 같은 중국에서의 한류 발전과정을 네 단계로 아래와 같이 정리할 수 있겠다.

시기	내용
발전기 (1998~1999년 상반기)	-중국에서 TV 보급 증가로 새로운 프로그램에 대한 관심이 높아짐. -한국의 드라마로 유발된 한국 대중문화에 대한 관심이 음악, 패션, 음식 등으로 확산되면서 한국 문화의 붐이 일어나 한류가 발전함.
확장기 (1999년 상반기~2000년 2월)	-한국드라마에서 시작된 한류의 열풍이 한국 대중음악으로 그 열기가 옮아가 한국의 붐이 확장됨. -HOT, NRG 등이 인기를 얻으며 본격적으로 한류라는 용어가 사용되기 시작함.
심화 발전기 (2000년~2002년)	-한국 대중음악의 유행이 본격화됨. -HOT의 흥행으로 10대를 중심으로 한국 음악에 대한 선호도가 높아짐. -영화, 게임 등 다양한 분야로 한류 팬층이 넓게 형성됨.
심화 확장기 (2002년~현재)	-한국 대중문화의 전 분야에 대한 관심이 활발히 이루어졌지만, 2000년대 이후 한류의 열기가 다소 주춤해짐. -2010년경부터 K팝을 중심으로 신한류가 붐을 일으키고 있음.

2. 반한류

1) 반한류의 원인

2005년 하반기 이영애 주연의 드라마 〈대장금〉의 선풍적인 인기와 더불어 한류에 대한 중국인들의 시각이 종전과 달리 점점 변화되고, 급기야 '반한류(反韓流)'로 표출되었다. 중국이 문화적 대국으로서의 역사적 위치를 공고히 하고 있을 당시를 시대적 배경으로 삼고 있는 드라마 〈대장금〉을 통해서 당시 주변 문화였던 한국 문화가 중국에 역수입되어서 크게 유행하다 보니, 문화대국을 자부하던 중국 입장에서는 자연스레 영향을 받았다. 즉 중국은 자국보다 문화적 변방이라 여겨왔던 한국이 경제발전을 통해 서구화되고 오락문화가 현대화되어 중국으로 유입되는 것에 자신들의 자존심이 손상되었다고 여겼다. 이러한 분위기 속에서 중국인들은 자신들의 문화를 발전시켜야 한다는 인식이 높아져, 중국 문화에 대한 열정 또한 높아지기 시작하였다. 이는 중국 사회가 경계심과 위기의식을 느끼고 있음을 반증하는 것이기도 하다.

때문에 2000년대 중반부터 중국에서는 반한류 현상이 여러 형태로 나타났는데, 이렇듯 '한류'가 지속적으로 확산되지 못하고 있는 이유는 다양하다. 문화는 유행단계를 거쳐 필연적으로 쇠퇴기를 거칠 수밖에 없기 때문에 '한류' 역시 이러한 패턴을 따르고 있다고 볼 수 있다. 또한 '한류'라는 문화현상을 불러 일으킨 콘텐츠가 새로운 수요와 욕구를 충족시키지 못해 점차 쇠퇴하고 있다고도 할 수 있다. 다른 한편으로는 한류에 대한 각국의 '반한류' 기류가 확산되어 한류의 흥행을 저해하고 있는 측면도 있다. 그럼에도 불구하고 한류는 여전히 드라마, 음악 등 우리나라의 대표 콘텐츠를 기반으로 경쟁력을 유지하고 있다.

‘반한류’는 주로 한국과 가까운 일본과 중국을 중심으로 확산되었다. 중국에서는 ‘항한류’, 일본에서는 ‘혐한류’가 한류에 대한 부정적인 입장의 통칭이다. 반한류 역시 한류의 유행패턴과 궤를 같이하고 있는데, 한류가 융성했던 2000년대 초반부터 나타나 인터넷 등을 통해 활발하게 논의되다가 최근에는 다소 수그러진 분위기이다. 그럼에도 불구하고 한국과 중국, 한국과 일본의 외교 관계가 불편해지면 다시 한류에 대한 부정적인 여론이 확산되는 등 같은 현상이 반복되고 있다. 따라서 ‘반한류’의 문제는 콘텐츠 유통으로 발생한 문제의 차원을 넘어 국가 간 관계 정립의 문제로 확대되고 있기도 하다.

중국에서 ‘반한류’는 주로 한류의 확산과정에서 나타나는 문제점을 해소하려 하면서 등장했다. 1990년대 중반 이후 〈사랑이 뭐길래〉 등과 같은 한국드라마가 유행하면서 초기에는 이를 수용했지만, 점차 자국의 영상산업 보호와 전통가치관 유지를 위해 ‘반한류’ 기류가 형성된 것이다. 이후 중국에서의 ‘반한류’는 한류 확산에 대한 사회지도층 인사들의 공공연한 문제제기, 그리고 일부 네티즌들의 한국문화에 대한 비판 등을 통해 점차 확산되기도 하였다.

2) 반한류 현상

중국의 반한류 현상에 대해 정리하자면 아래와 같다.

첫째, 문화적 차이와 특성에 따른 반한류 현상이다.

한국과 중국은 지리적으로 근접해 있고, 한자문화권이라는 동일성을 지니고 있어 문화적인 공통점이 많다. 이 때문에 역사적으로 문화의 전파 경로와 확산을 놓고 양국 간의 이해차이와 갈등이 빚어지기도 한다. 나아가 일본까지 포함하여 한중일 침략과 지배과정을 통해 전파 또는 전수된 문화를 놓고 원조 논란을 벌이기도 한다. 이러한 문화적 배경이 ‘한류’와 ‘반한류’의 발생을 통해서도 나타난다고 할 수 있다.

특히 중국의 반한류는 문화적 자존심이 강한 중국에서 주변문화국인 한국의 문화가 유행했다는 측면에서 그 원인을 찾을 수 있다.

이 때문에 '반한류' 현상은 한중 양국의 문화적 자존심과 밀접하게 관련되어 있다. 중국에서 한류 현상이 한때의 유행을 지나 지속적으로 인기를 끌기 시작하면서 중국 네티즌의 자존심을 자극하였다. 한때 자신들보다 열등하다고 생각했던 한국의 문화가 자국에서 확산되는 것을 보면서 반발심이 작용한 것이다. 중국의 '항한류' 발생의 기반은 중국인들의 중화사상이다. 중국인들은 일본과 대만, 홍콩, 나아가서는 한국의 콘텐츠의 기원이 중국이라고 생각한다. 이런 상황에서 한국드라마 〈대장금〉, 〈여인천하〉, 〈명성황후〉 등의 역사극에서 중국과 중국인에 대해 부정적으로 묘사했다면 민감해질 수밖에 없는 것이다. 또한 드라마 등 문화교역의 불균형이 심화되어 중국인들의 문화적 자존심을 상하게 하였다. 따라서 이러한 요인이 '항한류' 발생의 주요요인으로 작용한 것이다.

또한 중국의 반한류 현상에는 문화적 위기감이 작용하였다. 드라마와 음악 등을 통해 확산되기 시작한 한류가 지속되면서 단순히 문화현상으로 그치는 것이 아니라 '한국 문화 배우기'와 같은 현상으로 이어져 나타났다. 이는 단순히 콘텐츠 차원의 문제를 넘어 일본과 중국의 입장에서는 문화적 위기감을 느끼게 하였다. 1980년대 이후 태어난 소위 신세대라 불리는 젊은 층들이 중국의 개혁개방에 따라 서구의 문화에 익숙해지기 시작하면서 한국의 드라마와 한류스타에 열광하는 것을 보며 중국은 위기의식을 느끼기 시작하였다. 실제로 한국문화가 중국에 확산되면서 중국문화 발전을 저해하는 작용을 일으키기 때문에 '항한류'가 발생했다고 전문가들은 지적한다. 중국의 문화적 위기감은 언론, 네티즌, 그리고 통치권의 정치적인 전략 등과 연계되면서 반한류를 유발하는 원인으로 작용하였다.

둘째, 국가적 특성과 반한류의 동인을 원인으로 들 수 있다.

중국에서 발생한 '반한류' 현상은 문화적 충돌과 갈등의 차원도 있지만 중국만이 갖고 있는 국가적 특성 또한 동시에 작용했다. 중국은 한국과 인접한 국가이지만 서로에 대해 자세하게 알지 못하기 때문에 상대 문화에 대한 이해력과 포용력이 떨어질 수밖에 없다. 한국과 중국은 각자 문화에 대한 우월감을 바탕으로 민족적 자존심이 강해 상호에 대해 인정하지 않으려는 분위기가 강하다. 이러한 상황에서 각국이 처한 정치적인 상황과 근대화 과정에서 발생한 급격한 사회변화 등이 함께 작용하면서 상대 국가의 문화에 대해 존중·인정하지 않고, 자기중심적인 해석과 반응이 나타났다고 할 수 있다.

이에 중국에서의 반한류 현상은 한국에 대해 잘 알지 못하는 측면에서 기인했다고 할 수 있다. 중국에서의 한류 현상은 주로 젊은 층을 중심으로 확산되었는데 이들이 한국에 대해 잘 모르기 때문에 자신들과 다른 한류 콘텐츠를 접하고 이를 무조건적으로 수용하는 과정에서 반발하는 현상이 나타났다고 볼 수 있다. 중국의 인터넷 등에서 반한류 현상을 주도하는 젊은이들은 중국이라는 울타리 안에서 자라고, 다른 나라의 역사 등에 대해 교육받을 기회가 적었기 때문에 자연히 상대국에 대한 이해가 부족하다. 따라서 이들은 중국 중심적인 사고와 문화적 우월의식을 가지고 있다. 이러한 요인이 한류의 최초 수용 단계 당시에는 긍정적인 요소로 작용하기도 했지만, 이후에는 거부반응으로 나타나기도 하였다. 다시 말해 다른 나라를 전혀 방문해본 적도 없고, 충분히 이해하지도 못한 상태에서 정치적 색채가 농후한 '반한류'에 대한 보도와 내용에 민감하게 반응할 수밖에 없었던 것이다.

또한 중국의 민족주의가 반한류의 원인으로 지적되기도 한다. 중국에서 '반한류'를 '항한류'로 표현하는 것은 중국인의 애국심이 작용했다고 볼 수 있다. 중국에서의 '항(抗)'이라는 용어는 주로 '저항하여 싸운다'는 의미로 사용되고 있어 '반한류'를 '항한류'로 지칭하는 의미 속에 외세와 싸워 이겨낸다는 뜻을 내포하고 있다. 그럼에도 불구하고 '항한류'라는 용어를 사용하며 '반한류' 현상이 나타났던 주된 이유 중 또 하나가 역사극 〈주몽〉과 〈태왕사신기〉에서 고구려의 역사를 한국 역사로 표현한 점, 또 일부 네티즌들 사이에서 논쟁이 되었던 '공자가 동이족이고, 동이족은 한국인'이라는 주장, '한자를 만든 것은 한국'이라는 주장 등이 중국의 민족주의를 자극했기 때문이다. 중국 네티즌들은 한국이 드라마와 같은 콘텐츠를 통해 역사를 왜곡하고 있다고 생각하여 강하게 반발한 것이다.

중국에서의 '반한류' 기류가 형성된 저변에는 사회 기존 구조의 질서 유지와 반발 심리도 동시에 작용하였다. 중국의 입장에서는 시장경제의 활성화로 인해 공산주의 이데올로기가 점차 약화되면서, 중국 공산당 정부는 고속성장에 따른 모순과 갈등을 치유하고, 체제 안정과 질서를 유지하기 위해 서구중심의 현대화에서 벗어나 전통 중화사상을 바탕으로 새로운 중국의 좌표를 설정하려고 하였다. 그런 상황에서 한류를 자신들의 전통문화와 자국문화산업을 위협하는 상황으로 인식하고, 더 이상 한류의 확산을 방관하기 어려워 사회지배계층을 중심으로 한류의 확산을 규제하고 반한류의 분위기를 조성하기도 하였다.

중국의 정치문화가 '반한류'를 양산한 측면도 있다. 중국은 앞서 말한 일본과는 달리 '항한류'에 대해 중국정부가 직접적으로 즉각적인 반응을 보였다. 중국정부는 2006년부터 중국국가광전총국(中國國家廣電總局)과 관영 CCTV가 한국드라마의 수입과 방송규제를 단행하였다. 중국정부는 '한류'의 일방통행에 따른 드라마 등의 무역불균형을 문제 삼기도 하였다. 한국에서는 중국드라마가 방영되지 않기 때문에 중국에서 한국드라마의 규제는 당연하다는 입장을 표명하면서 문화적 쌍방교류를 요구하기도 하였다. 실제로 중국에서 한류 바람이 불었던

2000년대 중반, 중국에서 수입하는 외국드라마 중 한국드라마가 대부분을 차지하고 있었으나 한국에서 중국드라마의 수입은 약 10분의 1로 상당히 적었다.

셋째, 반한류에 대한 언론매체의 자극과 확산이다.

중국에서 반한류 현상이 나타난 것은 문화적인 요인 등이 중요하게 작용했지만, 이러한 '반한류'의 분위기가 형성되고 확산된 주요 요인은 언론의 역할 때문이다. 중국에서는 중국 관영매체인 'CCTV'와 '인민일보' 등에서 '반한류'에 관한 보도와 기사 등이 기하급수적으로 넘쳐나면서 인터넷상에서 '항한류'의 필요성을 제기하는 네티즌들이 활발해져 '항한류' 현상이 더욱 강해졌다.

'반한류' 현상의 배경에는 중국의 보수 저널리즘의 역할과 미디어 내셔널리즘의 작용이 큰 몫을 담당했다. 중국에서는 한국을 혐오하거나 맹목적으로 싫어하는 사람들의 편견, 오해 등이 인터넷이나 출판물을 통해 빠르게 확산되었다. CCTV는 한류가 유행하면서 '신한류 vs 반한류'라는 제목의 시청자 토론방을 개설해 여론을 전파하는 역할을 하기도 했다. 실제로 이 게시판에는 악성리플과 맹목적인 공격이 난무하였다. 아울러 중국공산당 청년단 기관지인 '중국선고도보(中國先驅導報)'에서 네티즌 조사를 통해 중국인이 제일 싫어하는 드라마로 〈대장금〉이 뽑혔다며 대대적으로 보도하고, 중국관영 '인민일보'는 '한류가 중국대륙에 몰아치는 것은 치욕이다'라고 소개하기도 하였다.

또한 중국 언론의 애국심 마케팅과 상업적 전략도 반한류 확산의 요인으로 역할을 하였다. 중국에서의 '항한류'는 주로 한류에 대한 방송연예 종사자들의 비판과 내부적 자성에서 비롯되었다. 중국의 드라마 등이 전 세계적인 경쟁력을 갖고 있음에도 불구하고, 자국 내에서 한국의 드라마가 폭발적인 인기를 끌고 있는 것에 대해 중국인들은 불만이 많았다. 이들은 한류를 집중적으로 비판하면서, 중국정부가 나서서 수입과 방영을 줄여달라고 요구하는 등 신문 등의 매체를 통해 강하게 표현하였다.

'반한류'에 대한 언론의 직접적인 역할과 함께 '반한류' 현상에 대한 언론이용자와 네티즌들의 역할도 크다. 중국에서 '항한류'를 지지하는 계층은 일본과는 다르다. 일본은 인터넷이라는 익명성을 보장하는 매체와 만화독자 등을 통해 '반한류'의 분위기가 확산되는 데 비해 중국에서 방송 및 연예관계자 등이 중국산 영화 및 TV 드라마의 우수성을 강조하면서 '항한류'의 분위기가 확산되었다. 중국 내 사회 및 언론학자 등도 각종 언론매체를 통해 '항한류'를 쟁점화하였고, 동시에 네티즌들의 저항 또한 강해졌다. '항한류'와 관련된 인터넷 주요 토론방이 난무하고, 이들 토론방에는 한류에 대한 악성 댓글과 주장이 거의 상시적으로 게재되었다. 이러한 분위기로 인해 중국 사회 내 여론의 주도층인 언론과 학계에서는 '한류'에 대한 저항의식이 폭넓게 확산되어 언론 매체를 통해 표출되었고 정부가 이에 호응하는 양상을 보인 것이다.

3. 신한류의 등장

1990년대 하반기부터 시작된 한류(韓流) 현상이 2000년대 후반에 접어들며 주춤하기 시작했다. 콘텐츠의 개발 부족과 일류(日流)와 화류(華流) 등의 경쟁이 심화되며 한국 대중문화의 해외 진출이 급속히 줄어들고 있다. 더구나 현지의 자국문화 보호와 함께 상호교류의 필요성이 대두되고 있고, 이에 따라 한류의 지속화에 대한 노력과 더불어 새로운 콘텐츠 개발과 새로운 지역의 해외 진출로 이어졌는데,

이러한 현상을 '신한류(新韓流)' 또는 '제2의 한류'라고 한다.

1) 신한류의 개념

신한류라는 용어는 두 가지 의미로 사용된다. 첫째, 한류의 현상이 처음에는 TV드라마와 대중음악 등 대중문화를 중심으로 발생했으나, 시간이 지나면서 패션·음식·게임·문학 등 한국의 다양한 문화로 범위가 확산되고 있다. 이처럼 확대된 한류의 현상을 신한류 또는 제2의 한류라고 한다. 둘째, 한류 현상에 힘입어 문화 상품이나 서비스 외에 정치·경제적 부가가치의 상승, 즉 관광·수출·국가 브랜드 등의 상승효과를 말하기도 한다.

아무튼 한류는 1997년경부터 시작되어 2006년경을 정점으로 조금씩 하락하다가 2008년 이후로 급속히 쇠퇴했다. 한국 대중문화가 인기 하락과 함께 새로운 시장개척의 국면을 맞이하고 있는 것이다. 십 년을 채우지 못한 한류의 열풍은 아직도 충성도 높은 수용자 층을 위주로 어느 정도 지지를 받고는 있지만, 과거 특정 콘텐츠와 스타의 팬덤(fandom)이 지속되는 것일 뿐이다. 특히 한국 TV드라마의 수출은 급격히 줄어들었고, 일부 대중가수들만이 겨우 인기의 명맥을 유지하고 있는 게 현실이다. 물론 한류의 현상은 다른 여러 방면으로 확산되며 발전하는 측면도 간과할 수 없다. 이러한 이유로 인해 한류의 지속화 방안에 관심을 갖고, 새로운 한류를 내세우며 신한류라는 용어가 자주 사용되고 있다. 처음에는 제2의 한류라는 용어와 신한류라는 용어가 조금씩 사용되다가, 이제는 신한류라는 용어가 일상화되었다.

2) 신한류의 영역

우여곡절 끝에 십 년을 훌쩍 넘어 명맥을 유지해온 한류가 2012년, 한류붐 15년 만에 최고조의 인기에 달했다.

수많은 신한류 붐을 일으킨 콘텐츠 중, K팝이 이를 주도하며 한류가 세계적으로 확산되었다. 특히, 2012년에는 가수 싸이가 유튜브 조회 수 16억 건 돌파로 세계 신기록을 달성하였고, 2013년 한국인 최초로 '빌보드 뮤직 어워드'를 수상하기도 하였다. 싸이 외에도 많은 아이돌 그룹이 현재에도 K팝 열풍을 일으키고 있다.

그 외 드라마나 영화, 게임, 캐릭터, 애니메이션 등의 대중문화 또한 해외에서 잇따라 인기를 끌고 있다.

이러한 신한류 열풍은 1980년 해당 통계 집계 이래 2012년 처음으로 문화산업 수출액이 수입액을 추월하기도 하였다.

한류 발전단계 및 문화서비스 수출입 추이

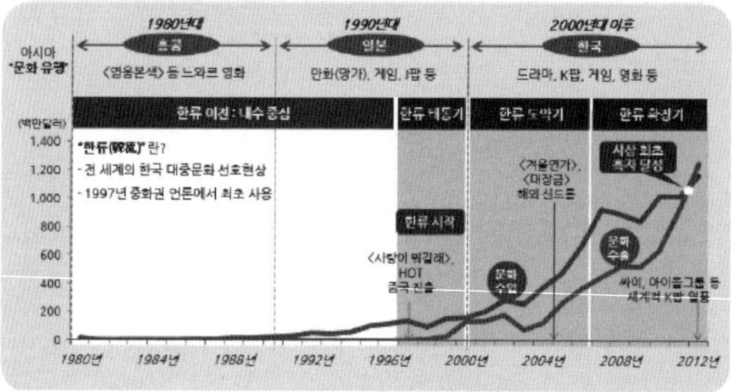

앞서 언급한 한류의 연대별 발전단계 및 영역은 위의 표와 같이 1997년 중화권언론에서 최초로 사용하여 한류 태동기-한류 도약기-한류 확장기를 거쳤으며, 드라마 〈사랑이 뭐길래〉와 가수 HOT의 중국 진출을 시작으로 기타 드라마 및 K팝·게임·영화 등으로까지 확장되었고, 2012년 사상 최초로 흑자 달성을 이루었다.

3) 한류와 신한류 비교

과거 붐을 일으켰다가 사라진 한류와 현재 새로이 붐이 일고 있는 신한류의 차이점을 비교하자면 아래와 같이 크게 두 가지로 나뉜다.

첫째는 한류 콘텐츠의 변화이다. 최근 신한류의 주된 콘텐츠가 과거의 한류와 다른 점을 간과할 수 없다. 초기의 한류는 일본의 콘텐츠를 모방한 TV드라마와 대중음악 위주였지만, 최근의 신한류는 보다 진보된 뉴미디어를 통해 무국적 성향을 띤 한국형 소모성 콘텐츠가 주를 이룬다. 즉 TV프로그램, 대중음악 등 전통적인 문화콘텐츠가 중심이 아니고 유튜브(Youtube), 온라인 게임, 모바일 제품 등을 통한 뉴미디어 기반의 콘텐츠가 신한류 현상을 주도하고 있다. 게다가 한류 현상이 성숙되면서 대중문화콘텐츠에 한정되지 않고, 한국 문화의 다양한 방면, 즉 한국어·한국산 제품·관광 그리고 의식주 문화에 이르기까지 널리 확산되고 있다.

둘째, 한류 콘텐츠의 유통지역과 대상의 변화이다. 먼저 한류가 소비되는 지역을 구분하면, 한류의 초기에는 중화권(중국·홍콩·대만·싱가포르 등)과 일부 동남아시아 지역(필리핀·베트남 등)이 그 대상이었고, 이후에 일본이 포함되었다. 그러나 최근 신한류는 중화권의 인기는 줄어들고, 중앙아시아(몽골·카자흐스탄 등)와 동남아시아에서 좀 더 확대된 주변국가들(태국·캄보디아·인도네시아·동유럽·남미 등)에서 인기가 높아지고 있다. 하지만 언론에서 가끔 회자되는 서양 일부 지역의 한류 현상은 말 그대로 이슈나 뉴스거리로 보는 것이 옳다. 그리고 일본의 경우는 조금 특이한 점을 발견할 수 있는데, 일본은 아시아 최대의 문화콘텐츠 생산국이자 소비국이다. 그런데 한국의 콘텐츠가 널리 소비되는 현상은 과거에 문화가 선진국에서 후진국으로 전달된다는 보편적인 원칙에서 벗어난다. 따라서 한류 현상은 아시아 국가들의 정치, 경제, 문화적 변화의 순차적 기회로 발생했지만, 최근 디지털 미디어의 발전과 세계화 등으로 인해 문화의 다양화, 혼종화의 영향을 받고 있는 것으로 보인다.

4. 신한류의 파급효과

1) 국가브랜드 이미지 상승 효과

한류는 여러 긍정적인 파급효과로 연결되어 나타나고 있으나, 그중에서 한국의 국가브랜드 이미지 상승에 당연히 도움을 주고 있다.

국가브랜드는 다양한 구성요소들이 결합된 형태로 작용하기 때문에 한두 가지 사건이나 요소에 의해서 좌우되지 않으므로 국가브랜드 이미지를 단기간에 상승시키기 어렵다는 일반적인 견해와는 달리, 한류라는 문화적 소비 현상은 비교적 단기간에 한국의 국가브랜드 이미지를 긍정적으로 강화하였다는 측면에서 주목할 필요가 있다.

국가브랜드란 한 국가의 자연환경·국민·역사·문화·전통·정치 체계·경제 수준·사회 안정·제품·서비스·문화 등의 유형 또는 무형의 정보와 경험을 활용하여 내외국민들에게 의도적으로 심어주고자 기획된 상징체계라 할 수 있다. 다시 말해 국가브랜드는 사람들로 하여금 특정 국가 또는 특정 국가의 집단, 제품, 서비스를 식별하고 다른 국가와 구별하도록 의도된 이름·용어·기호·심벌·디자인 또는 이것들의 조합이라고 할 수 있다. 이러한 국가브랜드 관리는 자국의 소비자뿐만 아니라 타국의 소비자들이 해당 국가의 정치·경제·문화·제품·사람·역사 등에 대해 생각하고 있는 다양한 이미지를 종합적으로 관리하는 것이다.

특히 국가브랜드 이미지의 관리는 매우 중요한 결과로 나타나는데, 이는 정부, 기업, 국민이 함께 창출해내는 것으로 국가경쟁력, 산업경쟁력, 사회·문화 경쟁력과 밀접하게 연관되어 있다.

한류 현상 중 특히 패션 한류는 중국인들에게 한국에 대한 인식과 호감에 긍정적 영향을 주었고, 드라마 한류 역시 국가브랜드 이미지에 영향을 미쳤을 뿐만 아니라 기업이미지에도 영향을 미쳤다. 그 외에도 한류는 대부분 한국에 대한 이미지를 긍정적으로 변화시키고 국가브랜드 이미지를 개선시켰고, 동시에 한국제품에 대한 이미지까지도 변화시켰다.

전체적으로 볼 때, 한류제품의 경험-의류, 식품, 영화 및 드라마에 대한 인식은 국가브랜드 이미지에 긍정적인 영향을 주었다.

2) 경제적 효과 상승

다양한 TV 드라마·음악·영화·게임 등의 문화산업분야가 각국에 수출되고 직접적으로 고부가가치를 창출하여 한국의 국내 산업발전에 기여하고 있다. 이 파생효과는 한류와 관련된 음식·화장품·의류·패션·미용 등의 파생상품 개발과 수출을 활발하게 함으로써 부수적인 파생상품의 수출 및 관련 산업에도 긍정적인 영향을 미치고 있다.

한국 콘텐츠에 영향을 받은 각 국가의 소비자들은 스타의 패션·의류·미용 등을 모방하게 됨으로써 관련 산업이 활성화되었고, 한국으로 관광객이 몰리면서 관광 및 음식들의 파생상품도 매출이 증가하게 되었다. 일례로 과거 드라마 〈대장금〉의 인기 이후, 한국 전통음식에 대한 관심이 높아지면서 각국의 대형 음식점들이 한국 궁중음식 체험 등의 상품을 개발하기도 하였다.

한류는 최초 출현 당시에는 단순히 문화 현상이었다. 하지만 이제는 문화교류뿐만 아니라 문화 파생상품의 시대로 들어섰다.

이러한 한류의 직접적인 경제효과는 문화상품의 수출증대 효과까지 기대해볼 수 있다. 음반·영화·방송·게임 등 한류의 중심에 있는 문화콘텐츠 산업 및 파생상품의 수출 증대라고 할 수 있다. 현재 중국에는 많은 한류 스타들이 인기를 누리고 있어 이들에 관한 중국어 사이트가 수백 개에 이르고 중국에 진출한 한국 기업과 외국 기업뿐만 아니라 대표적인 중국 기업들도 한류 스타들을 광고에 출연시키고 있다. 또한 한류 드라마의 인기는 한국의 음식·패션·미용·한국어 교육 등으로 파급되고 있다.

3) 사회문화적 효과

한류는 처음 중국에 진출할 때, 단순히 드라마·가요·음식 등의 대중문화 방식으로 나타났다. 그러나 현재는 신한류 붐이 일며 문화방면이 중국사회의 가치관, 이데올로기까지 변화시켰다. 문화적 파급효과에서 중심에 있는 것은 스타이다. 중국과 대만, 홍콩, 베트남, 싱가포르 등지에서는 한국 스타의 인기가 매우 높다. 각국의 팬들은 이들의 외모나 복장 등 스타일을 따라 하려는 경향이 아주 강하고 이외에 시장에서는 한글이 쓰인 옷이나 스타들과 관련한 각종 소품들이 인기를 끌고 있다. 한국의 인기스타, 한국의 음식, 한국의 드라마, 한국의 패션까지 다양한 한국 문화들을 공유하고 경험하려고 한다. 한국문화를 이해하고 음악이나 드라마, 영화 등에 대한 이해를 높이고 한국 문화를 긍정적으로 수용하게 된 것이다.

5. 지속적인 신한류의 장애요소

IT 산업의 눈부신 발달로 한국은 유튜브 등 소셜미디어의 영향력이 확대되는 콘텐츠 분야에서 유리한 위치를 선점하고 있을 뿐만 아니라, 한국인 특유의 감성과 열정 등을 발휘해 세계인의 호감을 얻고 있다.

이렇듯 한류는 많은 장점들로 최근 세계적으로 인기를 누리고 있지만, 향후의 지속 여부는 불확실한 상황이다. 아래와 같은 설문조사가 이와 같은 사실을 뒷받침해준다.

한류 지속 여부에 대한 CEO 설문조사

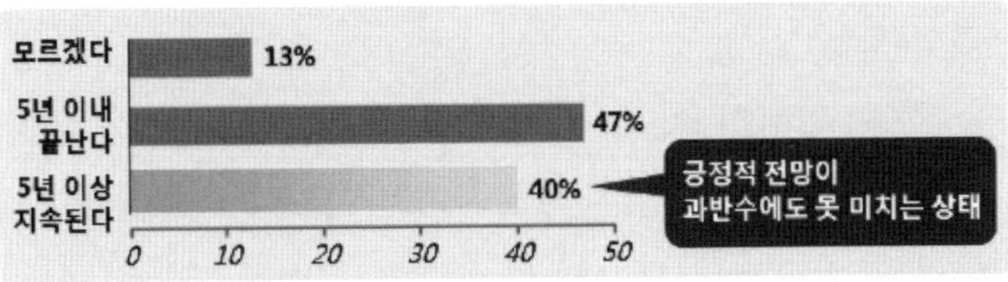

이와 같이 지속적인 신한류의 장애요소 부분을 정리하자면 아래와 같다.

첫째, 내부적으로 '콘텐츠 경쟁력 저하와 다양성 부재'가 문제점으로 지적되고 있다. 스타 중심의 대중문화에 편중되면서 한류 콘텐츠의 다양성이 갈수록 부족하고, 비슷한 결말이 반복되는 드라마, 유사한 콘셉트의 아이돌 가수 등 스타일 자가복제가 증가하면서 소비자가 싫증을 느끼기 시작한 것이다.

둘째, 외부적으로 '반한류·혐한류 기류 확산과 불법복제 범람' 등이 한류의 지속에 장애요소로 작용한다. 한류의 핵심 소비국인 중국과 일본에서는 일방적인 한국문화 전파로 자국문화에 대한 위기감이 팽배해지면서 반한류 정서가 고조되고 있는데, 특히 중국에서는 황금시간대에 외국 드라마 방영을 금지하고 있고, 일본은 독도 문제와 맞물려 한류스타 퇴출을 요구하는 반한류 시위가 발생하기도 하였다. 또한 한류 콘텐츠 불법 다운로드, 복제 DVD 유통 등이 만연하여 저작권자에게 돌아오는 실질적 수익이 저하되기도 하였다.

6. 지속적인 신한류를 위한 전략

한류가 일시적 열풍을 넘어 글로벌 사회로부터 '주류 문화'로 인정받기 위해서는 지속성과 세계성을 겸비한 '신한류'로 거듭나야 한다. 이에 신한류로 업그레이드하기 위한 전략을 아래와 같이 여섯 부분으로 정리한다.

첫째, 한류 범위의 확장이다.

한류의 범위를 스타 중심의 대중문화뿐 아니라 순수예술, 생활문화 등 한국문화 전반으로 확산해야 한다는 것이다. 영국, 미국, 일본 등 소위 문화강국은 문학·철학·미술·음악 등에서 전통과 현대를 망라하는 다채로운 문화 스펙트럼을 보유하고 있다. 이에 한국도 한류의 범위를 K팝이나 드라마 등 스타 중심 분야에서 클래식·현대미술·문학·무용 등 순수예술 분야나 의식주 등의 생활문화 분야 등 비인기 영역의 문화장르까지 확대해야 한다.

둘째, 한류 콘텐츠의 희소성을 높이기 위해서는 한국적 가치의 발굴 및 융합 등 한국만의 독창성을 강화해야 한다.

서구문화를 모방하는 수준으로는 한류의 성공을 보장하기가 어렵다. 그러므로 글로벌 콘텐츠에 한국만의 문화유전자를 창조적으로 융합하여 희소가치를 높여가야 한다. 대표적 한류 드라마인 〈겨울연가〉, 〈대장금〉은 '정, 예의(충)' 등이, K팝은 '역동성, 흥' 등의 문화유전자가 융합되어 성공한 사례이다. 한국은 세계적으로 유명한 전통 스토리가 부족하므로 후대에도 오래 살아남을 수 있는 새로운 문화적 소재를 적극 발굴해야 할 뿐만 아니라, 이를 더욱 확장시켜 한국 고유의 스토리와 문화원형을 발굴해 글로벌 감각으로 재창조할 필요가 있다.

셋째, 건전한 창작 환경의 구축이다.

튼튼하고 건강한 한류 창조의 환경을 조성하여 시장을 확대해야 한다. 새로운 창작 인력과 자본이 모이지 않으면 문화산업 시장은 급격히 위축될 수밖에 없다. 따라서 다수의 유능한 창작자가 제한 없이 활동하고 창조력을 발휘할 수 있는 환경을 조성해주고, 아이디어만 참신하면 프로뿐 아니라 아마추어나 고객까지도 자유롭게 진입하여 활동할 수 있도록 해야 한다. 그리고 창작자에게 수익이 고루 나눠지도록 수익구조를 개선하고, 현행 불법 다운로드 등의 침해에 대한 제재를 한층 강화할 필요가 있다.

넷째, 반한류·혐한류를 최소화하기 위해 문화교류와 합작을 적극 활용 한다.

한류의 핵심 소비국가인 중국와 일본 등의 반한류와 혐한류는 한류의 지속발전에 걸림돌이자 난제이다. 이를 풀어가기 위해서는 '우리 문화가 최고'라는 우월성을 과시하기보다 다양한 방식으로 해외문화를 수용하여 상호 이해와 존중을 바탕으로 양방향성 문화교류를 추진해야 한다. 또한 해외 현지업체와의 공동제작을 통해 한국 문화와 한류에 대한 견제와 거부감을 최소화해야 한다. 공동제작의 범위는 자본과 인력, 기술 지원뿐 아니라 배급, 유통, 해외 방송사 협력 등 다방면으로 확대해야 한다.

다섯째, 한류를 전파할 수 있는 온·오프라인 플랫폼 구축으로 한류 체험을 극대화해야 한다.

한류의 성공에는 유튜브 등 온라인 매체가 촉매가 되어 폭발적으로 확산된 것이 주효했다. 온라인 플랫폼은 한류 전파력을 배가시키기 위해 다국어를 기반으로 해야 한다. 이에 다양한 언어 제공 및 다국어 번역 기능을 강화함으로써 글로벌 한류 확산을 가속화해야 한다. 오프라인 공간에서는 한국문화원, 코리아타운, 세종학당 등 해외 거점기관을 한류 전파의 교두보로 활용하고 한국 문화가 밀집된 클러스터를 형성하여 한류 팬의 국내 방문을 유도해야 할 것이다.

여섯째, 한류 소비국을 국가별로 세분화하여 맞춤형 마케팅을 전개한다.

동일한 콘텐츠로 다양한 국가의 한류 소비자를 공략하기는 어렵다. 따라서 국가별로 선호하는 콘텐츠를 파악하여 보다 세밀한 해외진출 전략을 세워야 한다. 예를 들어, 얼마 전 싸이 등을 계기로 한류에 대한 관심이 촉발된 신흥국은 K팝 인기를 활용해 다른 장르로까지 인기를 확산시킬 수 있도록 한다. 유럽 등 예술성을 중시하는 문화 선진국에는 클래식이나 전통문화 등을 전파하고 아프리카와 같은 한류 무풍지대에는 시장개척 차원에서 콘텐츠를 무료 수출하는 등 한류 보급에 힘쓸 필요가 있다.

참고문헌

강내영, "중국의 항한류 현상 연구 : 드라마와 영화를 중심으로", 『중국학연구』 제43집, 중국학연구회, 2008.

강병남, "한국음식의 글로벌화 전략", 『진주산업대학교 논문집』 제24집, 2006.

강형구·문효진·윤정원, "한국의 국가 이미지 및 문화상품 이미지에 대한 상호인식에 관한 연구", 『광고연구』 가을호, 한국방송광고공사, 2007.

공봉진·이강인·조윤경, 『한 권으로 읽는 중국문화』, 산지니, 2010.

권연수, "한류 지속을 위한 현지와 전략 연구-일본을 중심으로", 인문콘텐츠학회 2005년도 국제학술심포지엄(2005. 9.), 2005.

김기덕, "미디어 콘텐츠 속 한중일 젊은 세대의 역사문화 갈등과 대안모색", 『통일문학논총』 제52집, 2011.

김명전, "국가브랜드 관리를 위한 한국의 이미지 지형에 관한 연구", 성균관대학교 박사학위논문, 2005.

김유경 "국가브랜드 개성의 차원에 관한 연구", 『광고연구』 여름호, 2007.

김유경·이창현·손산산, "국가브랜드에 대한 태도가 제품구매의도에 미치는 영향-중국의 한류를 중심으로", 『커뮤니케이션학 연구』, 2008.

김재은, "한류현상이 중국 신세대 패션에 미친 영향 분석", 『한국의류학회』 vol. 28. 2004.

남종호, "중국 '韓流' 현상과 활용 방안", 『人文科學硏究』 제10집, 가톨릭대학교 인문과학연구소, 2005.

백종욱, "죽은 '한류'의 사회", 월간 『말』, 2008년 10월호, 2008.

서민수·정태수·주영민·이해욱, "新한류 지속발전을 위한 6大 전략", 삼성경제연구소, 2013.

손산산, "한류가 한국 국가이미지, 한국의도 및 제품 구매의도에 미치는

영향 : 중국인을 대상 중심으로", 한국외국어대학교 석사학위논문, 2007.
윤경우, "중국의 '한류' 수용과 저항 : 중국 문화정체성의 국제문화관계학적 함의", 『한국과 국제정치』 통권 22권 3호, 2006.
윤영근, "한국드라마 체험, 한류 및 한류 제품 태도가 구매의도에 미치는 영향연구", 홍익대학교 석사학위논문, 2009.
이준웅, "중국의 한류현상에 대한 매개된 문화간 커뮤니케이션 효과 모형 검증 연구", 『한국방송학보』, 통권 20-3, 2006.
이창현·김유경·이효복, "한류경험의 유형이 국가브랜드 이미지와 기업 및 제품의 인식에 미치는 영향에 관한 연구", 『광고연구』 87호, 2010.
정형식, "중국시장에서 소비자의 한류지각이 한국상품 구매 및 국가이미지에 미치는 영향", 『소비자학연구』 17-3, 2006.
주정민, "한류 콘텐츠에 대한 '반한류' 현상의 원인과 대응 : 중국, 일본을 중심으로", 『디아스포라 연구』, Vol.7 No.2, 전남대학교 세계한상문화연구단, 2013.
허진, "중국의 한류현상과 한국 TV 드라마 수용에 관한 연구", 『한국방송학보』 16-1, 2002.
황상민, "한류 속의 아시아 청소년 사이버 문화 : 온라인게임의 확산을 중심으로", 연세대학교 심리학과, 2002.

http://blog.naver.com/fofisubin?Redirect=Log&logNo=60212835597 (검색일 : 2014. 03. 10.)
http://terms.naver.com/entry.nhn?docId=1625261&cid=3873&categoryId=3881 (검색일 : 2014. 03. 13.)

7장

중국의 환경오염과 환경정책

박미정

1. 머리말

중국은 지난 1978년 개혁개방정책 시행 이후 경제성장 방식을 전환하면서 연평균 10%대의 급속한 경제성장 속도를 보여왔다. 이와 동시에 심각한 환경오염 문제가 진행되었다. 환경문제는 경제성장에 따른 것으로 산업화, 도시화와 밀접한 관계가 있다. 특히 중국과 같이 단기간에 고도성장을 이룬 국가의 경우 양적 성장에 치중한 나머지 환경문제는 차선 고려 대상으로 여겨왔다. 이로 인해 오염물질의 배출량이 꾸준히 증가하고 무분별한 자원 남용은 생태 환경 파괴를 가속화시켜왔다. 최근 들어 더욱 심각해지고 있는 중국 환경문제는 이러한 두 가지 환경파괴 양상을 모두 내포하고 있다는 점에서 그 심각성이 두드러진다.

중국의 환경문제는 자국 내 문제에 국한되지 않는다. 지난 2013년 국제에너지기구는 지구온난화의 주범인 이산화탄소의 배출량이 지난 2008년을 전후하여 미국을 제치고 중국이 세계 최대가 되었다고 밝혔다. 또한 영국의 기후변화연구센터에서 발표한 한 보고서에 따르면 2013년 전 세계 이산화탄소 배출량 분석에서 가장 큰 증가세를 나타낸 곳으로 중국(27%)을 꼽았다. 이어 미국(14%), 유럽연합(10%), 인도(6%) 등의 순으로 나타나고 있다. 이러한 증가 추세는 향후에도 지속적으로 나타날 것이라는 전망이 지배적이다. 또한 인접국가들 상당수가 매년 중국에서 넘어오는 황사와 미세먼지로 인해 환경적 영향을 받고 있어 주변지역의 환경문제에도 일정 부분 원인 제공을 하고 있다. 결국 이러한 환경문제는 한 국가의 경제적, 사회적 문제에 그치지 않고 전 세계 환경과 생태계에 부정적인 영향을 미쳐 국제적인 문제로 확대되고 있다. 이는 중국 환경오염의 심각성이 국경을 뛰어 넘어 전 세계 공통 논의 대상으로 심화되고 있음을 보여주는 것이다.

이러한 환경문제를 둘러싼 심각성에도 불구하고 중국정부는 성장 우선의 경제방식을 고수하며 다소 소극적인 대처를 보여왔다. 하지만 2000년대 들어서면서 경제 구조의 개혁을 통해 질적인 경제 성장의 중요성을 강조하며 환경문제에 적극적 관심을 보이고 있다. 환경보전을 위한 정책을 본격적으로 강화하고 법규체제와 집행을 엄격하게 시행하며 순환경제 발전체제 전환을 모색해가고 있다. 또한 국무원에서 2011년 12월 발표한 '국가환경보호 12·5규획(國家環境保護十二五規划)'을 들여다보면 중국정부의 환경문제에 대한 해결 의지를 엿볼 수 있다. 지난 11·5규획에서도 언급한 바 있는 무분별한 개발과 건설, 열악한 생태환경보호 인프라, 생태환경 법체계 및 관리감독의 미비 등 환경보호를 가로막는 문제점들을 해결하기 위해 12·5규획을 통해 정부 차원에서 환경보호 산업의 시장화 전환을 가속화할 방침을 밝힌 바 있다. 또한 중국 환경단체들의 활동도 점차 영역을 넓혀가고 있다. 세계 각국의 환경 NGO들과 연계하여 국제교류 및 협력을 활발히 하여 중국 사회에서 그들의 역할에 대한 인식을 제고하고 있다. 중국정부나 기업 차원의 환경문제 해결 노력에서 나아가 민간단체로까지 점차 확대되는 양상을 보이고 있다. 이상에서 서술한 내용을 근간으로 향후 중국의 환경문제를 둘러싼 중국정부와 기업, 환경단체의 해결 노력 등에 관해 살펴보고자 한다.

2. 중국 환경오염의 원인과 실태

1) 원인

중국은 풍부한 노동력과 천연자원을 이용하여 개혁개방 이후로 매년 10% 이상의 실질 성장세를 보이며 경제대국을 향한 발전 가능성을 보여왔다. 하지만 비약적인 경제 성장은 지역 간·도농 간 격차의 심화, 자원부족 및 심각한 환경오염 문제를 발생시켰다. 급속한 공업화로 인한 환경오염과 자원고갈은 심각한 당면 과제로 대두되었다. 또한 중국의 환경문제는 자국 내 문제에 국한되지 않고 세계 환경과 생태계에도 영향을 미쳐 국제적인 문제로 확대되고 있다. 아시아 태평양 지역에 인접한 일부 국가들의 경우 중국발 황사와 미세먼지로 인한 스모그 현상 등 이미 피해를 입고 있다. 이는 중국 환경오염의 심각성이 자국에 국한되지 않고 전 세계적으로 해결해야 할 당면한 문제로 공론화되었음을 나타내는 것이다. 지구 온난화의 주범인 이산화탄소의 배출량이 지난 2008년에 이미 미국을 제치고 세계 최고 수준을 기록했으며 현재 세계 온실가스 배출량의 23%가 중국에서 배출되고 있다. 특히 대량의 석탄 사용으로 인한 아황산가스의 배출은 대기오염을 더욱 심화시키고 있다.

그렇다면 중국에서 이러한 환경오염이 발생하게 된 원인은 무엇인가? 다음의 몇 가지로 그 원인을 꼽아볼 수 있다.

먼저 중국은 환경오염 관리시스템이 아직 제대로 갖춰지지 않은 상태에 있다. 지금까지 양적인 경제성장에 치중해오면서 경제개발과 환경관리 시스템이 균형적으로 발전되지 못하였다. 이러한 중국식 경제성장방식의 특징이 오늘날 환경오염 사고가 빈번히 일어나게 된 이유 중 하나로 볼 수 있다. 환경오염 사고를 미리 예방할 수 있는 시설과 기술이 부족한 상태에서 오염사고가 발생했을 때 대형 환경오염 사고로 이어지는 것이다.

다음으로 중국에서는 환경법규를 위반했을 때 해당 기업에 대한 정부의 규제가 벌금부과나 책임자 해임 정도 수준에서 마무리되는데 이는 대부분의 해당 기업들이 국유기업이라는 체제적 요인에서 기인한다. 2005년 송화강 벤젠오염 사고와 광동성의 북강(北江) 카드뮴 유출 사건은 중국 대형 국유기업이 발생시킨 대형 환경오염사건이라는 공통점을 가지고 있다. 송화강 오염사건은 길림 석유화학공사, 북강 오염사건은 소관제련공장이 유발한 것으로 모두 중앙정부에 소속되어 직접적인 관리를 받는 국유기업이다. 정부는 공장 가동정지 명령, 책임자 구속과 같은 강력한 처벌로 인해 실업자 발생, 생산량 및 세수감소, 중앙정부에까지 미칠 경제적, 정치적 영향을 고려해 처벌을 최소화하는 것이다. 이러한 국유기업에 대한 특혜로 환경오염 물질 배출량을 초과하는 정도의 일은 흔히 있을 수 있는 일로 여겨지고 있으며, 빈번히 일어나는 환경오염 사건의 중심에 국유기업이 자리 잡고 있다.

또 환경보호에 대한 중국 국민들의 낮은 인식을 들 수 있다. 중국은 환경보호 활동 참여도도 다른 나라에 비해 아직 낮은 편인데, 이는 환경보존에 대한 의식 결여가 환경오염을 악화시키는 요인으로 일정 부분 작용하고 있음을 말해준다. 중국정부는 국민들의 환경의식을 제고하기 위해 지역적으로 환경의식 개선을 도울 기관과 서로 정보를 교류할 수 있는 체제를 마련하고 국민들의 참여를 이끌어내 환경오염을 줄여나가는 방안을 모색하고 있다. 그러나 근본적으로 중국의 양적 성장을 우선시하는 정책하에 질적 성장 추구라 할 수 있는 환경정책은 어디까지나 부수적인 부양 정책에 해당될 수밖에 없다.

중국의 환경관리체계도 환경오염 사고 발생의 원인으로 작용하고 있다. 중국은 책임과 권한이 분산되어 있는 형태로 우선 중앙정부에서 환경보호 정책을 결정하면 지방정부에서 각 실행 계획을 수립, 집행한다. 이는 다시 하부 기관으로 전달되어 국가환경보호국에서 지방환경보호국을 지도하고, 지방환경보호국은 예산과 인력을 배당받아 계획을 실행하게 된다. 이러한 체계는 성과에 치중하는 경향을 보이며 환경오염물질 배출 관리에 느슨해지는 허점을 안고 있다.

2) 실태

중국정부는 환경오염의 원천을 수질오염, 대기오염, 고체폐기물오염의 세 가지로 분류하고 있다. 중국의 환경오염사고는 지난 2000년 전체 발생건수 2,411건, 2008년에는 474건에 달하며 그중 수질오염 사고 건수가 가장 많은 비중을 차지하고 있다. 빈번한 환경오염 사고로 중국은 경제적, 사회적으로 막대한 손해를 볼 뿐 아니라 중국인들의 건강과 생존도 위협을 받고 있으며 주변국의 환경에도 부정적 영향을 미치고 있다. 중국의 환경오염 사고는 우발적으로 발생하는 것보다 오염물질 배출관리 시설의 미비와 환경오염에 대한 인식 부족에서 발생되는 특징을 보이고 있다.

중국은 개혁개방 이후 공업화로 인해 수질오염물질, 대기오염물질, 고체폐기물질의 배출이 급격히 증가되었고, 중국정부는 이상의 세 가지 폐기물을 삼폐(三弊)로 규정하고 있다. 삼폐 오염의 실태를 살펴보면 다음과 같다.

(1) 수질오염

수질오염은 상당히 심각한 수준을 보인다. 중국은 전 세계 인구의 20%를 차지하고 있다. 반면에 수자원의 보유량은 7%에 그치고 있어 심각한 물 부족 국가에 속한다. 중국 내 661개 주요도시 중 420개 이상의 도시가 물 부족에 시달리고 있으며, 1인당 수자원은 2,300㎥[1] 수준으로 세계 평균의 1/4에 불과하다. 이는 기후 변화에 따른 강수량 감소 및 사막화 등의 영향에 의한 것으로 북부 지역이 남부 지역에 비해 심각한 편이다.

정부의 규제강화로 공업폐수 배출량은 감소세를 나타내고 있지만, 2013년 중국환경보호의 발표에 따르면, 2013년 3월 현재 중국 전체 오폐수 배출량은 659.2억 톤이며, 그 가운데 공업용 폐수가 230.9억 톤으로 총오폐수 배출량 중에서 35%가량을 차지했고, 도시생활오수 배출량은 427.9억 톤으로 64.9%를 차지했다. 이는 도시화와 산업화로 인한 수질오염의 심각성을 여실히 드러내고 있다.

〈그림1〉 중국 전체 오폐수 및 주요 오폐물 배출 현황

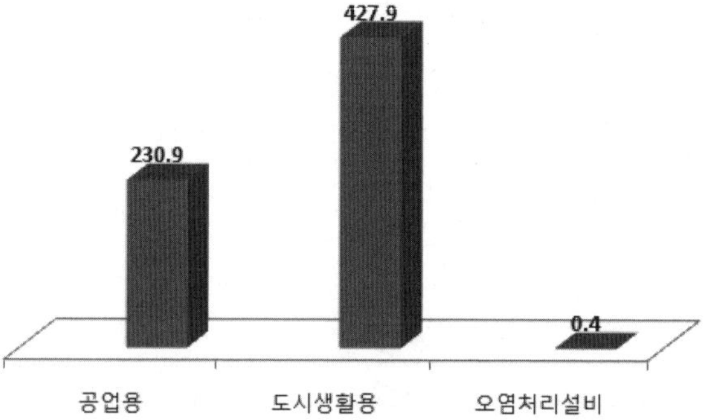

출처: 中華人民共和國環境保護部環境統計年報(2013. 03. 27) 참조, 필자 구성

1) 1㎥→1000L

〈그림2〉 중국의 각 지역별 오폐수 배출량 현황 분포도

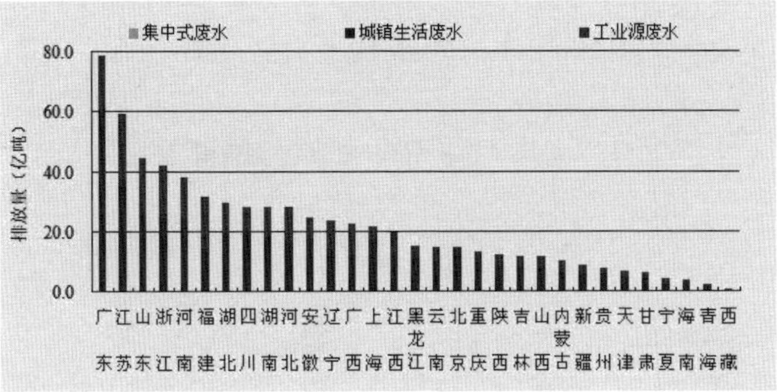

출처: 中華人民共和國環境保護部環境統計年報(2013. 03. 27 기준) 참조

지역별 오폐수 배출량 분포를 보면, 2011년 오폐수 배출량 30억 톤이 넘는 지역은 광둥(廣東), 장쑤(江蘇), 산둥(山東), 저장(浙江), 허난(河南), 푸젠(福建) 등 6개 성(省)으로 모두 합해 293.7억 톤을 기록하며, 전 지역 가운데 44.6%의 비중을 차지했다. 〈그림2〉에서와 같이 공업용 오폐수 배출량이 가장 큰 지역은 강소(江蘇), 도시생활용 오수 배출량이 가장 큰 지역은 광둥(廣東) 지역으로 해당 지역들은 1990년대 이후 꾸준히 공업시설이 들어서고 도시화가 이루어지면서 환경오염이 급속히 진행되어왔다. 비슷한 수준의 공업화 도시들에서도 이러한 현상이 진행되고 있는 것을 찾아볼 수 있다.

중국 10대 강과 하천 유역의 오폐수 배출 상황을 보면 앞서 살펴본 도시들보다 훨씬 심각한 수준임을 알 수 있다. 2013년 기준 송화강(松花經)이 경도(輕度) 오염, 황하(黃河), 회하(淮河)와 요하(遼河)가 중도(中度) 오염, 해하(海河)가 고도(高度) 오염으로 가장 심각한 오염을 보이고 있다. 하천 유역 가운데 도시지역의 하천은 90%가 매우 심각한 오염 상태를 보이며 경제발전이 지속될수록 동부에서 서부로 오염이 확산되어가는 현상을 보이고 있다. 회하(淮河)는 발해만으로 유입되

고 요하(遼河)는 요동만으로 유입되고 있어 서해의 오염 원인으로 지목되고 있다. 이러한 수질오염물질 유출은 중국 연근해뿐만 아니라 동북아시아 지역 해양 오염의 원인이 되고 있다.

〈그림3〉 중국 10대 유역 오폐수 배출량 분포도

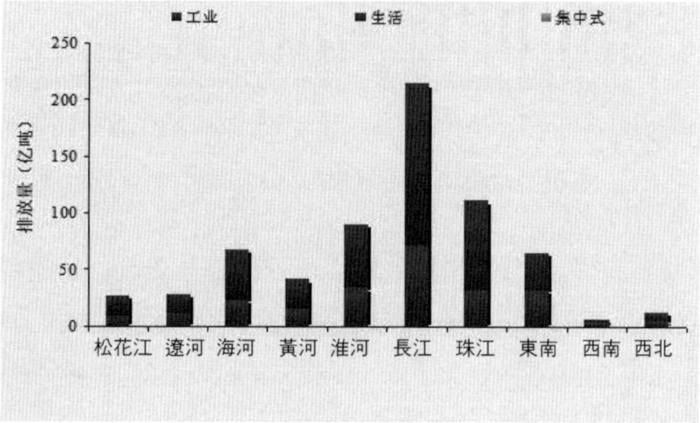

출처: 中華人民共和國環境保護部環境統計年報(2013. 03. 27 기준) 참조

중국의 수질오염 사고는 주로 화학, 제지, 금속제조 공장 등지의 물품 제조과정에서 폐기 오염물질을 제대로 처리하지 못하여 발생하고 있다. 특히 2011년 국가통계국에서 조사한 41개의 공업 업종 가운데 가장 많은 오폐수 배출량을 기록한 업종은 제지산업과 펄프산업, 화학 원료 및 화학제품 제조업, 방직업, 전력·열에너지 생산 및 제공업 등으로 나타났으며, 4개 업종의 오폐수 배출량은 107억 톤으로 전체의 절반가량을 차지하고 있다.

〈그림4〉 중점 업종별 오폐수 배출량 비중 분포도

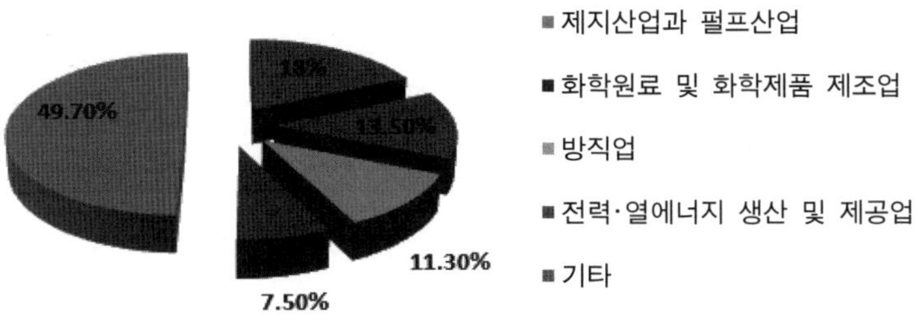

출처: 中華人民共和國環境保護部環境統計年報(2013. 03. 27 기준) 참조

(2) 대기오염

중국의 급격한 산업발전과정에 따른 아황산가스의 배출량의 증가와 매연 배출량의 증가로 대기오염이 비교적 빠르게 진행되고 있다. 대기오염은 빠르고 쉽게 국경 간의 이동이 가능해 세계 각국은 오염수치의 증감에 큰 관심을 가지고 주목하고 있다. 특히 이산화탄소, 아황산가스, 이산화질소, 미세먼지 등은 산성비를 유발하는 주요 대기오염물질로 세계기구에서도 집중 조사하여 관련 보고를 발표하고 있다. 국제에너지기구(IEA)가 발표한 '2009 세계에너지 전망'에서 이산화탄소 배출량 세계 1위 국가로 중국이 지정되었다.

2008년 중국환경실태 보고에 따르면 519개 도시 대기환경 수준을 조사한 결과 1급에 해당하는 도시가 21곳(4.0%), 2급에 해당되는 도시가 378곳(72.8%), 3급 113곳(21.8%), 3급 이하 7곳(1.4%)으로 나타나고 있다. 이 결과를 통해 대부분의 도시 대기환경이 양호한 상태이기는 하나 2007년에 비하여 악화된 수치이며 부분적으로 대기오염이 더욱 심화된 도시들도 있다는 것을 알 수 있다.

〈그림5〉 연도별 이산화탄소 배출량

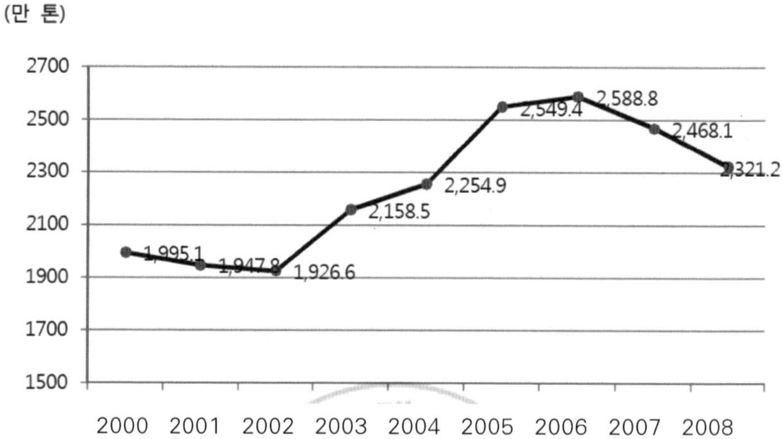

출처: 中國國家統計局, 中國統計年鑑(2009년) 참조

〈표1〉 2011년 전국 대기오염물질 배출량표

이산화황 배출량(만 톤)				매연 배출량(만 톤)				
배출총량	공업원	생활원	집중식	배출총량	공업원	생활원	엔진차량	집중식
2217.9	2016.5	201.1	0.3	2404.3	1729.5	37.0	637.5	0.3

출처: 中國環境保護局, 2011年全國大氣環境狀況 (2014. 05 기준) 참조

산업별 대기오염물질 배출 상황을 보면 전력 및 열에너지 생산 공급이 이산화탄소배출량과 매연배출량의 가장 높은 수치를 보였고, 비금속 광물 제조업에서 분진 배출량이 가장 높은 것으로 나타났다. 이산화탄소와 매연 배출량을 줄이기 위해서는 화력발전소의 대기오염 물질 배출 규제와 관련 시설의 설비가 관건임을 알 수 있다.

〈표2〉 산업별 대기오염물질 배출량

업종	CO_2배출량 (만 톤)	매연배출량	분진배출량
전력 및 열에너지생산공급업	1,059.94	250.36	0.61
방직업	26.38	12.83	0.28
화학원료 및 화학제품 제조업	103.54	46.94	12.5
금속제조업	4.23	2.3	1.1
전자기계 및 자재 제조업	1.42	0.82	0.07
통신설비 제조업	1.14	0.56	0.26
교통운수설비 제조업	4.21	2.94	2.98
비금속광물 제조업	168.06	98.53	355.26
의료제품 제조업	7.63	4.57	0.06
식품제조업	12.08	5.53	0.22
석유가공, 코크스, 핵연료 제조업	62.92	25.52	21.51
제지업	46.3	23.99	0.8

출처: 中國國家統計局(2009), 『中國統計年鑑』

(3) 고체 폐기물

2008년 전국 공업 고체폐기물 총 발생량은 190,127만 톤으로 2007년 대비 8.3% 증가하였고, 배출량은 782만 톤으로 2007년 대비 34.7% 감소되었다. 종합 이용량(전년도 저장량 포함) 123,482만 톤, 저장량 21,883만 톤, 처리량 48,291만 톤으로 각각 고체폐기물 발생량의 64.9%, 11.5%, 25.4%를 차지하고 있다. 경제개발로 인해 공업 고체폐기물이 증가하였지만 정부의 정책적인 규제와 관리로 종합 이용량이 크게 증가되어 실제 배출량은 감소하였다. 산업별 고체폐기물 분야에서는 광산업 분야가 247만 톤으로 가장 많은 고체폐기물을 배출했다. 주로 화학공업, 철금속 제조 분야의 기업에서 고체폐기물 발생량이 높으며, 화학공업이나 석유가공업종에서 발생된 위험폐기물로 인한 환경오염 사고가 빈번히 발생하고 있다.

3. 중국의 환경정책과 환경법률

1) 환경정책의 변화: 개혁개방 이후(1978년~)

(1) 초기단계(1978~1991년)

개혁개방과 함께 1980년대로 들어선 이후 중국은 경제 성장에 더욱 가속도가 붙기 시작했다. 1983년에 환경보호가 국가 기본 국책의 하나로 확정되었다. '조화로운 사회 발전이론'이 발표되었고, 동시에 '삼동보(三同步), 삼통일(三統一)'의 환경보호전략방침이 확정되었다. 삼동보·삼통일 방침이란, 환경, 경제, 사회 등 세 개 방면에서 효율성을 극대화하여 상호 조화를 이루어가며 발전해나가는 것을 의미한다. 곧 환경의 중요성이 부각되어가고 있음을 보여주는 정책이라 할 수 있다. 조화로운 사회 발전을 위한 주요 지침으로 '환경보호 3대 정책'과 '환경관리 8개항 제도'를 공포하여 환경보호정책과 제도체계를 점차 확대시켜나갔다. 중국의 '환경보호 3대 정책'은 예방위주의 예방·처리정책(預防爲主, 防治結合政策), 오염 원인자 부담정책(誰污染, 誰治理政策), 환경관리강화정책(强化環境管理策)을 가리킨다.

먼저 예방 위주의 예방·처리정책은 경제 발전 과정에 나타나는 대규모 경제 건설 부문의 영향으로 인해 환경오염이 촉발될 것에 대비해 마련한 정책이다. 주요 내용으로 '국가국민경제·사회발전규

획강요(國家國民經濟和社會發展規劃綱要)'에 환경보호 및 3동시 제도[2]와 환경영향평가제도의 시행 등이 포함되어 있다.

다음으로 오염 원인자 부담정책은 환경오염 제공자에게 오염처리에 관한 책임과 함께 비용 부담을 지우는 정책으로 주요 내용은 오염배출비용징수제도, 기업의 기술개발을 통한 공업오염 예방 등을 포함하고 있다.

환경관리강화정책은 환경관리 강화를 통한 환경문제의 해결과 환경재정을 증대하는 정책으로 주요 내용으로는 환경보호법규 완비, 정부의 환경보호기구 설립, 국가 및 지방의 환경관리감독시스템 구축, 지방정부에 대한 환경목표책임제 실시, 오염물질배출총량규제제도 실시 등을 포함하고 있다.[3]

(2) 발전단계(1992~2002년)

1990년대 초반 이후 중국은 '사회주의 시장경제'를 도입하기 위한 제도 개혁을 지속하였다. 외자유치를 촉진하고, 민영기업을 위한 회사법을 제정하며 사유재산권을 인정하는 헌법 개정을 단행하였다. 이 시기 중국의 전반적인 경제 상황은 민간부문의 역할 확대로 경제적 호황을 유지하였다. 중국정부의 환경정책도 강도를 더욱 높여가는 모습을 보이는데 1992년에 있었던 등소평의 남순강화 발표 이후 중국의 환경보호정책은 본격적으로 발전 단계에 들어서기 시작했다. 개혁개방의 진전과 지속가능한 발전 전략에 대한 구체적인 방안 등을

2) '三同時' 제도란 건설항목 중에서 환경보호설비는 반드시 주 공정과 동시에 설계하고, 동시에 시공하며, 동시에 생산에 투입 사용하여야 한다는 제도이다. 이는 중국 환경관리의 기본 제도 중의 하나로서 중국의 독창적인 환경법제이며 동시에 새로운 오염원의 신설을 통제하고 예방위주의 중요한 원칙을 실현하는 것이다.

3) 包茂宏, "中國的環境問題和環境政策", 『CHINA 연구』 제3집, 부산대학교 중국연구소, 2007, pp.339-346.

포함하고 있는 '환경발전 10대 대책'과 앞서 발표된 3대 정책을 기초로 하여 환경관리체계의 강화를 핵심부문으로 보강해 새로이 '환경관리 8개항' 제도를 발표했다. 이로써 중국은 환경보호정책과 제도 체계를 수립해나가며 점차 강화시켜나갔다. '환경발전 10대 대책'과 '환경관리 8개항'에 관한 주요 내용은 〈표3〉, 〈표4〉를 통해 구체적으로 제시하였다.

1993년에 전국인민대표회의에서 환경보호위원회가 설립되었고 '청결생산촉진법', '환경영향평가법' 등 5부의 새로운 법률이 제정되었고 '대기오염방지법'과 '수질오염방지법' 등 3부의 법률이 개정되었다. 개정된 환경표준 항목은 200여 개에 이르며 각 성(省), 자치구, 직할시 별로 지방 특성과 맞는 환경행정법규와 규정을 제정할 것을 공포하였다.

〈표3〉 중국 '환경관리 8개항' 제도 방침

사업 항목	주 요 내 용
주요 오염물 배출량 감축사업	■ 성진 생활 오수처리시설과 부대시설 관리망, 오니(sludge) 처리, 공업용수 오염 방지, 가축가금사육 오염 방지 등 수질오염물 배출량 감축 ■ 전력산업의 탈황과 탈질소산화물, 철강소결기 탈황과 탈질소산화물, 기타 비전력 중점 산업의 탈황, 시멘트 산업과 공업용 보일러의 탈질소산화물 등 대기오염물 배출량 감축 등
민생 환경 보장사업	■ 중점 유역 수질오염 예방 및 생태 복원, 지하수 수질오염 예방, 중점지역 대기오염의 공동예방과 공동 통제 실시, 토양오염 복원 등
농촌 환경보호 주민 혜택사업	■ 농촌 환경의 전면적인 복원, 농업 비점원 오염 예방 등

생태환경 보호사업	▪ 중점생태기능구와 자연보호구 건설, 생물다양성보호 등
중점영역 환경 리스크 예방사업	▪ 중금속 오염 예방, 영구 유기오염물과 위험화학품 오염 예방, 위험폐기물과 의료폐기물 정화 처리 등
핵과 방사능 안전 보장사업	▪ 핵안전과 방사능 오염 예방에 대한 법규 표준체계를 확립, 핵과 방사능 안전에 대한 감독관리 기술 연구개발 기지건설 등
환경기초시설 공공서비스 사업	▪ 도시생활오수와 위험폐기물 처리시설 건설, 도농음용수 수원지 안전 보장 등
환경감독관리 능력보장 및 인재팀 건설사업	▪ 환경에 대한 감시·감찰·조기경보·응급 및 환경평가능력 육성, 오염원 자동감시통제시설 건설 및 운행 등

출처: 김천규(2007. 12. 17), "중국의 환경문제와 중국정부의 대응",
『국토정책Brief』 제162호, 국토연구원

〈표4〉 중국 '환경발전 10대 대책' 방침

1. 지속가능발전전략의 실행
2. 유효조치 채택을 통한 공업오염 예방치유
3. 도시환경 종합정비의 심층전개와 도시 四害(대기,수질,소음,쓰레기 오염)의 적극처리
4. 에너지 이용 효율 제고와 에너지 구조 개선
5. 생태농업확대, 식수조림 지속, 생물 다양성 보호 강화
6. 과학기술진보 강력 추진, 환경과학연구 강화, 환경보호산업의 적극 발전
7. 경제수단의 운용으로 환경 보호
8. 환경교육강화와 전국민 환경의식 제고
9. 환경법체계 건전화로 환경관리 강화
10. UNCED(유엔환경개발회의) 정신을 참고해 중국 행동계획 제정

출처: 周宏春 外(2009. 05), "改革開放三十年:中國環境保護政策演變",
『南京大學學報: 哲學人文社科』

(3) 심화단계(2003~현재)

2000년대 이후 중국은 환경보전을 위한 정책을 본격적으로 강화해 나가기 시작하였다. 환경보호 강화를 목표로 법규집행 정도를 강화시켰으며, 순환경제 발전체제로 전환해나가면서 환경 보호 체계를 더욱 심화·발전시켜나갔다. 그 배경을 살펴보면 다음과 같다. 중국정부는 이전까지 양적 성장에 치중한 경제정책으로 고속성장을 실현해왔다. 그러나 1990년대 이후 도시화에 따른 수질, 대기오염의 확산과 정부의 미흡한 환경보호정책이 나타났다. 이로 인해 환경오염이 날로 가속화되면서 심각한 경제·사회 문제로 대두되었다. 이처럼 심각한 환경문제가 나타난 원인을 살펴보면 다음과 같다. 첫째, 정부 차원에서 엄격한 환경기준 및 관리 감독 체계 마련이 미흡했다. 이에 따라 대부분 기업들이 환경문제에 대한 인식이나 책임을 소홀히 하였다.

둘째, 기업 차원에서는 생산 설비가 점차 낙후되고 새로운 설비 투자나 개발·연구가 병행되지 못했다. 중국의 대다수 기업들은 기존 보유 기술력의 낙후로 인해 전반적으로 에너지 소모가 많은 산업구조로 전락하고 있다. 이렇게 낙후된 설비는 에너지 소모가 많고, 대기오염의 주범인 탄소 배출을 더욱 증가시키게 되는 악순환을 반복하게 되는 것이다. 대표적인 온실가스의 주범인 탄소나 수질오염의 주원인인 공장 하수 등도 환경에 대한 인식의 부재로 말미암아 무분별하게 배출되고 있다. 기본적인 정화시설인 탈황 설비조차 제대로 갖추어지지 않은 공장이 많으며, 산업 현장에서 나오는 오폐수 등을 하천으로 흘려보내는 일이 빈번하게 발생하고 있다.

셋째, 공공의식이 부족한 점을 들 수 있다. 중국 국민들을 대상으로 일부 환경 단체에서 환경보호 관련 의식 설문 조사를 실시하였다. 그 결과 대부분이 환경보호는 국가 업무에 속한다는 인식이 강하고, 심지어 자신과는 무관하다는 관념을 가진 경우도 허다한 것으로 나타났다.

중국정부는 경제성장을 위해 더 이상 환경문제를 외면할 수 없음을 인식하고 경제 발전에 지속가능한 성장 개념을 도입하기 시작했다. 중국정부도 환경과 함께 경제 발전을 모색해나갈 방침을 제시하고 있는 것이다. 향후 중점적으로 지향해 나가야할 정책 기조 가운데 환경정책도 포함시켜 국정 핵심 항목으로 명시하며, 환경보전을 위한 정책을 강화하기 시작하였다.'국가환경보호 12·5규획'에서는 12·5 규획 기간(2011∼2015년) 동안의 환경보호에 관한 주요 목표, 7대 환경보호 지표, 8대 중점 프로젝트 등에 관한 내용을 포함하고 있다. '국가환경보호 12·5 규획'에 포함된 환경보호의 주요 목표들에 관해 구체적으로 살펴보면 다음과 같다.

첫째, 현·성(縣·城)과 중점 건설진(建制鎭)에 오수처리장 건설을 가속화하여 오수처리능력을 갖추도록 하며 2015년까지 전국 성진(城鎭) 오수 관리망 약 16만 km를 신설하도록 계획하고 있다. 하루 4,200만 톤의 오수처리능력을 확보하고 도시오수처리율 85%를 달성하도록 목표하고 있으며 가축·가금류 사육장의 오염 방지를 전국적으로 추진하도록 제시하고 있다.

둘째, 집진·탈황·탈질 등 전력산업 오염물 배출감축을 지속적으로 추진하여 석탄화력 발전기 신축 시 탈황·탈질 설비를 갖추도록 하고 있다. 탈황·탈질 설비를 갖추고 있지 않은 기존의 석탄발전기에 대하여 설비를 갖추도록 하거나 폐쇄하도록 하였다. 30만 ㎾ 이상 되는 모든 석탄 화력 발전기에 탈황·탈질 설비를 설치하도록 하며 탈황·탈질설비 운행에 대한 감독·관리를 강화할 것을 명시하고 있다.

셋째, 미립자 통제 강화와 관련하여 공업의 배연과 분진에 대한 통제를 강화하였다. 석탄발전소와 시멘트 공장의 집전시설 개조를 추진하며, 철강 산업의 기존 설비는 모두 고성능의 집진기를 이용하도록 하여 환경보호 통제를 강화하고 있다.

넷째, 공기정화와 관련하여 대기오염 공동예방 통제 중점지역으로 선정된 지역의 공기 환경 질 평가에 관한 체계를 수립하였다. 지역 대기오염물 특별 배출 제한치를 정하고, 화력발전, 철강, 비철금속, 석유화학, 건자재, 화학공업 등 분야를 중점적으로 예방 통제하도록 규정하고 있다.

다섯째, 중점지역의 토양재생을 추진하기 위해 대·중소도시 주변, 오염이 심각한 광공업기업, 환경오염 처리지역 주변이나 중금속 오염 예방 처리 중점지역, 식용수 수원지 주변, 폐기물 처리장 등 전형적인 오염지역과 오염된 농경지를 중심으로 토지 재생을 시범적으로 전개하도록 규정하고 있다.

여섯째, 중점 산업과 중금속 오염 예방을 강화하도록 규정하고 있다. 비철금속 채굴업, 비철금속 제련업, 가죽 및 가죽 제품산업, 화학원료 및 화학제품 제조업 등 업종을 중심으로 예방조치와 통제를 강화해나가도록 하고 있다. 중금속 관련 기업의 구조를 합리적으로 조정하고 산업 진입장벽을 높여 위생예방보호를 엄격히 실시할 것을 규정하고 있다.

일곱째, 고체폐기물 처리는 2015년까지 72%의 공업고체폐기물 종합 이용률 달성을 명시하고 있다. 전국 도시 생활쓰레기 정화 처리율 80% 달성, 모든 현(縣)의 생활쓰레기 정화 처리 능력 구비 등에 대해 규정하고 있다.

아래 〈표5〉의 7개 항목 지표는 중국정부가 11·5규획에 이어 12·5규획에서도 배출량 목표를 한층 강화하고 있음을 보여준다. 12·5규획 기간 총투자액 약 3조 4천억 위안을 들여 '8대 환경보호중점사업'을 선정해 그중 약 1조 5천억 위안을 집중적으로 투자하고 있다. 또한 중국정부는 환경보호 관련 산업의 시장화 전환을 가속화할 방침을 밝혔다. 중점사업투자는 기업과 지방 각급 정부가 주도하고 중앙정부는 상황에 따라 지원하며 투자액 확보를 위해 시장운영체제를 활용하고 있다.

〈표5〉 12·5규획 주요 환경보호지표4)

주요 지표		2010년	2015년	비교
1	화학적 산소 요구량(만 톤)	2551.7	2347.6	8% 감축
2	암모니아성 질소 배출량(만 톤)	264.4	238.0	10% 감축
3	이산화황 배출량(만 톤)	2267.8	2086.4	8% 감축
4	질소산화물 배출량(만 톤)	2273.6	2046.2	10% 감축
5	지표수 국가통제단면 V등급 수질 비율(%)	17.7	<15	2.7% 감축
	7대수계(七大水系)국가통제단면수질 III등급 이상 수질기준에 부합하는 비율(%)	55	>60	5% 증가
6	지급 이상 도시공기 2급 표준 이상에 도달하는 비율(%)	72	≥80	8% 증가

출처: 中國國務院(2011. 02. 15), "國家環境保護十二五規劃"

4) ① 화학적 산소 요구량과 암모니아성 질소 배출량은 공업, 도시생활, 농업오염원의 총 배출량을 포함하는 것으로 2010년 오염원 조사 동태 갱신(汚染源普査動態更新) 결과에 의거하여 결정함.
② 12·5규획기간, 지표수 국가통제단면 V등급 수질(地表水國控斷面劣V類水質) 개수가 759개에서 970개로 증가, 그중 7대수계의 국가통제단면개수가 419개에서 574개로 증가함. 동시에 평가요소를 12개 항목에서 21개 항목으로 늘였음. 이에 따라 추산하면 2010년 전국 지표수 국가통제단면 V등급 이하 수질 비율은 17.7%, 7대수계 국가통제단면 III등급 이상 비율이 55%임.
③ 12·5규획기간 대기 질 평가의 범위를 113개 중점 도시에서 333개 전국 지급 이상 도시로 확대하였고 흡입 가능한 미립자, 이산화황, 이산화질소의 연평균 값에 근거하여 추산하면 2010년 지급 이상 도시의 대기질이 2급 표준 이상에 달하는 비율이 72%가 됨.

중국의 환경관리 조직 체계는 전국인민대표대회(全國人民代表大會)의 환경과 자원보호위원회, 전국정협(全國政協)의 인구자원환경위원회(人口資源環境委員會), 국가환경보호총국(國家環境保護總局) 및 지방 각급 인민정부의 환경관리부문으로 조직되어 있다.

〈그림6〉 중국의 환경관리조직 체계도

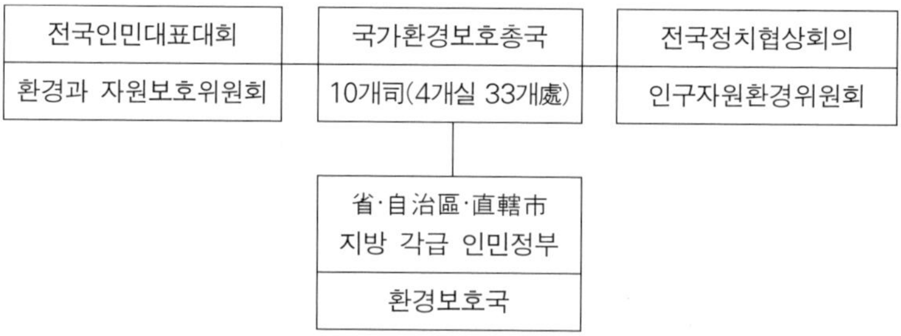

출처: 양명식(2013), "환경관리 조직체계", 중국환경정보.

전국인민대표대회의 환경과 자원보호위원회는 전국인민대표대회 소속의 전문위원회 중 하나이다. 주된 업무는 환경과 자원 방면의 법률 초안 및 기타 의안을 작성·제출하고, 환경 및 자원과 관련된 의안에 관한 심의를 하며, 전인대 상임위원회가 진행하는 자원 환경 방면의 감독에 대한 협조를 실시하며 법률 집행에 대한 감독 실시 등이 있다.

전국 정협의 인구자원환경위원회의 주된 임무는 지속가능한 발전 전략을 중점적으로 실시하고, 인구자원환경과 경제 발전의 관계에 관한 중요 문제에 대하여 조사·연구를 진행하며, 사회 민의를 반영하고 적극적으로 정책논의에 참여하여 입장을 제기하는 것 등이다.

국가환경보호총국은 국무원 산하의 환경보호업무의 직속기구로, 주된 업무를 구체적으로 살펴보면 다음과 같다. 1) 국가환경보호의 방침·정책과 법규를 입안하고 행정법규를 제정한다. 2) 대기·수질·토양·소음·고체폐기물·유해화학물질 및 자동차 오염방지의 법규와 규정을 입안하고 시행한다. 해양환경보호 업무를 지도·협조하고 감독한다. 3) 생태환경에 영향이 있는 자연자원의 개발 이용활동, 중요한 생태환경 건설과 생태파괴회복 업무에 대하여 감독한다. 4) 각 지방, 각 부서 및 접경지구, 접경유역의 중대한 환경문제를 지도하고 해결하며, 중대한 환경오염사고와 생태파괴사고를 조사·처리한다. 5) 국가 환경질량기준과 오염물배출기준을 설정하고 국가가 규정한 절차에 따라 공포한다. 6) 각종 환경관리제도를 수립·시행하며, 국가규정에 따라 개발 건설 활동의 환경영향보고서를 심사·결정한다. 7) 환경과학기술 개발, 중요한 과학연구와 기술시범공정을 구축한다. 8) 환경관측, 통계, 정보수집업무를 책임진다. 9) 지구환경문제에 관한 국가의 기본원칙을 입안한다. 환경보호 국제협력교류를 관리한다. 10) 핵안전, 복사환경, 방사성폐기물관리 업무를 담당하는 관련 방침, 정책, 법규와 기준을 입안한다.

2) 환경 법률

(1) 환경보호법

환경보호법(環境保護法)은 중국 환경정책의 전반에 걸쳐 기본법이 되고 있다. 1989년 12월 제7기 전국인민대표대회 상무위원회 제11차 회의에 통과함으로써 정식법률로 시행되게 되었고 환경의 정의를 포괄적으로 나타내고 있으며 국가 환경보호에 대한 기본방침과 정책을 밝히고 있다. 총칙, 환경감독관리, 환경보호와 개선, 환경오염과 공해의 방지, 법률책임, 부칙으로 구성되어 있다.

환경관리감독	환경보호 및 개선	환경오염 및 기타공해방지
-성, 자치구, 직할시는 지방환경기준을 제정할 수 있음. -환경보호 행정주관부서는 환경상황을 정기적으로 중앙정부에 보고해야 함. -환경오염을 야기시키는 프로젝트를 진행할 경우 반드시 주관부서의 허가를 받아야 함.	-희귀동물 및 멸종위기동물 보호, 야생동물자연분포구역 보호, 주요 수원 보호, 문화유적 및 자연유적 보호 -자연보호구역 및 명승지의 오염배출물질 규제 -농업환경 보호 -해양환경오염과 피해 방지 -도시건설 시 지역 자연환경을 고려	-생산활동 중 야기될 수 있는 환경피해를 방지할 수 있는 조치를 취해야 함. -오염방지시설의 철거 시 행정주관부문의 허가가 있어야 함. -오염물질배출 허용 기준 초과 시 벌금을 납부, 오염 제거 및 개선해야 할 책임이 있음. -오염사고 발생 시 적정 처리를 취하고 해당지역과 관련부서에 보고 후 조사와 결정을 따라야 함.

(2) 대기오염방지법

중국은 1987년 9월 5일 대기오염방지법(中華人民共和國大氣污染防治法)을 제정하고 1991년 해당항목에 관한 법의 세칙을 공포하였다. 이후 1995년 8월과 2000년 4월, 두 차례에 걸쳐 법률을 개정한 바 있다. 총 7장 66조로 구성되어 있으며 대기오염방지 감독관리, 석탄연소에 따른 대기오염방지, 자동차나 선박이 배출하는 오염방지, 폐기가스·분진·악취 오염방지 등을 주요 내용으로 하고 있다.

대기오염방지 감독관리	석탄에 의한 대기오염방지	자동차·선박에 의한 오염 배출 방지	폐가스, 분진악취 오염방지
-대기 오염물질을 배출하는 시설과 관련하여 환경보호관리기준을 준수하여야 함. -배출된 대기 오염물질의 종류, 양에 관한 사항을 신고 등기하여야 함. -소재지 환경보호부에 대기오염방지방면의 관련기술 자료를 제출해야 함. -규정된 배출기준 초과 시 벌금을 부과할 수 있음. -환경보호부는 오염물질 배출에 대한 현장검사를 실시할 권한을 가지고 있으며 기술비밀과 업무비밀을 지켜야 할 의무가 있음.	-유해유독물질이 규정 기준을 초과하는 석탄 개발을 금지함. -오염도가 높은 연료의 판매 및 사용 금지구역을 지정. -정부는 석탄청결이용에 대한 경제·기술정책을 지지함. -아황산가스를 배출하는 기업은 집진시설을 설치하여 배출 통제조치를 취해야 함. -대기오염물질이 규정기준을 초과할 때 시정·제어조치를 해야 함.	-오염물질을 배출하는 자동차나 선박을 제조하거나 판매, 수입할 수 없음. -정부는 청정에너지를 사용하는 자동차나 선박의 생산과 소비를 격려함. -환경보호 행정주관부문의 공안 자질인증을 취득한 검사소에 배기가스오염 정기 검사를 진행하도록 함. 폐가스·분진악취 오염방지	-분진을 배출하는 기업은 반드시 방진조치를 취하여야 함. -유해가스를 배출하고자 할 때 반드시 해당지역의 환경관련 부서의 비준을 받아야 함. -인구 집중지역이나 환경보호 구역 내, 비행장 주변, 교통간선부근에서는 유해한 매연이나 분진을 발생시키는 물질을 소각해서는 안 됨. -유독·유해 기체 혹 분진이 날릴 수 있는 물질을 운송 저장할 경우 반드시 밀폐조치를 하여야 함.

(3) 수질오염방지법

중국의 수질오염방지법(中華人民共和國水汚染防治法)은 1984년 5월 11일 제정되고 같은 해 11월 1일 시행되었으며 1996년 5월 15일 한 차례 수정되었다. 총 7장 62조로 구성된 수질오염방지법의 주요 내용은 수질환경기준 및 오염물질 배출기준, 수질오염방지에 관한 감독관리, 지표수 오염방지, 지하수 오염방지 등 4개 부분으로 구성되어 있다. 수질오염방지의 감독관리 항목에는, 수질오염방지는 유역 또는 지역에 따라 합리적으로 관리하기 위해 오염물질 배출량과 종류에 따라 부과금 징수하고 수질오염 배출시설과 방지시설 설비 제도, 폐수 처리비용 징수 근거마련, 낙후된 설비개선 제도 등의 내용이 포함되어 있다.

수질환경기준 및 오염물질 배출기준	수질오염 방지 및 감독관리	지표수 오염방지	지하수 오염방지
-성·자치구·직할시는 지방 수질오염물질 배출표준을 제정할 수 있음. -정부는 국가 수질환경질량표준과 국가경제, 기술조건에 맞춰 국가 오염물질배출표준을 제정하고 적기에 수정해야 함.	-정부는 수자원의 개발·이용·조절 시 하천의 유량과 호수·저수지 및 지하수역의 수위를 유지하고, 수역의 자연정화능력을 감독관리 유지시켜야 함. -생활음용수원지, 고적지 등 특수한 지역의 보호구역을 설정하고 규정된 수질기준에 도달하도록 관리해야 함. -수질오염물질을 배출하는 기업은 오염물의 종류·수량·농도에 관한 사항을 보고해야 함.	-오염물질 배출량을 초과하거나 수질 오염사고를 발생시켰을 경우 즉시 환경보호관련 기관에 보고해야 함. -산성·알칼리성, 독극물의 배출을 금하고, 수역근처에서 오염물질을 적재한 차량의 이동을 금함. -병원에서 발생된 오염 오수를 방류할 경우 소독처리를 거친 후 배출. -농약을 사용하거나 폐기할 경우 표준 규정에 부합해야 함.	-구덩이, 동굴, 우물 등에 오염물질을 매립하거나 방류할 수 없음. -삼투방지 지층이 없는 곳에 유독성 오염물질을 저장할 수 없음. -지하탐사, 채광 활동 시 반드시 지하수 오염방지 조치를 취해야 함.

(4) 고체폐기물관리법

중국은 1995년 10월 30일 고체폐기물관리법(中華人民共和國固體廢物汚染環境防治)을 제정하여 1996년 4월 1일부터 시행하였다. 총 6장 77조로 구성된 고체폐기물관리법의 주요 내용은 고체폐기물 환경오염방지 감독관리, 고체폐기물(공업고체폐기물, 도시생활쓰레기) 환경오염방지와 유해폐기물 환경오염방지에 관한 특별규정으로 구성되어 있다.

고체폐기물 환경오염 방지 감독관리	고체폐기물 환경오염방지			
-고체폐기물의 보관·처리는 반드시 환경보호 관리규정을 준수해야 함. -고체폐기물 관리시설은 정부 주관부서의 검사 후 사용 할 수 있음.	일반규정	공업고체 폐기물	도시생활 쓰레기환경 오염방지	위험폐기물 환경오염방지
	-고체폐기물의 수집·보관·운반·이용처리 시 땅속으로 스며들지 않도록 오염방지조치를 취해야 함. -생산품은 회수 및 처리가 용이 하도록 하고 환경에 쉽게 분해 가능한 재료를 사용해야 함. -원료로 이용할 가치가 있는 고체폐기물수입은 국무원의 허가를 받아야 함.	-공업고체폐기물의 배출량, 배출공정, 보관, 처리 등 관련자료를 국무원에 제출해야 함. -이용하지 않는 공업고체 폐기물 보관·처리할 수 있는 장소를 설치해야 함. -규정에 초과하는 공업고체폐기물에 오염물질배출부과금을 납부해야 함.	-도시생활쓰레기를 지정된 지역에 버려야 하며 임의로 처리할 수 없음. -도시 생활쓰레기는 분리수집· 보관·운반·처리해야 함. -도시생활 쓰레기 처리시설 및 장소를 임의로 폐쇄하거나 철거할 수 없음.	-위험폐기물의 용기와 포장재, 수집·보관·운반·처리하는 시설은 식별표지를 설치해야 함. -위험폐기물 배출시 신고·등록해야 함. -위험폐기물 이송 시 출발지 및 도착지를 환경부서에 신고해야 함.

그 밖에 '지속가능한 발전' 개념과 관련 있는 환경정책 법률로 '청정생산촉진법(2003)', '환경영향평가법(2002)', '에너지절약법(2007)', '순환경제촉진법(2008)' 등이 있다.

(5) 청정생산촉진법

청정 생산의 적용 범위, 정부가 청정생산을 추진해야 하는 책임, 기업에 대한 청정생산 요구, 그리고 청정생산 장려 조치, 법적 책임 등에 대하여 규정하고 있다.

청정생산 추진	청정생산 실시
-정부는 청정생산 정부시스템과 기술자문서비스를 제공하며, 청정생산방법과 기술, 청정생산 정책 등 정보를 제공함. -기업의 오염물질 배출상황에 근거하여 오염이 심각한 기업의 이름을 지역언론매체에 정기적으로 공포함. -정부는 관련 행정부서와 청정생산의 홍보와 훈련을 전개함.	-제품의 포장은 인체와 환경에 무해하고 쉽게 분해되는 방법을 선택해야 함. -기업은 제품생산 시 재료성분의 기준을 명확히 표시해야 함. -농업생산자는 화학비료, 농약, 첨가제 등 무해화와 농업환경오염을 방지하여야 함. -기업은 생산과 서비스 과정 중 자원소모 및 폐기물 발생 시 감독과 측정을 실시하여야 함. -유해한 원료를 사용하는 기업은 정기적으로 심의를 하여야 하며 심의결과를 소재지 환경부서에 보고해야 함.

(6) 환경영향평가법

중국 환경정책의 미비한 부분으로 남아 있던 절차와 제도가 보완되어 환경에 악영향을 끼치는 정책과 사업에 대해 사전에 예방하는 정책이 강화되었다.

계획 환경영향평가	건설프로젝트 환경영향평가
-건설 및 개발이용계획에 대한 환경영향분석과 예측, 평가를 진행하여 심사승인기관에 제출해야 함. -심사 승인 전 심사위원회를 소집하여 환경영향보고서에 대해 심사를 진행해야 함. -환경에 막대한 영향이 있는 계획을 실행할 경우 진행과 동시에 평가결과를 심사기관에 보고해야 함.	-건설프로젝트의 환경영향 정도에 따라 분류하여 관리함. -건설프로젝트 환경영향평가를 위해 기술서비스를 위탁받는 기관은 행정기관의 심사를 거쳐 자격증서를 발급받아야 함. -환경영향보고서는 반드시 평가 자격이 있는 기구에서 작성해야 함. -부실한 환경영향평가서 작성 시 법적 책임을 추궁함.

(7) 수법(水法)

2002년 10월 1일부터 새로운 중화인민공화국수법(中華人民共和國水法)이 정식 시행되었다.

1988년 제정되었고, 2002년 8월 29일 제9기 전국인민대표대회 상무위원회 제29차 회의에서 개정안이 심의 통과된 것이다. 중국 수리사업 발전을 위한 내용이 체계적이고 상세하게 구체적인 목표, 책임, 조치 및 의무를 규정하고 있다.

수자원 계획	-정부는 수자원에 관한 자료와 관련규정을 공개해야 함. -정부가 지정한 하천, 호수 부근에 수리 공정을 할 경우 타당성 연구 보고를 하고 심사를 거쳐 실행해야 함.
수자원개발 이용	-수역의 물 조절은 물 수요량을 고려하고 생태환경을 파괴하지 않도록 해야 함. -수자원이 부족한 지역의 대형규모의 공장과 서비스업종 건설을 제한함. -정부는 수자원 개발과 이용을 장려함.

수자원 및 수역공정 보호	-수자원의 개발이용계획 수립 시 하천의 유량과 호수와 저수지의 수위를 유지하고 수역의 자연정화능력을 보호해야 함. -정부는 음용수 수원보호구역을 지정하고 수원의 고갈과 오염을 방지하여 국민의 음용수 안전을 보장해야 한다.
수자원 배치와 절약사용	-성, 자치구, 직할시의 급수계획은 국무부가 심사 승인하며 지방의 급수계획은 지방 물 행정주관부서가 제정함. -용수는 반드시 승인된 용수에 따라 계획적으로 사용해야 하며 용수 계량에 의한 비용징수와 초과액에 대한 누진세 세도를 실시함. -국가 규정에 따라 급수요금을 납부해야 함.
물관리분쟁 처리 및 법집행검사	-물 분쟁이 발생한 경우 협상에 의하여 해결 함. -물 관리감독 검사자의 검사업무에 적극 협조하며 검사자의 법 집행업무를 거절하거나 방해해서는 안 됨.

(8) 순환경제촉진법

2007년 8월 27일 순환경제촉진법(循環經濟法) 초안에 대한 심사를 시작하였다. 순환경제의 발전 추진을 통해 자원이용 효율을 높이며 환경보호 및 개선 효과를 촉진하여 지속가능 발전을 실현하기 위하여 제정하였다. 초안은 '감량화, 재활용, 자원화'를 주요 원칙으로 하며 총 7장 61조로 구성되어 있다.

기본 관리제도	-순환경제 주요 평가지표에 근거하여 순환경제발전 현황을 정기 심사함. -정부는 중공업분야의 에너지 소비량과 용수소모를 중점 관리 감독함. -정부는 자원소모, 폐기물 발생에 대한 통계 지표를 정기 발표함. -에너지절약, 용수절약, 재료절약 및 폐기물 재이용의 표준 엄수함.

감량화	-정부는 기술, 공정, 설비, 재료 및 제품에 대한 장려, 제한 목록을 정기 발표함. -전기전자 제품의 유독·유해한 물질을 설계 사용할 수 없음. -공업기업은 용수절약 기술, 공정 및 설비를 도입하고 통제해야 함. -정부는 무독·무해한 고체 폐기물을 이용한 건축자재 생산을 장려함. -국가기관과 재정자금을 사용하는 조직은 엄격한 절약을 시행함. -자원을 낭비하고 환경을 오염시키는 제품 사용을 감소시켜야 함. -일회용품 생산과 판매 제한.
재이용 및 자원화	-기업은 생산과정 중에 발생한 공업폐기물을 재이용해야 함. -기업은 선진기술과 공정과 설비를 이용하여 생산과정 중에 발생한 폐수의 재생이용을 진행해야 함. -건설회사는 반드시 시공 중 발생한 건축폐기물을 종합 이용하여 무해화 처리를 진행해야 함. -폐기물 회수시스템 구축의 장려 및 추진. -폐전자제품, 폐차량, 폐전지 등 특정제품의 재이용은 반드시 관련법규의 규정을 준수해야 함.

(9) 에너지절약법

중국정부가 일부 부처를 중심으로 실시되어온 에너지절약정책을 국가정책으로 확대·강화할 목적으로 제정되었다.

(10) 사막화방지법

2001년 8월 31일, 제9기 전국인민대표대회 제23차 회의에서 사막화방지법(防沙治沙法)이 심의 통과되었다. 사막화방지법은 예방을 원칙으로 함을 명확히 하고 있으며, 사막화 토지측정의 강화, 측정결과의 정기적인 보고제도, 사막화 토지 소재지에서 지도자의 사막화 방지를 위한 임기 내 목표·책임·심사·상벌제도를 수립할 것을 규정하고 있다. 또한, 사막화 토지 소재지의 인민정부는 정기적으로 동급 인민대표대회 및 그 상무위원회에 사막화 방지 업무상황을 보고하도록 규정하고 있다.

〈표6〉 중국 환경보호 관련 법제 형성 및 발전

구분	주요 내용
준비단계 (개혁개방 이전)	▪ 대약진운동, 문화대혁명으로 인한 환경오염의 악화, 생태계파괴 시작 ▪ 1972년 6월 제1차 인류환경회의에 대표단 파견
초기단계 (1979~1991)	▪ 1988년 국가환경보호국 설치 ▪ 1989년 중화인민공화국 환경보호법 공포
발전단계 (1992~2002)	▪ 1994년 국무원 '중국21세기의정(中國21世紀議程)' 제정 ▪ 1995년 폐기물관리법 ▪ 1996년 소음오염방지법 ▪ 2002년 사막화방지법
심화단계 (2003년 이후~)	▪ 2003년 환경영향평가법 시행 ▪ 2003년 청정생산촉진법 시행 ▪ 2005년 국가환경보호총국 30개 항목 법 제정, 환경영향평가법 시행 후 첫 환경청문회 ▪ 2007년 삼동시제도의 규율 위반 항목 제정 ▪ 2008년 기구개혁: 환경보호총국이 환경보호부로 승격 ▪ 12·5 온실가스 배출량 통제업무 방안에 관한 통지 ▪ 12·5 에너지절약·환경보호산업 발전 계획 ▪ 12·5 전국도시오수처리와 생활쓰레기 정화처리시설건설계획 ▪ 12·5 에너지절약·배출량 감축 계획 ▪ 12·5 기후변화 대응 계획

출처: 中國國務院(2011. 02. 15), "國家環境保護"十二五"規劃" 참조

이 밖에도 지난 1996년에 채택되어 실시해오던 '오염물질 배출총량규제' 실시를 더욱 강화하여 각 지역의 지리적 특성, 경제발전 상황 및 계획, 환경상황 등의 요인을 고려하여 지역총량규제, 유역총량규제, 업종총량규제, 특정 오염물질 총량규제 등 적절한 규제방식을 택하여 실시되고 있다. 지난 2008년 5월부터는 '정부정보공개조례'를 시행함에 따라 중국의 환경과 관련한 법규와 통계, 환경상태, 오염배출부담금의 징수 항목 및 금액, 환경행정처벌, 오염배출총량 초과 기업

명단 등 환경과 관련한 정부의 문서들을 환경보호부를 통해 쉽게 접할 수 있다. 중국 국무원은 2011년 12월 '국가환경보호 12·5규획(國家環境保護十二五規劃)'을 발표하였다. 중국정부는 지금까지 내놓은 '국가환경보호규획'을 통해 중국이 지속가능한 발전을 해나감에 있어 환경정책이 매우 중요한 위치에 있음을 강조하였다.

4. 중국 환경 NGO(환경단체)

1) 등장과 활동

NGO(Non-Governmental Organization)는 국가 중심의 공공영역이나 일반 기업의 이윤추구를 목적으로 하는 시장영역과는 별개의 영역으로 시민사회 영역의 단위라 할 수 있다. 일반적으로 비정부기구라 불리는데 처음 공식적으로 사용된 시기는 1950년 2월 UN경제사회이사회에서 결의한 288조가 통과되면서부터이다. 당시는 정부 대표가 아니면서도 UN과 협의적 지위를 인정받는 공식적 조직을 의미했다. 중국에서는 일반적으로 시민이 자발적으로 만들어 그들의 공동목적을 실현하기 위한 조직인 사회단체와 민간비영리단체를 지칭하고 있다.

중국 환경 NGO의 등장배경에 관해 살펴보면 다음과 같다. 먼저 고도의 경제성장이 가져온 후유증에서 원인을 찾아볼 수 있다. 경제가 발전함에 따라 노동생산의 효율성이 크게 제고되었지만 빈부격차, 실업, 환경파괴 등의 부정적 영향도 함께 발생하였다. 경제발전에 비례해 환경오염의 악순환도 안정적인 사회 발전에 심각한 영향을 주게 되었다. 이러한 사회문제는 시장을 통해서 완전히 해결될 수 없고, 정부에만 의존할 수도 없는 상황에 이르러 이를 보완할 수 있는 조직이 필요하게 되었다. 중국 사회는 다양한 소유제 구조가 형성되기 시작하면서 사회 전반에 전통 단위조직을 넘어서는 다원화된 이익주체가 출현하기 시작했다. 이들은 시장경쟁 속에서 자신의 이익을 보호하기 위해 새로운 형태의 조직에 의존하는 성격을 띠고 있다. 이러한 요인들로 인해 NGO가 활동할 수 있는 여지가 만들어졌으며, 환경 NGO의 사회적 공헌 및 역할에 대한 인식도 제고됨으로써 환경 NGO의 성장 및 발전에 기여하게 되었다.

중국은 이러한 환경문제의 해결책을 주로 정부기관이나 기업에 의존하여 내놓았다. 하지만 21세기 들어 전 세계는 인터넷과 통신 등의 급속한 발전으로 국제교류 및 협력 등을 통해 상호 정보의 교류와 전달이 획기적으로 빨라졌다. 이를 통해 중국 사회도 NGO에 대한 개념과 사회에서의 그들의 역할에 대한 인식이 제고되기 시작했고 현재는 중국 NGO를 통해 해외원조가 활발히 이루어지고 있다.

또한 중국 내 NGO가 발생하게 된 원인으로 중국 사회의 이익구조의 변화와 정부 통제와 경쟁공간의 협소 등을 꼽을 수 있다. 개혁개방정책 이후 중국 사회는 경제적·정치적·사회적으로 매우 큰 변화를 겪어왔으며 이러한 변화는 국가와 사회 그리고 개인과의 관계에도 영향을 미쳤다. 개혁개방 이전에 중국은 계획경제를 통하여 정치·경제 및 사회의 모든 부문을 국가가 통제하였다. 정부는 현존하는 자원의 대부분을 독점했을 뿐만 아니라 새로운 자원까지도 그 직접적인 관리 아래 두었다. 또한 국가는 정치적·행정적 수단을 동원하여 사회의 모든 잠정적인 경쟁자들을 제거하였다. 따라서 중국 사회 내에 NGO가 출현하고 발전할 만한 공간은 있을 수 없었다. 그러나 개혁개방 이후에 나타난 중국 사회 내의 변화는 이제까지 중국정부가 독점해온 사회적 자원을 민간으로 이동시켰으며 전면적으로 통제되었던 사적활동 공간을 새롭게 등장시켰다. 이로 인하여 중국 사회 내에 NGO가 출현하고 성장할 수 있는 공간이 마련되었다. 또한 이제까지는 찾아볼 수 없었던 다양한 사회문제, 이를테면 빈부격차, 도시화, 인구문제, 개발문제, 환경 등과 민중의 사회적 요구가 급증함으로써 이러한 요구를 해결하는 데 NGO의 역할이 중요시되고 환경운동조직도 발전하게 되었다.

중국 환경 NGO의 활동을 살펴보면 대략 다음의 특징들을 보이고 있다.

첫째, 중국 환경 NGO의 지역분포가 불균형적이다. 중국 환경 NGO는 북경, 상하이, 중경 및 동부 연해 도시에 집중되어 있다. 그 외에도 호남, 호북, 사천과 운남 등 풍부한 자연자원이 있는 지역에도 분포되어 있다. 중국 환경 NGO들은 다양한 활동을 통해 지역민과 지방정부의 환경문제에 대한 인식을 제고시키고 있다. 중국의 선부정책에 입각한 불균형발전은 국토의 불균형적인 공업화를 야기하였다. 동남연안의 도시들은 수준 높은 공업화를 이룩하였고, 그에 따라 환경오염도 중서부 내륙지역보다 심각하게 대두되었다. 따라서 환경의식도 지역적 불균형을 초래하였다. 동남연안의 선공업화지역은 상대적으로 활발한 환경운동이 시작되고 있으며, 이러한 환경운동이나 환경의식의 제고에 따라 지방정부의 환경보호정책도 가시화되고, 동시에 기업의 환경보호투자도 증대되고 있다. 반면에 저발전지역인 중서부 내륙지역 지방정부의 환경보호에 대한 관심은 부차적인 수준에 머무르고 있어, 중앙정부의 환경정책이 실현되는 데 장애가 되고 있다.

둘째, 중국 환경 NGO는 대부분이 합법 NGO들로, 네 가지로 나눌 수 있다. 첫째, 정부에서 발기 설립된 환경 NGO 중에서 68.8%가 민정부문에서 등록한 것들이다. 둘째, 국가기구(機構)와 사업단위(事業單位)에 의지하는 환경 NGO 중에서 2.8%가 민간 비기업(民間非企業)으로 등록되었다. 셋째, 학생환경 NGO인데 이러한 환경 NGO는 학교 단위(團委)에서 기록하고 등록한다. 넷째, 중국 환경 NGO의 등록 비율은 비교적으로 낮은데 이는 미등록 사례가 존재하기 때문이다. 민정부에 등록된 환경 NGO는 23.3% 정도에 머물러 있다.

중국 환경단체의 구체적인 활동 내용은 주로 교육과 선전 및 국가 역할의 보완 정도 수준이라고 볼 수 있다. 환경운동조직은 시민사회조직의 활성화 속에서 양적 성장을 거두었으나 질적인 면을 들여다보면 독립적인 환경사업을 이끌거나 직접적인 정책결정에 참여하지 못하고 있다. 환경운동이라고 하기에 다소 무리가 있으나, 다른 비영리조직이 안고 있는 문제와 비슷하다고 할 수 있다. 현재 중국의 환경단체는 두 가지 형태의 활동을 전개하고 있다. 첫째, 국가와 사회를 매개하거나 혹은 국가의 역할이 축소되거나 미치지 못하는 영역을 보완하는 성격에 머무르면서 국가와 협력관계를 유지하고 있다. 둘째, 기업과의 협력관계를 통해 기업의 이미지 제고에 도움을 주고, 이를 통해 자금을 동원하는 형태이다. 두 가지 모두 환경단체의 의존성과 환경운동의 목적을 왜곡시킬 가능성을 내포하고 있다.

중국정부 입장에서는 다음과 같은 이유로 환경단체의 협조가 필요하다. 첫째, 국가의 특정부문은 환경단체의 역량을 이용하여 다른 부문의 협력을 이끌어내고자 한다. 둘째, 국가 차원에서 행하기 어려운 환경활동을 환경단체에 위탁하여 해결하고자 한다. 셋째, 정부의 특정 부문은 영향력 있는 환경운동조직과의 협력을 통해 사회적 이미지를 제고하여 정부의 특수 이익을 보존함과 동시에 정치적 자원을 동원하고자 한다. 넷째, 환경문제에 대한 정부의 책임을 강조하는 중국인의 의식으로 인하여 정부는 환경문제의 책임을 경감시키기 위해 환경단체의 발전을 지원하고 이러한 환경단체는 다시 정부의 환경 부서를 지지하는 순환구조를 탄생시켰다. 정부와 환경조직의 이러한 미묘한 유기적 관계는 중국 환경운동의 주요한 특징이 되고 있다.

기업은 국가보다 주동적으로 환경단체와의 협력을 모색하고 있다.

기업의 입장에서는 환경단체와의 협력을 통해 기업 이미지를 제고할 수 있으며 광고비를 절약하여 기업 경쟁력을 제고시킬 수 있다. 또한 환경활동을 통한 공익활동을 통해 직원들이 자긍심을 갖게 하여 기업 응집력을 높일 수 있다. 한편 환경단체 입장에서는 최대 약점인 자금과 인력동원에서 지원을 얻을 수 있다. 그러나 환경운동의 상업적 이용은 운동자체의 도덕성에 부정적인 영향을 미칠 수 있으며 동시에 자금과 인력에 대한 의존은 환경단체의 자주적 발전에 부정적 양향을 미칠 수 있다. 현 단계의 중국 환경운동은 교육 및 선전활동 등에 치우쳐 있으므로 당장 기업의 이익과 충돌할 가능성은 적다. 그러나 장기적으로 볼 때 환경단체와 기업의 목표 혹은 이익에 충돌은 불가피하다. 따라서 환경단체는 이러한 구조적 문제에 대한 인식이 필요하다.

2) 한계점

중국은 1990년대 이후 환경보호 NGO가 해마다 증가하고 있다. 1994년에는 9개에 불과했으나 환경보호에 대한 중국 시민사회의 관심과 참여가 증가하면서 2008년 말 중국의 환경관련 민간단체는 총 3,529개로 증가했다. 그중 시민들이 자발적으로 참여해 조직된 순수 환경 NGO 508개, 정부에 의해 만들어진 환경단체 1,309개, 학교 환경보호 동아리 1,382개로 정부 주도형 참여단체가 많은 편이다. 즉, 진정한 의미의 환경 NGO는 소수에 불과하며, 기본적으로 정부에 의해 조직된 GONGO(Government-Organiz ed NGO)가 대다수이다. 정부는 환경관련 법률을 제정하였고 대중에 대한 환경교육을 강화하는 등 환경보호를 위한 여러 조치를 취해왔다. 현재 중국의 환경 NGO들은 환경교육, 일반 대중 및 청소년에 대한 환경의식 고양, 식수 조림에 동원되는 등 비(非)정치적 영역에서 정부의 환경행정을 보완하는 역할을 수행하고 있다. 중국 당국은 이들을 창구로 하여 한편으로 국제사회의 NGO들로부터 국내환경보호에 필요한 자금과 기술 등의 지원을 확보하려 하고 있다.

2004년 시작된 '노강(怒江)수력발전소' 논쟁 이후 국가환경보호총국과 환경 NGO는 소위 동맹군을 결성하여 환경문제에 대응하고 있으며, 이를 통해 중국내 환경 NGO는 중국 환경보호에서 일정한 영향력을 행사하기 시작하였다. 하지만 현재 대다수 중국의 환경 NGO의 등록은 환경보호부문의 허가를 필요로 하는데 중앙에서 지방에 이르기까지 비교적 소극적인 태도를 보이고 있다. NGO에 대한 중국정부관료 및 일반대중의 이해가 매우 부족한 상황에서 환경 NGO는 종종 국외와 연계된 압력집단, 반정부조직으로 인식되는 경우가 허다하며, 이외에도 중국의 환경 NGO는 재정 및 인력자원의 심각한 부족으로 실질적인 활동을 전개하기 어려운 형편이다. 더욱이 중국 환경 NGO의 다수를 차지하는 GONGO의 경우 관료적 색채가 농후하며 NGO로서 갖추어야 할 환경적 문제제기나 독립적 활동이 결여되어 있다.

엄격한 건립 제한 조건과 자금 부족 문제를 안고 있다. 대중의 관심과 참여가 해마다 늘어나는 반면 조직 내 인적 자원의 자질이 부족하고, 조직의 체계성도 빈약한 편이다. 또한 사회 전반에 환경문제에 대한 인식이 아직 부족하며 관련 법규 체계나 규칙이 그다지 엄격하지 않다.

중국 환경 NGO의 이러한 한계는 환경보호와 관련한 대중의 참여에도 영향을 미친다. '전국대중환경의식조사보고'에 따르면 중국 대중은 아직도 전체적으로 교육주순이 낮은 데다 개혁개방의 조류를 타고 경제발전과 치부 관념이 주된 사회적 가치이자 최우선 목표가 되면서 전반적인 환경보호의식은 여전히 낮은 것으로 나타났다. 아직까지 환경문제에 대한 전반적 이해가 떨어지며 대부분 환경문제가 개인의 이익과 연계될 때에만 일정한 행동을 취하는 등 공공재로서의 환경에 대한 중국 대중의 인식은 여전히 낮은 수준에 머물러 있다.

5. 맺는말

오늘날 환경문제는 자국 경제와 국가 안보 수준을 넘어서 국제적으로도 상호 긴밀하게 연계되어 있다. 환경문제 자체만으로 국가 이익을 결정짓는 중요한 요소로 여겨지기도 한다. 경제발전과 환경보호는 서로 선순환되기 어려운 요소임은 분명하다. 경제적 효율을 추구하는 과정에서 크고 작은 환경 피해가 발생되기 마련이다. 결국 현실적으로 양자 간 조화를 이룬다는 것은 경제발전을 해치지 않는 범위에서 이루어지는 환경보호 정도 수준을 의미한다고 할 수 있다. 이러한 관점에서 볼 때 환경문제를 바라보는 중국의 태도변화는 자국의 경제발전을 가장 우선 도모하고 있는 성장방식에 변화를 주는 것이라고 해석하긴 어렵다.

중국의 환경문제는 사회적·경제적 요인이 얽혀 나날이 심각해지고 있다. 인구 증가, 도시화, 공업화 등 환경문제 유발의 요인이 되는 사회현상은 더욱 심화되어 환경문제의 개선은 엄청난 도전에 직면하고 있다. 중국정부는 환경문제의 중요성을 인식하여 관련 환경정책 및 법규를 제정하였다. 정부기관 산하 연구소나 환경 NGO, 각종 언론 매체들도 환경문제의 심각성을 두고 피해 확산 방지나 대응 방안에 대해 논의하고 있다. 중국정부는 환경문제를 삶의 질 향상을 위한 환경보호 차원의 문제를 뛰어넘어 중국 경제성장의 장애요인으로 인식하고 있다.

중국은 세계 최대 탄소배출량을 보이며 환경오염원으로 국제사회로부터 적극적 대처 압력을 받아왔다. 그런데도 동아시아 지역 경제질서를 주도하고 있는 중국은 환경문제를 둘러싼 미국, 일본, EU의 환경 압력에 수동적 대처를 고수해왔다. G2로 불리며 미국과 나란히 세계경제대국으로 부상한 중국의 입장에서 이러한 이미지 실추는 적잖은 부담감이 아닐 수 없다. 중국은 지난 1990년대 이후 동북아지역 국가들과 양자 간 환경협정을 체결하였고, 다자간 지역환경 협력에 적극적 행보를 보이며 참여해왔다.

한편 중국정부의 환경문제 해결 노력에도 불구하고 사실상 중국은 지지부진한 상태를 답보해오고 있다. 그간 중국정부는 환경정책과 법률, 환경보호산업을 통해 문제 해결을 모색하며 국가 중요 정책으로 견지해왔다. 그러나 환경보호보다 경제발전이 상위 개념인 수준에 머물러 있기 때문에 근본적인 환경문제 해결이 이루어지지 못하고 있다. 이러한 문제해결을 위해서 환경문제에 대한 근본적인 인식 전환이 요구되며, 민관이 모두 적극적 환경의식을 제고해나가야 할 것으로 보인다.

참고문헌

Jonathan Watts, 『중국 없는 세계』, 랜덤하우스코리아, 2011.

Peter Navarro, 『슈퍼파워 중국(세계경제의 부를 바꾸는)』, 살림Biz(출), 2008.

류귄후이 외, 『중국의 환경』, 교우사, 2013.

리앙쩐웨이, 『한손에 잡히는 중국』, 지영사, 2009.

전형권, 『중국의 환경운동과 거버넌스』, 한국학술정보, 2010.

김성옥, "중국 환경정책의 발전과 특성에 관한 고찰", 『韓中社會科學研究』 제9권 1호, 2011.

김태식, "중국의 환경문제와 환경정책의 윤리적 의식변화에 관한 연구", 『윤리연구』 제86호, 2012.

신상범, "경제적 세계화와 환경정책", 『한국정치학회보』 39집 2호, 2005.

원동욱, "지속가능성과 대재앙의 기로에서-중국 환경문제의 어제, 오늘, 내일", 『황해문화』 61호, 2008.

원동욱, "중국 환경문제에 대한 재인식", 『환경정책연구』, 2006.

윤성혜, "중국의 환경세제와 정책", 『법학논총』 29집, 2013.

이준호 외, "중국의 환경정책 규제레짐의 변화과정 분석", 『한국정책과학학회보』 제15권 2호, 2011.

이철원, "중국의 에너지소비 증가와 환경오염의 관계: 수질오염을 중심으로", 『중국연구』 제47권, 2009.

장란영 외, "중국 환경보호산업이 성장과 기회", 『SERI CHINA』, 2013. 09.

藩岳 外, "中國環境問題的根源是我們扭曲的發展關", 『國策要論』, 2005.

常晶晶, "中國環境行政執法的困境與對策", 『商界論壇』 6期, 2013.

葉海江 外, "解決中國環境問題的理論思考及對策研究", 『吉林農業科技學院報』 18卷 1期, 2009.

王德新, “中國環境NGO發展的法律困境與對策”, 『理論月刊』 1期, 2013.
王素霞, “淺談中國環境産業的基本狀況及發展前景”, 『經濟師』 2期, 2011.
張坤民 外, “當代中國的環境政策:形成，特點與評價”, 『中國人口·資源與環境』17 卷 2期, 2007.
夏光, “中國環境問題是壓力也是動力”, 『財智觀察』 11期，2013
洪大用, “關於中國環境問題和生態文明建設的新思考”, 『談素與爭鳴』, 2013.
曹宏, “中國環境NGO的發展及其環保實踐能力分析”, 『山東社會科學』 9期, 2012.

8장

한중 문화 간 의사소통 능력 향상을 위한 교육방안

Tandem 학습법

이효영

국제화 정보화 시대에 중국어를 비롯한 외국어 교육에 대한 관심과 수요는 폭발적으로 증가하고 있다. 더욱이 정보통신기술의 발달과 국제 교류의 확대는 외국어 교육에 새로운 가능성을 제공하였고, 중국어 교육과 외국인을 위한 한국어 교육 역시 이런 시대적 요구와 변화에 직면하고 있다. 특히 한국과 중국은 지리적으로 인접해 있으며, 최근 중국의 급속한 경제발전에 따라 중국어 학습에 대한 관심이 늘어나고, 한류와 같은 문화적 열풍으로 한국어 학습에 대한 관심 또한 날로 증가하고 있다. 또한 단순하게 언어 구조와 회화 표현을 익히던 예전과는 달리 효율적인 의사소통뿐만 아니라 상대방의 언어문화에 대한 깊은 이해가 외국어 교육의 목표로 변화하고 있다.

문화 간 의사소통, 문화 간 커뮤니케이션 능력은 목표 언어의 언어적인 능력을 배양하는 것뿐만 아니라 목표 언어가 담고 있는 문화적이고 사회 맥락적인 의미의 파악과 서로 다른 역사적 배경이나 풍습에서 오는 행동 문화에 대한 이해를 중요시하는 것에서 나타난다. 그러나 실제 수업 현장에서 학습자들이 자신의 문화와 목표어의 문화 간

차이를 이해하고 이를 바탕으로 문화 간 커뮤니케이션 능력을 향상할 수 있도록 이끌어줄 수 있는 교수-학습 방안은 미흡한 편이다.

현재 한국 내의 외국어 교육 환경은 급변하고 있다. 이는 최근 몇 년 동안 급속도로 증가하고 있는 외국인 유학생의 규모와도 밀접한 관계가 있다. 교육부에 따르면, 현재 약 90,000명에 육박하는 외국인 유학생이 재학 중이며 외국인 유학생의 유치는 자국이나 각 학교의 고등교육 국제경쟁력 및 우수인재 확보 차원에서 매우 중시되고 있다. 또한 경제적으로도 국제 수지를 개선하는 큰 역할을 하고 있어 많은 학교나 기관에서 이를 위한 중, 장기적 종합계획을 수립하고 있는 실정이다.

〈표1〉 고등교육기관 외국인 유학생 수(교육통계, 2014)

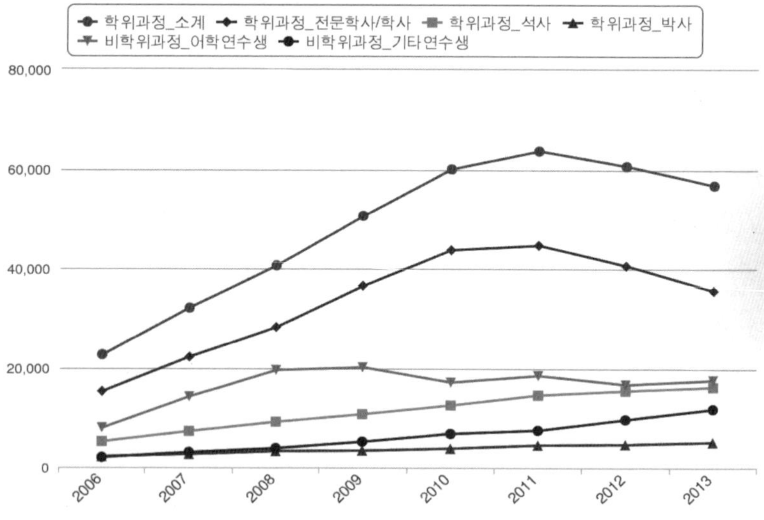

〈표1〉과 같이 최근 외국인 유학생은 1980년 1,015명에서 2011년 89,537명으로 약 88배 이상 증가하였고, 2000년 이래 연 평균 48.3%의 성장률을 보이며 22배 이상 증가하였다. 특히 2001년 '외국인 유학생 유치확대 종합방안'을 시작으로 2004년부터 추진된 'study korea project' 등 고등교육 국제화를 위한 정부의 노력에 힘입은 바가 크다고 볼 수 있으며, 2011년 통계에 따르면, 외국인 유학생은 전체 교육기관 학생수의 2.1%, 89,437명, 2013년 통계에서는 85,923명으로 집계되고 있다.

그러나 이와 같은 급속한 양적 성장에 비해 유학생에 관한 정책이나 서비스와 같은 질적인 성과는 미비하다. 이는 곧 대학의 국제경쟁력 약화, 국가 이미지 악화 등으로 이어지고 있으며 이제는 전문적인 유학생 관리와 지원체제의 보충, 유학생들에 대한 효과적인 교육 지원 방안, 언어 프로그램 등이 필요함을 시사한다.

한 연구에 따르면 한국에서 유학하고 있는 학생들의 어려움으로 '언어'와 '문화' 소통의 문제를 들고 있다. 이처럼 많은 유학생들은 전공 수업에서 겪는 언어적인 어려움뿐만 아니라 한국 대학문화의 적응에서도 힘들어하고 있다. 이는 유학생들의 한국 사회 적응에도 어려움으로 연결되고 있다.

〈표2〉 유학생의 한국생활 중 가장 어려운 상황에 관한 실태 조사

구분	내용	빈도	퍼센트
	공부에 대한 중압감	40	33.9
	한국어 부족으로 인한 어려움이나 오해	28	23.7
	인간관계 및 문화 문제	22	18.6
	다문화에 관한 한국인의 이해 부족 및 외국인에 대한 차별대우	15	12.8
	재정 부족에 따른 어려움	13	11
	합계	118	100

강원대학교 외국인 유학생의 유학생활 실태조사 분석연구

〈표2〉를 보면 외국인 유학생들의 유학생활 중 가장 어려운 사항은 공부에 대한 중압감과 한국어 부족 같은 언어 학습으로 인한 것과 인간관계, 차별 대우 등 한국 문화 적응에 대한 것으로 나타났다. 또한 이와 관련하여 많은 유학생들이 한국문화를 체험하고 경험할 수 있는 프로그램이나 한국인들과의 교류할 수 있는 활동 기회 등 관련 프로그램의 개발을 희망하고 있었다.

그 외에도 국내 유학생의 대부분을 차지하는 중국인 유학생의 실태를 조사한 자료에 따르면, 중국인 유학생 10명 중 4명은 유학생활 후 반한 감정을 갖게 되는 것으로 조사되었다.

〈표3〉 중국 유학생의 반한감정 정도

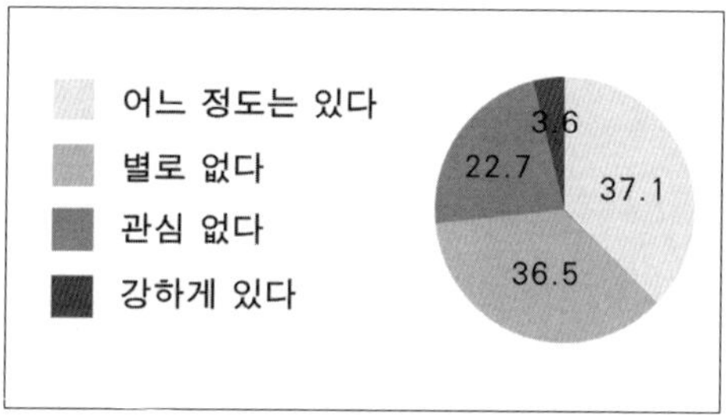

국내 대부분의 대학에서 이미 '한국어 도우미', '버디 프로그램'과 같은 형태의 도우미 프로그램들을 시행하고 있으나, 시스템의 체계성 결여, 이론적 기반 미비, 관리 부재 등으로 유명무실하게 단기간 운영되고 있는 것이 현실이다. 따라서 유학생에게 교육의 질을 담보할 수 있는 시스템의 구축이 시급하며, 적절한 교육서비스를 제공할 수 있는 프로그램을 개발하는 것이 각 대학과 정부의 중요한 과제 중의 하나이다. 이에 언어 교환을 통한 언어 학습과 문화 교류가 가능하며, 문화 간 의사소통 능력을 향상시킬 수 있는 교육 방안, 'Tandem 학습법'을

그 대안으로 제시한다.

'Tandem 학습법'은 유럽연합에서 이미 널리 활용되고 있는 외국어 학습법이다. 독일어에서 음차하여 '탄뎀(Tandem) 학습법'이라 불리는 이 학습법을 간단하게 소개하면, 서로 다른 모국어를 사용하는 두 명의 외국어 학습자가(예를 들어 '한국어를 배우는 중국인 유학생'과 '중국어를 배우는 한국인 학생') 서로 하나의 학습조를 형성하여 상대방의 언어를 자기주도적인 학습방법으로 서로 가르치고 배우는데, 이때 언어뿐만 아니라 문화 간 의사소통을 함께 체험하면서 서로 친분을 쌓게 되어 민간외교의 씨앗을 뿌리는 효과까지 거둘 수 있다.

이처럼 중국어-한국어 교육에서 Tandem 학습법의 도입 및 적용, 보급은 여러 면에서 의의가 있다. 첫째, 국제화 시대를 맞이하여 각 대학들이 앞 다투어 국제협력 및 교육을 확대하고 국제 경쟁력을 강화하기 위해 외국인 유학생을 적극적으로 유치하고 있는 현 시대적인 요구와 외국어 교육 여건의 변화 등은 바로 Tandem 학습법을 도입, 실행하는 데 유리한 조건을 제공하고 있다. 그중에서도 전체 외국인 유학생 수의 과반수 이상을 차지하고 있는 중국인 유학생들의 비중과 증가 추세를 고려해볼 때 중국어 교육에서의 Tandem 학습법 적용에 관한 연구는 현실의 가능성을 최대한 활용하면서 미래를 대비하는 의미를 지닐 수 있을 것이다.

1. Tandem 학습법이란?

Tandem 학습법은(Language learning in Tandem)은 독일을 비롯한 유럽에서는 이미 널리 보급되고 체계화되어 많이 활용되고 있는 외국어 학습법으로, 지정학적, 정치적인 좋은 조건을 갖추고 있는 유럽에서는 30여 년 전부터 이 학습법을 여러 외국어 학습에 적용하고 있다. 특히 이 학습법의 보급에 가장 중심이 되어온 독일에서는 이 학습법을 위한 별도의 독립된 조직이 각 도시와 대학 내에 운영되고 있으며 관련 학술대회도 매년 개최되고 있다. 또한 이 학습법의 전파를 위해 유럽연합 차원에서 많은 재정지원도 하고 있다.

1) Tandem 학습법의 개념과 목표

'Tandem'이란 본래 '직렬로 묶은 두 필의 말이 끄는 마차' 또는 '2인승 자전거'를 뜻한다. 외국어 교육에서의 Tandem 학습법은 '둘이 협력하여 타는 자전거'처럼 서로 다른 두 개 언어의 모국어 화자가 상대의 언어를 학습하기 위하여 학습조를 형성하여 상대의 언어를 배우면서 동시에 자신의 모국어를 가르쳐주는 학습 방법이다. 국내에서 Tandem 학습법 개념은 부산외국어대학교 하수권 교수가 1999년 독일어-한국어 Tandem 수업에 대한 보고를 한 것으로 처음 소개되었다.

Tandem 학습법은 각자가 학습자인 동시에 상대방의 학습을 도와주는 교사의 역할을 수행하는 자기주도적인 외국어 학습법이다. 한 조에 편성된 학습자끼리 자율적으로 학습하는 자율성과 상호성의 두 원리에 바탕을 두고 있기 때문에 상호 자율 언어 학습법(Autonomous Reciprocal language learning)이라고도 한다. 이런 Tandem 학습법을 적용한 Tandem 학습이 성립되기 위해서는 다음과 같은 네 가지 여건이 만족되어야 한다.

(1) 두 명의 서로 다른 모국어 화자가 학습자로 신청하여야 한다.
(2) 서로 상대방의 모국어를 배우려고 해야 한다.
(3) 상호주의 원칙에 입각하여 서로 도우며 학습할 의사가 있어야 한다.
(4) 자기 주도로 학습할 의사와 능력이 있어야 한다.

2) Tandem 학습법의 원칙-상호성 원칙과 자기주도성 원칙

Tandem 학습법은 서로 다른 모국어 화자 두 사람이 상대의 언어를 교수, 학습하는 외국어 학습법으로 이 학습법의 수행을 위해서는 '상호성'과 '자기주도성', 이 두 가지 원칙이 지켜져야 한다. 즉, Tandem 학습 참여자는 서로 상대방 학습자를 가르치고 그에게 도움을 주는 교사의 역할을 수행한다. 이때 각 학습자는 자신이 무엇을, 언제, 어디서, 어떻게 학습할 것인지에 대하여 상대방과 협의하여 결정해야 하며, 아울러 학습 목표와 방법, 심지어 학습 자료까지 학습자 스스로 결정하여야 한다. Tandem 수업을 통해 학습자는 목표어의 의사소통 능력 향상, 모국어 화자와 실제 대화를 통하여 상호 문화교류 학습, 자기주도 학습 능력 향상 등을 체험할 수 있다.

Tandem 학습법은 일종의 교환 학습으로, 두 파트너는 서로의 모국어를 학습하려고 해야 하며, 상대방의 학습에 도움이 되도록 학습에 대해 자기 주도로 준비하는 마음을 갖추어야 한다. 즉, 파트너가 정한 학습 목표에 도달할 수 있도록 도움을 주어야 하는 자기 의무감이 전제되어야 하고, 이런 의무감은 파트너에게 도움을 기대할 수 있다는 인식으로부터 생겨난다. 이처럼 Tandem 학습법에서 상호성 원칙은 파트너와의 지속적인 공동협력을 가능케 하는 동기가 되므로 반드시 지켜져야 한다. 이 원칙에 의거하여 두 학습자는 서로의 모국어를 상대방의 학습을 위하여 실제로 사용해야 하고, 이를 아주 꼼꼼하게 행해야 한다. 다시 말하면, 학습자 스스로가 자신의 학습에 대한 계획을 세우고 학습 목표에 도달하는 참가자 서로 간에 같은 양의 시간과 수고를 투자해야 학습의 목적을 달성할 수 있다. 또한 이때 학습자는 자신이 무엇을 언제, 어디서, 어떻게 학습할 것인지에 대하여 결정하고 상대방과 협의하여야 한다. 학습목표와 방법 심지어 학습 자료까지 학습자 스스로 결정하여야 한다. 이것이 Tandem 학습법에서의 자기

주도성 원칙이다.

이러한 수업 원칙은 기존의 일반적인 교사 위주의 수업과는 다르다. 따라서 이러한 수업 방법에 익숙하지 않은 학습자들에게 Tandem 수업을 진행하기 위해서는 이 학습법에 대한 기본 원칙과 방법에 대한 훈련이 어느 정도 필요하다.

3) Tandem 학습법의 목표

Tandem 수업이 지향하는 학습목표는 다음과 같다.

첫째, 일반적인 교실 수업에서 기대하기 어려운 모국어 화자와의 단독 의사소통 기회를 통해, 의사소통 능력 향상을 목표로 한다. 즉, Tandem 수업을 통해 학습자는 학습 목표어 모국어 화자를 자신만의 의사소통 상대방으로 확보하게 되며 학습자들은 모국어 화자의 도움을 받아 그들의 의사소통 능력을 향상시키게 된다. 이때 교사의 역할을 수행하는 학습자는 상대방의 오류를 수정하거나 원하는 표현을 알려주는 등의 도움을 주게 된다. 물론 모든 파트너가 교사의 자질을 갖추고 있는 것은 아니다. 그러나 여기서 중점은 교사의 역할보다는 모국어 화자인 의사소통 파트너의 역할을 한다. 이러한 의미에서 Tandem 학습법을 적용한 수업은 전통적인 수업의 대체가 아니라 부족한 점을 보완하는 의미로 해석해야 한다. 또한 학습자들은 실제의 의사소통 체험을 통해서 살아 있는 외국어를 배우게 되며 이는 긍정적인 학습 동기를 유발시킬 수 있다.

둘째, 이문화 간 의사소통 능력 향상을 목표로 한다. Tandem 수업에서는 모국어 화자에게 직접 듣거나 함께 체험하면서 자연스럽게 이문화 간 의사소통 능력을 향상시킬 수 있다. 물론 여러 가지 제한적인 면이 있지만, 상이한 두 문화권에서 온 학습자가 선택된 학습주제에 대하여 서로 상이한 문화적 관점에서 접근하여 이에 대한 의사소통을 할 수 있고, 이러한 과정을 통하여 언어 학습과 더불어 상호 문화 이해가 실제적으로 가능하며 이런 가능성을 열어주는 학습법이다.

셋째, 자기 주도 학습 능력 향상을 목표로 한다. Tandem 학습법을 통한 Tandem 수업에서는 학습자의 학습 행위가 주가 된다. 여기서 유의할 점은 단순한 '교사 없는 학습방법'으로 이해해서는 안 된다는 점이다.

이 학습법의 핵심은 어디까지나 학습자가 자신의 학습을 의식적으로 통제하고 수행할 수 있는 능력을 최대한 보장하고 활용하는 데 있다. 이는 Tandem 학습법의 가장 큰 장점이다. 실제 국내외 외국어 학습 환경의 변화와 시대적 여건의 변화는 자기주도적인 학습능력 향상과 문화 간 의사소통 능력의 향상 등을 외국어 교육학에서 요구하고 있다. 이러한 부분을 최대한 반영하고 실제 외국어 수업 현장에 바로 적용할 수 있는 가능성을 중국어-한국어 Tandem 학습법의 도입을 통해 제시할 수 있다.

4) Tandem 학습법의 유형 및 특징

Tandem 학습법은 교육 현장에서 다양한 형태로 운영되고 있는데, '공간 구성 조건'과 '수업과의 연관성'을 기준으로 다음과 같이 나눌 수 있다.

공간 구성 조건에 따른 유형 분류	면대면 Tandem
	원거리 Tandem 온라인 Tandem(e-Tandem)
수업과의 연관성에 의한 분류	수업 연계 Tandem
	수업 무관 Tandem

면대면 Tandem은 일정한 장소에서 파트너들이 만나서 학습을 하는 것을 말한다. 파트너들이 직접 만나서 학습을 하기 때문에 학습 효율이 크다고 볼 수 있으나 학습자를 확보하는 데 있어 어려움이 있다. 반면 원거리 Tandem은 파트너들이 직접 만나지 않고 편지나 인터넷 등의 통신매체를 사용하여 학습하는 것을 말한다. 하지만 요즘은 편지를 통한 Tandem보다는 전화, 팩스, 인터넷 등을 이용한 Tandem이 많이 보급되었기 때문에 원거리 Tandem을 온라인 Tandem 또는 e-Tandem이라고도 한다. 면대면 Tandem과 원거리 Tandem의 가장 큰 차이는 공간 구성이라는 것도 있지만, 학습 효과의 기능적인 측면에서도 큰 차이를 보인다. 면대면 Tandem이 직접 보고 학습을 하는 만큼 듣기와 말하기 능력 향상에 유용하다면, 원거리 Tandem은 채팅이나 메신저 또는 메일을 통해서 주고받기 때문에 읽기와 쓰기에 유용하다. 일반적으로 읽기와 쓰기보다 듣기와 말하기 능력 향상이 먼저 고려되는 오늘날의 외국어 교육에서는 면대면 Tandem의 필요성이 더 가중될 수 있다.

반면, 수업과의 연관성에 대해서는 "수업 연계 Tandem"과 "수업 무관 Tandem"으로 나뉘는데, 수업 연계 Tandem은 정규의 교과 과정 안에서 시행되고 있는 것을 말한다. 반면 수업 무관 Tandem은 수업과 무관하게 학습자들이 자율적인 의지에 의해 파트너를 구하고 학습하고 것을 말한다. 수업 연계 Tandem과 수업 무관 Tandem의 가장 큰 차이는 학습자의 책임감이라고 할 수 있다. 수업 연계 Tandem은 교실 안에서 이루어지기 때문에 책임감이 많이 따르는 반면에 수업 무관 Tandem은 학습자의 자율성이 우선시되다 보니 오랫동안 지속되기 어려운 단점이 있다.

본고에서 제시하고 있는 중국어-한국어 Tandem 수업은 '수업과 연계된 면대면 Tandem 언어 학습'의 유형을 시험 시행한 것으로,

이는 유럽에서 통용되는 방식을 그대로 도입한 것이 아니라 우리나라 교육 현장에 적절하고 학습자들의 정서, 문화, 개성 등에 적합한 방식과 프로그램으로 개발하고자 한 시도이다. 이처럼 Tandem 학습과정은 기존의 일반적인 외국어 교수-학습법과는 차별성이 있다. Tandem 학습과 전통적인 외국어 수업을 비교하면 〈표4〉으로 요약될 수 있다.

〈표4〉 Tandem 학습과 전통적인 외국어 수업의 특징 비교

항목	일반적인 외국어 교수법	탄뎀 학습법
학습목표	교사 주도로 모든 학습자에게 적용	학습자 개개인이 결정
수업 및 학습활동	교사의 통제를 따르며 교사주도의 학습 활동. 교사가 학습자들의 어려움을 해소하기 힘듦	학습자 주도로 각 파트너 간의 상호 협력 학습. 문제점은 파트너 도움으로 해결
학습자료	교사가 정한 자료, 모두에게 적용하는 자료	교사가 부분 제공하지만, 학습자의 선택 폭이 넓음. 학습자 각자가 자신이 원하는 개별 자료를 선택, 활용 가능함
학습수준	단일의 학습 수준을 모든 학습자에게 적용	다양한 수준 동시 적용 가능, 학습자 개인에 적합한 학습 수준 적용
교사의 역할	학습 활동을 주도, 통제하고 수업 내용과 방법을 계획함. 또한 평가의 주체가 됨	학생들의 학습 활동 상담 및 조언. 수업 내용, 계획, 방법에 제한적 관여 학생도 자기 평가에 참여 가능
의사소통 기능	학습 목표어 모국어 화자와의 의사소통 기회가 적음	수업 시간 대부분을 학습 목표어 모국어 화자와 의사소통함

항목	일반적인 외국어 교수법	탄뎀 학습법
문화 간 의사소통 체험	교사의 설명이나 사례 제시로 문화 교육. 직접 체험할 기회는 적음	파트너와의 의사소통을 통해 문화 간 의사소통 체험 가능
수업시간 외	극히 제한적인 학습 목표로의 의사소통 기회를 가짐	탄뎀 파트너와 수시로 학습목표어로 의사소통 가능

2. 중국어-한국어 Tandem 학습법을 활용한 실제 교육 방안

Tandem 학습법(Language learning in Tandem)은 주로 독일을 비롯한 유럽에서는 이미 널리 보급되고 조직되어 있는 외국어 학습법이다. 한국에서는 아직 많이 알려져 있지 않지만, 국내에서는 부산, 경남 지역의 몇몇 대학교에서 도입하여 교과과정에 편성하여 운영하고 있다. 그중에서도 Tandem 수업에 참여할 수 있는 외국인 학생 수급이 가장 원활한 중국어-한국어 Tandem 수업이 학기를 거듭할수록 확대, 발전하고 있는 추세이다.

다음은 부산 모 대학에서 2009년 1학기부터 2013년 2학기까지 실시되었던 중국어-한국어 Tandem 교과목의 진행 결과를 토대로, 본 수업의 교육 현장 경험에서 얻은 노하우와 정보를 소개하고자 한다.

1) 국내의 도입 현황 소개

부산의 P대학에서는 2008년도부터 Tandem 학습법을 중국어 교육에 적용시킬 수 있는 방안을 연구하여 2009년도 1학기부터 '중국어-

한국어 Tandem 학습'과 '다국어 Tandem 학습' 이렇게 두 가지 Tandem 학습 교과목으로 개설하여 시범 운영하기 시작하였다. 2009년 1학기부터 2010년 2학기까지는 매학기 주당 2시간에 2학점 체제로 운영하였으며, 한 반에 10개조 20명 학생을 기준으로 구성하였는데, 이 수업의 특성상 많은 학생은 수용할 수 없었다. 2011년부터는 교실 수업 2시간, 체험학습 1시간의 3학점 체제로 운영하고 있다. 체험학습은 3주에 한 번 이루어졌으며, 관련 주제는 교사가 지정하지만 몇 가지 주제 중에 학생들이 선택할 수 있다. 현재 중국어-한국어 탄뎀뿐만 아니라, 일본어, 베트남어, 태국어, 러시아어, 중앙아시아어 수업에 도입되어 매학기 실시 중이다. 그중에서도 Tandem 수업에 참여할 수 있는 외국인 학생 수급이 가장 원활한 중국어-한국어 Tandem 수업이 학기를 거듭할수록 확대, 발전하고 있는 추세이다. 중국어 학부의 경우 중국 유학생의 수강 수요가 많은 관계로 매학기 세 개 반 이상을 운영하고 있다.

2) 중국어-한국어 Tandem 수업의 운영방법

중국어-한국어 Tandem 수업의 궁극적인 목표는 학습 목표어 모국어 화자와의 의사소통 기회를 넓혀 목표어의 실력을 향상시키고, 상대방의 문화를 이해하는 문화 간 의사소통 능력과 자기주도 학습능력을 향상시키는 데 있다. 또한 이를 통해 학습 목표어 모국어 화자와 친교를 맺고, 상호문화 이해와 언어 학습, 민간교류의 학습 효과를 얻기 위함이다. 중국어-한국어 Tandem 수업도 다른 일반 수업과 마찬가지로 16주(중간고사, 기말고사 포함) 동안 일주일에 2시간씩 수업이 진행된다.

이러한 교실 수업 이외에 1시간은 체험학습을 실시하는데, 지정된 주제에 대해 교실 외의 체험학습을 실시하고 그 결과를 체험학습

일지에 보고서 형태로 기록하였다. 체험학습 보고서는 자신의 학습목표어로 작성하고 이를 자신의 학습파트너와 담당교사에게 제출하는데, 이때 학습 파트너는 상대방이 보내온 글쓰기 자료를 모국어 화자의 입장에서 수정하고 이를 다시 파트너와 담당 교사에게 보낸다. 또한 수업 시간에 각 학습조는 수정된 보고서를 가지고 서로 설명해주거나 오류 문장을 확인하는 작업을 한다. 학생들은 한 학기 동안 총 4회에서 6회까지 체험학습 일지를 제출하였고, 체험학습 시간 배정과 학습 계획 짜기, 오류 수정 방법 등은 전적으로 파트너 간 의논하여 자기 주도 학습이 이루어지도록 하였다. 담당 교사는 체험학습이 제대로 수행되었는지 여부와 작성된 체험보고서의 내용을 확인하고 평가 및 학습상담지도의 역할을 하며, 주로 체험학습의 방식과 파트너 보고서 수정 방법에 대한 상담만 할 뿐, 오류 수정에 참여하지는 않는다.

이 강좌의 특징상 학습 목표어를 배우고자 하는 한국인 학생 수와 한국어를 배우고자 하는 중국인 학생 수의 비율이 50:50으로 동등해야 하기 때문에 다른 과목과는 비교적 폐쇄적으로 수강 신청을 받는다. 오프라인 신청과 인터넷 신청을 병행하게 되는데, 특히 신청하고자 하는 중국인 학생들의 숫자가 중요하므로 외국인 학생에게는 우선적으로 오프라인으로 신청 받고 다시 웹상으로 신청하게 하며, 중국어 수준이 간단한 의사소통이 가능한 학생들에게 적합하므로 2학년 이상 학생들 위주로 신청을 받는다.

3) Tandem 학습법 훈련

수강신청이 끝나면 학습조를 선정해주기 전에 수업을 신청한 학생을 대상으로 사전 상담과 설문을 실시한다. 사전 상담을 통해 교사는 학습자가 이 과목에서 무엇을 기대하는지와 학습 성향, 수준 등을 파악한다. 또한 설문조사를 통해 자기주도능력과 Tandem 학습을 잘 수행할 수 있는지를 측정하고 교사는 이를 토대로 적절한 상담을 실시한다. 이는 수업이 진행되기 전에 학습자의 성향과 학습 수준, 학습 목표를 학생들이 스스로 계획하고 설계할 수 있도록 도움을 주며 파트너 선정에도 참고하기 위함이다. 이런 기초 자료를 토대로 파트너를 선정하여 각각의 학습조를 선정하는데, 주로 비슷한 학습 성향과 학습 목표를 가진 학습자로 구성한다. Tandem 과목의 초기 시행 시에는 무작위로 파트너를 선정해주기도 하였다. 그러나 이보다는 비슷한 외국어 수준과 비슷한 성향을 가진 학습자로 구성되었을 때 그 만족도나 효율이 높음으로 확인되어 현재까지도 주로 이 방법으로 파트너를 선정하고 있다.

Tandem 수업은 학습자 스스로가 주도가 되는 자기 주도 학습 원칙을 우선으로 하기 때문에, 학습자 스스로가 학습계획을 세우고 미비한 점은 교사 상담을 통해 수정보완을 하게 된다. 특히 이런 수업 방식은 기존의 수업 방식에 길들여진 학습자들에게는 생소한 학습법이기에 이 수업에 참여하는 학생들에게는 이 과목에 대한 취지와 운영 방법 등을 설명한다. 첫 시간에는 주로 이 과목에 대한 소개 및 Tandem 학습법 소개, 문화 간 의사소통 방법에 대한 오리엔테이션이 이루어진다.

4) 중국어-한국어 Tandem 수업의 운영 원칙

- 학습은 자율학습을 원칙으로 한다.
- 서로 상대에게 배우면서 동시에 가르쳐주어야 한다.
- 언제, 어디서, 무엇을, 어떤 방법으로, 얼마나 많이 학습할 것인지는 각 학습조에서 스스로 결정한다. 다만 학습주제와 과제 선정은 당분간, 학습조가 스스로 결정할 수 있을 때까지 지도교수가 조정

한다.

- 학습조 운영에 어려움이 있을 때는 지도교수와 상담한다.
- 지나친 학습 욕심이나 기대는 지속적인 관계 형성을 저해할 수 있으므로 상대에게 무리한 부탁을 삼간다.
- 문화적 차이로 인하여 서로의 행동에 오해를 할 가능성이 있으므로 문제 발생 시에는 이를 교수와 상담하도록 한다.
- 너무 많은 오류 수정은 두 사람 모두에게 부정적인 결과를 가져올 수 있으므로 한꺼번에 모든 오류를 수정하고자 하지 말아야 한다.
- 학습을 원하는 사항이 있으면 반드시 상대방에게 협조를 요청하여 가능성을 타진해야 한다.

이러한 훈련과 이해 과정은 각 학습조별로 2~3주간 소요된다. 또한 이 과정 속에서 학습자들은 본인의 학습 계획을 세운다. 이는 파트너가 정해진 후에 실행하여도 된다. 선정된 파트너와 함께 이번 학기 학습을 어떻게 운영하고, 어떤 목표, 어떤 학습 방법을 사용할 것인지 등의 구체적인 학습 목표를 설정하도록 한다. 이 결과를 교사는 적절한 수준인지 확인하고 필요한 경우에는 학생들에게 적절한 지도나 상담을 해줄 수 있다.

5) 주제선정 및 학습자료

다음은 2014년 1학기 중국어-한국어 Tandem 수업의 강의 주제이다. 일반 수업과는 달리 Tandem 수업의 주제는 학습자의 자기주도 학습 중심, 교실 수업과 함께 이루어지는 교실 밖에서의 과제 수행, 수업과 연계되는 활동 등이 이루어질 수 있는 특징을 가진다. 주제를 학습자들 스스로 정해 오고 계획하는 개방형 수업도 물론 가능하다. 그러나 이는 초급 수준의 학습자에게는 효과가 있지만, 중급 이상의 학습자에게는 크게 도움이 되지 않는 것으로 밝혀졌다. 이에 현재 실시하고 있는 중국어-한국어 Tandem 수업에서는 교사가 한 학기 동안 학습할 주제를 미리 계획하고 전체 주제를 알도록 하여 한 학기 수업을 계획하는 데 도움을 준다. 또한 자기주도성이 높은 학습자들의 자유로운 학습 설계를 위해 중간고사 이후에는 주제를 스스로 계획할 수 있도록 설정하였다.

〈표5〉 2014년 1학기 Tandem 학습 교과목 주제

<table>
<tr><th>주</th><th>주제</th><th>체험학습</th></tr>
<tr><td>1주</td><td colspan="2">Tandem 수업 소개</td></tr>
<tr><td>2주</td><td>Test, 파트너 정하기, 면담
자기(전공, 취미, 출생지, 출신학교 등) 소개</td><td rowspan="6">〔주요 주제〕
학교기관 이용
주변지역 견학
대중교통 이용
학교기관 이용
미용실, 은행,
병원 이용</td></tr>
<tr><td>3주</td><td>학교생활(기관활용, 인터넷활용, 학교, 학과 홈피 이용,
주거생활(기숙사) 등)</td></tr>
<tr><td>4주</td><td>여가활용(취미생활)</td></tr>
<tr><td>5주</td><td>음식문화 소개 및 비교(전통음식 비교, 요리법 등)</td></tr>
<tr><td>6주</td><td>쇼핑문화(백화점, 마트, 재래시장 등)</td></tr>
<tr><td>7주</td><td>여행지 비교(여행계획, 유명관광지 소개 등)</td></tr>
<tr><td>8주</td><td colspan="2">중간고사</td></tr>
<tr><td>9주</td><td rowspan="5">〔선택주제1〕
축제, 신세대 문화(유행어), 컴퓨터 용어, 명절,
가족호칭, 연예인, 여가활용방법(동아리활동,
취미생활, 아르바이트 등)
〔선택주제2〕
연애관, 결혼문화, 인생관, 본인의 장래희망(직업 등),
아르바이트, 역사, 지리 등</td><td rowspan="5">〔주요 주제〕
여행하기
전통음식
맛보기
영화 감상하기
쇼핑하기
축제 체험하기</td></tr>
<tr><td>10주</td></tr>
<tr><td>11주</td></tr>
<tr><td>12주</td></tr>
<tr><td>13주</td></tr>
</table>

주	주제	체험학습
14주	종강(자유토론, 미니파티)	
15주	보강주간	
16주	기말고사	

6) 평가방법

Tandem 수업은 자기주도 학습에 근거하므로 획일적이고 일률적인 기준을 적용하여 평가하기 어렵다. 이런 이유로 기본적으로 절대 평가 방법을 취하는데, 평가방식의 개발은 향후 중국어 Tandem 과목을 운영하는 데 큰 과제일 것이다. 현재로는 출석 30%, 중간고사와 기말고사 각 25%, 과제물 10%, 파트너 평가 10%의 비중으로 평가를 하고 있다. Tandem 수업의 특성상 결과의 평가보다는 과정을 중시하는 경향이 있어, 출석 점수의 비중이 높은 편이다. 지각 20분까지 마이너스 2점, 20분 이상은 마이너스 3점, 결석은 마이너스 5점을 부여한다. 두 명의 학습자가 학습조를 이루기 때문에 결석과 지각은 상대방의 학습에까지 지대한 영향을 미칠 수 있다. 중간과 기말고사의 주제는 아래와 같이 학습자가 스스로 정하도록 한다.

중간·기말 고사	시험내용	- 말하기 시험: 수업내용의 주제 중 선별하여 대화하기 - 작문: 수업내용의 주제 중 선별하여 작문하기
	평가기준	의사소통의 유창성/적극적인 학습 전략/대화능력
	점수항목	- 말하기: 15점 (표현/발음/적극성) - 작문: 각 10점 - 파트너 평가: 각 5점

평가 시에는 그 척도를 각 학습자가 설정한 학습 목표를 기준으로 삼아 측정하고 그 편차는 최소화하며, 시험보다는 학습태도와 수업 참여도, 학습일지에 대한 편차를 더 크게 부여하였다. 이러한 정확한 평가 기준을 미리 공지하고 사전에 알려주었다. 또한 수업 중 학습자의 태도를 관찰하여 평가에 반영하도록 하였다.

7) 교수자의 역할

Tandem 수업 활동은 학습자 주도의 조별 학습이므로 교수의 역할은 수업진행의 관리, 통제, 상담이 주를 이룬다. 또한 문제가 발생했을 때 이를 학습자가 해결하는데 도움을 주거나 중재하는 역할도 한다. 즉, 학습 과제 및 전체 조직 운영자 역할과 상담교수 역할이 교수의 주된 역할이다.

이 수업에서 가장 중요한 교수의 역할 중의 하나가 바로 상담인데, 이는 반드시 수행되어야 하며, 문제가 발생했을 때는 수시로 상담하고 정기적으로 수행하기도 한다. 정기적으로 진행할 때에는 학습조가 같이 상담을 받기도 한다. 뿐만 아니라 평소에도 교수는 Tandem 학습자들의 수업을 면밀히 관찰하고 검토하여 개개 학습자들의 학습 상태를 지속적으로 분석하고 그에 대한 정보를 활용할 수 있어야 한다. 이 정보는 학습자들의 학습 계획이나 목표 설정, 전략을 세우는데 도움을 준다. 만약 파트너 간의 불화가 발생했거나 불성실한 학습자가 있을 경우 교수는 비정기적으로, 수시로 실시하며 학습자가 원할 경우에도 실시할 수 있다. 예를 들면 파트너 간의 학습 방법이나 운영 방식에 대한 조언 등이 그것이다. 또한 제출한 과제물과 학습일지들을 검토하고 그 결과에 대한 적절한 조언이나 효율적인 학습 방법을 제시하기도 한다.

3. Tandem 수업에 대한 한국인, 중국인 학습자들의 반응 및 인식

Tandem 학습법을 한국의 중국어-외국인을 위한 한국어 교육 현장에 적절하게 적용하고 그 유용성을 알아보기 위해 간단한 설문조사와 함께 중국어 Tandem 수업을 수강한 학생들에게 자신의 생각과 느낌을 자유롭게 기술하도록 했다. 이를 통해 Tandem 학습법과 중국어-한국어 Tandem 수업에 대한 학습자의 인식을 알 수 있었다.

1) 학습자들의 Tandem 수업 및 학습법 활용에 대한 반응

이 수업에 참가한 학습자들은 이 강좌를 수강하고 자신의 학습 목표어 수준 향상에 도움이 되었다고 응답했다(평균 4.2/5점 만점). 즉 대부분의 학생들이 이 수업을 통해 학습 효과를 거두었다고 생각했다. 특히, 어느 영역 향상에 도움이 되었냐는 질문에 말하기 〉 듣기 〉 문화이해 〉 발음교정 〉 쓰기 순으로 나타났으며 이는 Tandem 수업이 모국어 화자와의 충분한 의사소통 기회를 제공함으로써 의사소통 능력 향상과 이문화 간 이해 능력 증진에 효과가 있음을 증명한다.

> 이 과목을 통해 회화 실력이 많이 늘었다. 학교에서는 수업을 할 때 교수님의 강의만 주로 듣게 되고, 회화 수업이라 하더라도 말하는 기회가 그리 많지 않아 중국 연수를 계획했었다. 그런데 이 수업을 통해 중국에 가지 않아도 중국인과 마음껏 대화할 수도 있어 회화 연습이 자연스럽게 된 것 같다. 또한 안 되는 발음도 파트너가 바로바로 고쳐줘서 매우 좋았다(한국인 학생).

> 작문 실력이 늘었다. 수업시간마다 오늘 공부한 회화 내용을 작문으로 정리하고 또 파트너가 틀린 부분을 고쳐준다. 일대일로 지도해주

니까 어디에서 틀렸는지 금방 알 수 있었다(중국인 학생).

서로의 언어뿐만 아니라 각자 나라의 정서, 분위기, 문화 경험 등을 나누고 배운다. 혼자서 듣고, 쓰고, 읽는 수업이 아니라 서로의 이야기를 하고 들으면서 하는 수업이라 재미있는 시간이다(한국인 학생).

난 중국에서 7년 동안 생활했다. 그래서 다른 학생들보다 중국어를 잘하는 편이다. 그렇기 때문에 내가 지금 듣는 1학년 과목은 너무 간단하고 재미가 없다. 그런데 이 수업은 일대일로 학습하는 방식이다. 내가 부족한 점을 파트너가 보충하고 파트너의 부족을 내가 보충한다. 그래서 매우 흥미로운 수업이었다(한국인 학생).

또한, 이 수업의 장점으로 외국인 친구와의 교류와 모국어 화자와의 의사소통 기회를 든 학생이 많았다.

나는 이 수업 때문에 좋은 친구를 만났다. 이전에 알고 지낸 친구도 있었지만, 나는 기숙사에 살고 있어서 같이 살고 말하는 사람은 전부 중국인이다. 한국에 살고 있지만 매일 중국 친구와 중국 말을 하는데 이번 수업을 통해 한국 문화도 많이 알게 되었고 한국인 친구도 많이 사귀어 한국 유학생활이 재밌어졌다(중국인 학생).

나는 한국에 와서 1년 동안 한국어를 배웠지만 한국어의 회화 능력과 이해 능력이 좋지 않았다. 또한 한국 친구가 없어서 한국 문화를 이해할 수가 없었다. 이번 학기 탄뎀 수업을 시작한 후에 나는 한국 친구가 생겼을 뿐만 아니라 한국어 능력도 좋아졌다(중국인 학생).

특히 이는 Tandem 학습법의 활용을 통해 중국인 유학생의 한국 적응을 돕고 한국어 능력을 함양하며, 한국과 중국 학생들에게 양국의 문화를 더 깊이 이해할 수 있도록 하기 위한 좋은 방안이 될 수 있음을 알려준다.

Tandem 수업의 또 다른 장점으로 주제의 실용성을 든 학생들이 있었다. 대부분의 주제들이 '교통', '쇼핑', '음식' 등 일상생활과 연관되어 있고 이 주제들을 통해 양국의 문화를 비교할 수 있어 문화 이해에도 도움이 된다는 의견이 많았다.

> 매주의 주제가 일상생활과 많이 연관되어 있어 많은 도움이 됩니다. 또 파트너를 통해 몰랐던 중국 문화도 많이 알게 되고, 중국어로 한국 문화도 알려주면서 활용할 수 있을 곳이 많습니다(한국인 학생).

> 정해진 주제에 따라 우리는 한국어와 한국 문화, 한국의 예절 등을 차근차근 배울 수 있었습니다. 중국 문화와 한국 문화를 비교할 수도 있고 이렇게 해서 기억에 더 오래 남습니다(중국인 학생).

그러나 이러한 정해진 주제가 오히려 단점이라 지적한 의견도 있었다.

> 수업의 주제가 고정되어 있어 학생들이 흥미를 잃는다. 수업의 주제가 학생들이 관심 많은 주제나 사회적인 이슈, 시사 관련 주제도 있었으면 좋겠다.

또 다른 단점으로 파트너가 고정되어 있어 파트너의 영향이 크다는 의견과 문법이나 확실하지 않은 어휘는 교수가 설명을 해주었으면 좋겠다는 의견도 있었다.

> 이 수업의 단점은 파트너의 영향이 크다는 것이다. 만약에 둘 중 하나가 책임감이 없어서 수업을 자주 빠지거나 숙제를 열심히 고쳐주지 않으면 상대방도 많은 내용을 배울 수 없을 것이다.

> 파트너를 바꾸어봤으면 좋겠습니다. 같은 친구와만 공부하는 것보다 다른 친구들도 사귀고, 다른 조들이 공부하는 방법도 배울 수 있을 것 같습니다.

> 수업을 할 때 교수님께서 우리가 하는 말에 문법이나 단어를 잘 이용하고 있는지 확인해주었으면 합니다.

이처럼 대부분의 학생들은 이 수업에 대해 만족감을 표시했으나 학생들의 의견을 종합해보면 '파트너 선정', '주제 내용 선정', '교수자의 역할 보완', '자기주도 학습 수행의 어려움' 등을 지적하고 있다.

이 외에도 Tandem의 교실 밖 체험학습 및 작문 수업에 대한 한국인, 중국인 학습자들의 인식과 태도를 정리하면 다음과 같다.

첫째, 대체로 학생들은 'Tandem 수업'에 대해 만족감을 느끼고 있었으며, 이 수업에 쓰기 활동을 추가하고 수정 작업을 실시한 것에 대해서도 학습에 도움이 되었다는 의견이 많았다. 둘째, 학생들은 쓰기 과목이나 작문을 연습할 기회가 많이 없었기 때문에 적응하는데 시간이 걸렸다고 응답했다. 3주에 한 번이지만 400자 이상의 작문 내용을 제출하는 것은 부담이었으나, 시간이 지날수록 외국어 학습에 도움이 되고 성취감을 느꼈다는 의견이 많았다. 셋째, 파트너와의 수정활동에 대해서는 대체적으로 학습에 도움이 되었다고 대답하였으나 수정된 작문을 활용하는 문제에 대해서는 반응이 엇갈렸다. 수정된 내용을 다른 수업 시간에 활용했다는 의견도 있었지만, 수정한 내용이 너무 어려워서 제대로 활용하지 못했다는 의견도 있었다. 넷째, 수정 방법에 대해서는, 파트너가 열심히 오류를 수정해준 경우는 만족도가 높았다. 그러나 파트너의 글자를 못 알아봐서 수정한 내용이 뭔지 잘 알아보지 못했다는 의견과 전문적인 문법 설명이 부족하여 정확한 설명을 받고 싶다는 의견도 있었다. 또한 파트너 간 의사소통이 제대로 안 되어서 본인이 원한 문장으로 수정하지 못했다는 의견도 있었다.

이처럼 'Tandem 수업'의 쓰기 활동을 통해 많은 학생들이 중국어 및 한국어 쓰기 실력 향상에 도움이 되었다고 했다. 그러나 일부 학생들은 오류 수정 시에 창피함 같은 심리적인 부담감을 느끼기도 하였고, 교사와 같은 명확한 문법 설명을 받을 수 없는 것 같다는 부정적인 반응을 보이기도 하였지만, 대체적으로 피드백에 대한 만족도는 높았다. 또한 파트너의 도움으로 문장이 더 자연스러워지고 오류가 발생하여도 바로바로 확인할 수 있어 중국어-한국어 실력 향상과 쓰기 연습에 긍정적인 영향을 끼쳤다고 조사되었다.

4. 제안

국내 대학에 이제 막 보급되기 시작한 Tandem 학습법은 기존의 교수법이나 학습방법을 대체하는 의미보다는 그 단점을 보완하고 보조하는 차원에서 도입할 필요가 있다. 또한 국제화, 정보화로 상징되는 시대적 여건 변화로 인하여 이런 학습법을 다양하게 활용할 수 있는 가능성을 계속 제공할 것이며, 앞으로의 교육 환경은 이 학습법을 적용하기에 더욱 유리하게 변화할 것으로 추측된다. 따라서 앞서 소개한 내용과 Tandem 학습법 적용 결과에 관한 자료는 대학 내 외국어 교육계의 현실적 가능성을 최대한 활용하면서 미래를 대비하는 실험적 의미를 지닌다.

Tandem 학습법을 체험한 학습자들은 이 학습법을 새로우면서도 의미 있는 중국어-한국어 학습법으로 인식하고 있었다. 또한 교실 수업을 통해 얻어진 중국어를 본 수업에서 활용하면서 재확인하고 실제적인 의사소통을 체험할 수 있어 학습자의 학습동기 유발에도 도움이 되었음을 학습자들의 인식 조사를 통해 알 수 있었다. 그러나 이와 관련하여 몇 가지 논의 사항도 제시할 수 있다.

첫째, 학습자들이 자기주도적인 학습방법과 상호협력적인 학습방법에 적응하기 위해서는 어느 정도의 훈련과 연습이 필요하다. 그러므로 이 학습법을 활용하기 전에 학습자들에게 학습법에 대한 적응 훈련은 필수이다.

둘째, 파트너 선정은 학습자의 경험과 수준, 요구사항, 학습 내용에 맞게 조직하여야 더 많은 효과를 볼 수 있다.

셋째, Tandem 학습법은 학습자의 자기주도능력을 향상시키는 데 크게 도움이 되지만 교사 중심의 학습이 익숙한 학습자들에게는 초기 단계에서 저항이 있을 수 있다. 또한 그 부담으로 중도 탈락의 결과를 도출할 수 있으므로 학습조를 운영할 때에는 학습자의 학습 스타일과 학습 과제, 타문화 경험 정도를 충분히 고려하여 적절하게 조절하는 교수자의 배려가 필요하다.

넷째, Tandem 학습법에 대한 체계적인 설계가 필요하다. Tandem 학습법에 대한 학습자의 관심은 무척 높았다. 그러나 실제 활용을 어떻게 할지 모르겠다는 의견이 다수였다. 학습조의 협력이 잘 이루어질 수 있도록 또한 학습자의 요구 사항에 맞게 '언어 학습 중심'인지

'전공 학습 중심'인지에 따라 체계적으로 교육 설계를 해줄 필요가 있다.

다섯째, 학습자들은 목표어를 학습하고 모국어를 교수하는 교사의 역할도 해야 한다. Tandem 학습법을 경험한 학습자들은 자신의 파트너에게 어떻게 코칭하고 피드백을 주어야 할지에 대해 어려움을 호소하였다. Tandem 학습법을 적용하기 전에 학습자들에게 기본적인 수준에서 코칭 방법과 피드백 제공 방안에 대하여 교육하고 아울러 의사소통 전략 기법에 대한 교육도 병행하면 더 좋은 효과를 거둘 것으로 예상된다. 이와 관련하여 교수자는 학습자가 본인의 학습 과정을 효과적으로 성찰하고 이를 통해 학습의 효율성을 높일 수 있도록 관심을 갖고, 학습촉진자로서 교수자의 역할을 확대해야 할 것이다. 아울러 학습자들이 파트너 간의 협동이 잘 이루어지고 있는지 동료 간의 우호적이고 고무적인 관계를 유지하고 있는지 관찰하고, 인지적, 심리적인 문제에 대한 부담감은 없는지 다방면으로 지도해야 할 것이다.

참고문헌

박영태, 『자기주도학습력의 이해』, 동아대학교 출판부, 2002.

배영주, 『자기주도학습과 구성주의』, 원미사, 2005.

서영인 외, 『대학의 외국인 유학생 관리 지원 체제 강화 방안』, 한국교육개발원, 2012.

송향근, "Tandem 언어 학습법을 통한 한국어 교육 방안-헬싱키대 한국어 학습자의 경우를 중심으로", 『국어교과교육연구』, 국어교과교육학회, 2004.

유훼, 『강원대학교 외국인 유학생의 유학생활 실태조사 분석 연구』, 강원대학교 석사학위논문, 2008.

이효영, "Tandem 학습법을 활용한 중국어 교육방안-사례연구 중심으로", 『중국언어연구』, 중국언어학회, 2011.

이효영, "중국어 Tandem 수업에서의 쓰기 오류 수정에 관한 연구", 『중국언어연구』, 중국언어학회, 2011.

진광호, "중국어-한국어 Tandem 학습법 도입", 『중국학』, 대한중국학회, 2010.

하수권, "한국에서의 상호자율학습 방법을 이용한 외국어로서의 독일어 교육 가능성 연구", 『外大論叢(THESES COLLECTION)』, 1999.

하수권, "한국에서의 독일어와 한국어 학습을 위한 상호자율학습방법 활용 방안 연구", 『외국어로서의 독일어』, 한국독일어교육학회, 2002.

하수권, "Tandem 언어 학습법을 활용한 외국어 교육 방안", 『외국어로서의 독일어』, 한국독일어교육학회, 2008.

하수권, "이중언어학습법의 교육과정 및 수업 적용 방안", 『외국어로서의 독일어』, 한국독일어교육학회, 2009.

Brammerts, Helmut/Kleppin, Karin(Hrsg.), Selbstgesteuertes Sprac hlernen im Tandem, Stauffenburg Verlag, 2001.

참고 웹사이트
독일 보쿰(Bochum) 대학에서 운영하고 있는 Tandem 언어학습을 위한 홈페이지http://www.slf.ruhr-uni-bochum.de/etandem/etindex-en.html

경제인문사회연구회, "중국인 유학생의 실태 조사", 2012.
교육인적자원부, "국내 외국인 유학생 현황", 2011/2012/2013.
교육인적자원부, "외국인 유학생 유치 정책(Study Korea Project)", 2006.
교육통계, "고등교육기관 외국인유학생 수", 2013.
출입국외국인정책본부, "국가별 외국인 유학생 구성 현황", 2012/2013.

21세기 중국!
소통과 뉴 트렌드

초판 발행일 2015년 8월 31일

지은이 공봉진 외
펴낸이 강수걸
편집장 권경옥
편집 문호영 양아름 정선재
디자인 권문경 박지민
펴낸곳 산지니
등록 2005년 2월 7일 제14-49호
주소 부산광역시 연제구 법원남로15번길 26 위너스빌딩 203호
홈페이지 www.sanzinibook.com
전자우편 sanzini@sanzinibook.com
블로그 http://sanzinibook.tistory.com

ISBN 978-89-6545-313-0 94300
978-89-92235-87-7(세트)

*책값은 뒤표지에 있습니다.
*이 도서의 국립중앙도서관 출판예정도서목록(CIP)은 서지정보유통지원시스템 홈페이지(http://seoji.nl.go.kr)와 국가자료공동목록시스템(http://www.nl.go.kr/kolisnet)에서 이용하실 수 있습니다.(CIP 제어번호: CIP 2015020849)